Heroin

Michael de Ridder ist Internist und Oberarzt der Rettungsstelle/Aufnahmestation im Krankenhaus Am Urban, Berlin-Kreuzberg. Seit 1992 hat er dort die methadongestützte Behandlung somatisch kranker Drogenabhängiger eingeführt. Darüber hinaus baute er in Kooperation mit Einrichtungen der Drogenhilfe eine mobile, szenenahe medizinische Versorgung mit innovativen Ansätzen für Abhängige auf. Michael de Ridder ist Lehrbeauftragter für Medizinsoziologie und Public Health an der TU und FU Berlin. Außerdem ist er im Auftrag der Ärztekammer Berlin an der Ärzteausbildung zur ambulanten Methadonsubstitution beteiligt. Zur Drogenproblematik erschienen von ihm zahlreiche Buchbeiträge und Zeitschriftenartikel.

Michael de Ridder

Heroin

Vom Arzneimittel zur Droge

Campus Verlag
Frankfurt/New York

Die Deutsche Bibliothek – CIP-Einheitsaufnahme

Ein Titeldatensatz für diese Publikation ist bei
Der Deutschen Bibliothek erhältlich
ISBN 3-593-36464-6

Copyright © 2000 Campus Verlag GmbH, Frankfurt/Main
Umschlaggestaltung: Atelier Warminski, Büdingen
Umschlagmotiv: Heroin-Flacon der Farbenfabriken vorm. Friedrich
Bayer & Co. mit 25 Tabletten à 0,0025 Gramm Heroinum
hydrochloricum.
Druck und Bindung: KM-Druck, Groß-Umstadt
Gedruckt auf säurefreiem und chlorfrei gebleichtem Papier.
Printed in Germany

Besuchen Sie uns im Internet: www.campus.de

The act of injecting heroin into a vein is not inherently deviant. If a nurse gives a patient drugs under a doctor's orders, it is perfectly proper. It is when it is done in a way that is not publicly defined as proper that it becomes deviant. The act's deviant character lies in the way it is defined in the public mind.

Howard S. Becker (1971)

Inhalt

Vorbemerkungen und Quellenlage

Das Buch basiert auf meiner 1991 am Institut für Geschichte der Medizin der Freien Universität Berlin verfaßten Dissertation „Heroin - die Geschichte einer pharmazeutischen Spezialität". Auf vielfache Anregung hin lege ich sie jetzt in überarbeiteter und erweiterter Form als Buch vor, um auch einer interessierten Öffentlichkeit Gelegenheit zu geben, ein bislang unbearbeitetes und eher randständiges, doch aus meiner Sicht aufschlußreiches Kapitel der jüngeren Medizin- und Drogengeschichte zur Kenntnis zu nehmen.

Die vorliegende Arbeit stützt sich einerseits auf umfangreiche, zum Teil schwer zugängliche und bis heute unausgewertete archivalische Quellen verschiedener pharmazeutischer Unternehmen, vorrangig der BAYER AG, der Bundesopiumstelle, des Deutschen Patentamtes und auf Völkerbundmaterialien, andererseits auf die wissenschaftliche Heroinliteratur. Sie umfaßt im wesentlichen 260 zwischen 1898 und 1990 erschienene wissenschaftliche Originalveröffentlichungen zur Pharmakologie, therapeutischen Wirksamkeit und zum Drogencharakter des Heroins. Allein 185 von ihnen fallen in die Zeit vor 1915.

Alle im Text aufgeführten Markenarzneimittel sowie Hervorhebungen sind *kursiv* gedruckt. Die Vornamen mancher Autoren waren nicht ausfindig zu machen, oftmals existieren sie nur in abgekürzter Form. Abgesehen von den einzelnen Kapitelüberschriften erscheint der vollständige Firmenname „Farbenfabriken vorm. Friedr. Bayer & Co." im Text in der Kurzform *Farbenfabriken*. Ein Teil der Archivalien und älteren Zeitschriftenartikel weist weder eine Signatur noch eine Paginierung auf.

Der Markenname *Heroin*, der den Farbenfabriken seit 1898 geschützt war, wurde schon zu Anfang des Jahrhunderts unter Mißachtung des Warenzeichenrechts zu einer international üblichen Kurzbezeichnung für die durch *Heroin* bezeichnete chemische Substanz „Diacetylmorphin". Diesem

Wandel folgt die Bezeichnung der Substanz im Text. Daher wird Heroin im Text auch immer dann als solches bezeichnet, wenn es sich *nicht* um originales BAYER-Heroin, sondern um Heroin anderer Provenienz handelt. Ausgenommen sind die Textstellen, die aus inhaltlichen Gründen die Bezeichnung „Diacetylmorphin" nahelegen oder unumgänglich machen.

Meinem Doktorvater Professor Dr. Guido Jüttner und den wissenschaftlichen Mitarbeitern des Instituts für Geschichte der Medizin der Freien Universität Berlin danke ich für fruchtbare Diskussionen und wertvolle Hinweise, meiner verstorbenen Mutter Hubertine de Ridder, Pieke Biermann und Justin Westhoff für die Übersetzung verschiedener englischer und französischer Publikationen, meiner Schwester Angela de Ridder für technischen Rat und Hilfe. Frau Margarethe Woelkh von der Staatsbibliothek Berlin gebührt Dank für die Übersetzung einer russischen Dissertation, ebenso allen Bibliotheksbeschäftigten der zahlreichen Berliner Bibliotheken, die mir überaus entgegenkommend und geduldig halfen, die ältere wissenschaftliche Heroinliteratur zu beschaffen.

Besonderer Dank gilt allen Mitarbeitern und Mitarbeiterinnen des BAYER-Archivs. Michael Frings und Peter Göb standen mir unermüdlich zur Seite, firmengeschichtliche Dokumente aufzufinden und zu sichten.

Meinem Lehrer und Freund Professor Dr. Wolfgang Dißmann, ehemals Leiter der Kardiologischen Abteilung des Krankenhauses Am Urban in Berlin, verdanke ich das Glück manch fruchtbarer Diskussion über die Drogenproblematik; sie hat das Buch sehr bereichert.

Meine Frau Margret sprach mir, gerade in schwierigen Phasen des neben meiner klinischen Tätigkeit verfaßten Buches, Mut zu und stärkte mein Durchhaltevermögen. Auch ihr sei von Herzen gedankt.

Einführung

Einen der Wege, das Drogenproblem zu verstehen, weist die Frage, welchen Umgang mit ihm eine Gesellschaft sich zu eigen macht. Ihre Beantwortung folgt unmittelbar aus der Art und Weise, wie Drogen gesellschaftlich konzeptualisiert sind: Wie wird über sie beispielsweise in Talkshows diskutiert, wie werden sie am Stammtisch abgehandelt oder in der Fachliteratur erörtert? Welches Drogenbild liegt richterlichen Entscheidungen oder regierungsamtlichen Stellungnahmen zugrunde, welche „Drogenphilosophie" vertreten Mediziner oder Einrichtungen der Drogenhilfe?

Dies ist keineswegs bloße Semantik, denn unsere Anschauungen über Drogen gestalten die Realität im Umgang mit ihnen und ihren Konsumenten. Sie haben erhebliche Konsequenzen für die Politik und die Zuweisung finanzieller Mittel zur Bewältigung des Drogenproblems; sie schlagen sich in Art und Ausmaß staatlicher Sanktionen bei Verstößen gegen das Betäubungsmittelgesetz nieder und fließen ein in therapeutische Vorgehensweisen; sie bestimmen das Verhalten der Polizei bei der Festnahme von Drogendelinquenten ebenso wie die Miene des Bürgers beim Anblick eines mit Abszessen übersäten „zugetoxten" Junkies in öffentlichen Verkehrsmitteln.

Die gesellschaftliche Anschauung und Bewertung einer umstrittenen Praxis oder eines anfechtbaren Verhaltens - wie zum Beispiel auch der Sterbehilfe, der Organspende, der Abtreibung oder In-vitro-Fertilisation - ist immer Ausdruck der Summe komplexer individueller, gruppen- und schichtenspezifischer sowie institutioneller Meinungs- und Willensbildungsprozesse im historischen Kontext. Abhängig von ökonomischen Veränderungen, wissenschaftlichem Fortschritt oder anderen Entwicklungen kulminiert ein solcher Prozeß von Zeit zu Zeit in einer heftigen gesellschaftlichen Kontroverse, die ein Ausdruck dafür ist, daß das bisher vorherrschende Paradigma ihnen und ihrer mehrheitlichen Bewertung nicht mehr angemessen ist und sich eine Transformation der bisher vorherrschenden Anschauung anbahnt. Dies war in der Bundesrepublik zum Beispiel Mitte der achtziger Jahre der Fall, als unter dem Eindruck der (besonders Heroinabhängige und ihre Kontaktpersonen betreffenden) HIV-Erkrankung die politische Einsicht reifte, daß primär schadensbegrenzende Angebote wie die Methadonsubstitution und die Vergabe steriler Spritzbestecke neben dem nach wie vor favorisierten Abstinenzansatz in das Arsenal der gesellschaftlichen Antworten auf intravenösen Drogenkonsum aufzunehmen seien. Gegenwärtig gewinnt ein erneuter Pespektivwechsel an Attraktivität, der auch Schwerstabhängigen, die durch die bestehenden Angebote nicht erreicht werden, eine Überlebenshilfe - in Grenzen vielleicht auch die Chance zur Rehabilitation - eröffnen soll: die ärztlich verordnete Vergabe des Originalstoffs Heroin.

Sowohl in aufeinander folgenden historischen Epochen als auch innerhalb einer solchen existieren sehr verschiedene Konzeptualisierungen des Drogenproblems, weil über seine Natur höchst unterschiedliche Ansichten bestanden und bestehen. Liegt der Abhängigkeit von Drogen, wie zum Beispiel schon im 19. Jahrhundert angenommen, im wesentlichen ein charakterlicher Defekt, eine Schwächung des individuellen Willens zugrunde? Ist sie eine Art „moralischer Erkrankung", die der Zuwendung und Fürsorge bedarf? Ist sie vorwiegend als delinquentes Verhalten zu betrachten, für das Gerichte und Strafvollzug zuständig sind? Ist sie im Kern ein soziales Problem, das strukturelle Benachteiligung und Entfremdung widerspiegelt? Gehorcht Drogenkonsum einem triebhaft verankerten, auch im Tierreich zu beobachtenden Zwang zum Genuß? Ist er neben Trinken, Essen und Sex also Ausdruck eines „fourth drive", wie der amerikanische Psychopharmakologe Ronald K. Siegel glaubt belegen zu können? Oder handelt es sich um eine in die Zuständigkeit der Medizin fallende Erkrankung mit definierter Ätiologie und klarer Prognose, wofür manche Ergebnisse der jüngeren Abhängigkeitsforschung sprechen?

Zweifellos existiert heute weniger denn je ein gesellschaftlich verbindliches und einheitliches Koordinatensystem, das alle Facetten des Drogenproblems umfaßte. Unter „Prävention" mag ein Sozialarbeiter oder Hauptschullehrer einen das jugendliche Ich umfassend stärkenden pädagogischen Ansatz verstehen, ein Richter oder Staatsanwalt dagegen Abschreckung durch Strafandrohung. Manche Therapeuten halten die Substitution von Opiatabhängigen mit Methadon für die erfolgversprechendste Methode der

Behandlung, andere therapeutische Wohngmeinschaften, wiederum andere favorisieren psychotherapeutische Verfahren. Nicht wenige Experten halten jede Therapie für überflüssig, da Drogenabhängigkeit sich im Verlauf des persönlichen Reifungsprozesses verflüchtigt. Eine beachtliche Zahl von Politikern, Polizeipräsidenten und Ökonomen rät seit geraumer Zeit zur sogenannten Legalisierung bisher illegaler Drogen in der sicheren Überzeugung, den illegalen Markt auf diese Weise auszutrocknen. Damit rühren sie nach Meinung ihrer Gegner, von denen manche Drogenabhängige lieber ghettoisiert sähen, an die Grundfesten unseres Staatswesens.

Zwar konnte die wissenschaftliche Forschung der jüngeren Zeit die individuellen und sozialen Entstehungsbedingungen und biologischen Mechanismen der Abhängigkeitsproblematik nicht unerheblich erhellen und damit zu einer *möglichen* Entdramatisierung und Entschärfung des Drogenproblems beitragen. Doch der Übersetzung dieses Wissens in die Praxis von Politik, Rechtsprechung und therapeutischen Strategien sind weiterhin engste Grenzen gesetzt, und mitnichten ist in unserer Gesellschaft insgesamt eine Wendung zu einer von mehr Vernunft, Verstehen und Empathie getragenen Haltung Drogenabhängigen, ihrer Lebenswelt und ihrem Elend gegenüber, erkennbar.

Wenn heute im öffentlichen Diskurs von Heroin die Rede ist, ist im Unterschied zu anderen, nicht weniger „harten Drogen" nicht nur eine Droge gemeint, deren Herstellung, Vertrieb und Erwerb kriminalisiert ist, deren Konsum wie kaum eine zweite mit süchtigem Verhalten assoziiert ist und für viele ihrer Gebraucher mit einem fatalen Schicksal einhergeht. Vielmehr gilt nahezu unserer gesamten Öffentlichkeit und vieler ihrer Exponenten, die über speziellen medizinischen, juristischen oder politischen Sachverstand verfügen oder zu verfügen glauben, Heroinkonsum als ein so einzigartiges individuelles und soziales Übel, daß allein dem Wort „Heroin" längst die Konnotationen Tod, Krankheit, Verelendung und Delinquenz anhaften. Nicht eine chemische Substanz, deren psychopharmakologische und physische Wirkungen in komplexer Weise mit den Bedingungen ihres Gebrauchs und der Psyche ihres Gebrauchers verknüpft sind, bezeichnet Heroin, sondern eine geächtete Existenzweise, eine verabscheuungswürdige Lebensgestaltung, die mit äußerster Distanzierung von dem, was gesellschaftlicher Konsens genannt wird, einhergeht. Heroinkonsum steht paradigmatisch für deviantes, gesellschaftlich nicht akzeptiertes Verhalten, das unter keinen Umständen toleriert wird.

Wie entstand diese singuläre Stigmatisierung der Droge Heroin und ihrer Konsumenten? Was verleiht gerade dieser Substanz, die weder abhängigkeitsbildender noch krankheitsträchtiger noch von schwerwiegenden sozialen Folgen ihres Konsums gezeichnet ist als beispielsweise Alkohol, ihren unverwechselbaren Schrecken? Welche pharmakologischen Fakten, welche sozialhistorischen Umstände, politischen Entwicklungen und wirtschaftlichen Interessen haben dazu beigetragen, daß Heroin nicht nur zur Droge schlechthin, sondern darüber hinaus zu einer emblematischen Ware dieser Epoche wurde?

Verbreitung und Attraktivität aller heute in den westlichen Gesellschaften gebräuchlichen illegalen Drogen sind ohne die um die Mitte des 19. Jahrhunderts einsetzenden bahnbrechenden Entwicklungen der pharmazeutischen Chemie und Industrie sowie der sich allmählich auf wissenschaftliche Füße stellenden Medizin nicht vorstellbar. Morphin, Heroin, Kokain, Amphetamin (Speed) und seine Derivate Methamphetamin (Pervitin) und Methylendioxymethamphetamin (Ecstasy) sind ausnahmslos Produkte der pharmazeutischen Forschung des 19. und beginnenden 20. Jahrhunderts. Sie dienten anfänglich allein therapeutischen Zwecken und sind deshalb historisch als *Pharmadrogen* zu betrachten: Morphin vertrieb die Mercksche Engel-Apotheke schon vor 1830, Kokain hielt 1884 als Lokalanästhetikum nahezu zeitgleich mit Amphetamin als Bronchialarznei Einzug in die Medizin, Heroin folgte 1898 als Atmungssedativum, und E. Merck brachte 1912 Methylendioxymethamphetamin als Appetitzügler heraus.

Zwei bereits im 19. Jahrhundert zustandegekommene Fortschritte der wissenschaftlichen Chemie und Medizin sind von überragender Bedeutung für die einer Droge zukommende Wirkungsintensität, die maßgeblich über die Stärke der Drogenbindung eines Konsumenten und damit über die Ausbildung von Abhängigkeit entscheidet: Die *Reindarstellung* organischer Substanzen und Naturstoffe und ihre Applikation unter Umgehung des Verdauungstrakts mittels der *Injektionstechnik*.

In der vorwissenschaftlichen Aera nahm man beispielsweise Morphin - ohne dessen Identität bereits zu kennen - vorwiegend in Form eines trinkbaren alkoholischen Opiumextrakts zu sich, der neben dem eigentlichen Wirkstoff mehr als zwanzig weitere nicht abhängigkeitsbildende Alkaloide

14

enthält. Im Vergleich zur Einnahme reinen Morphins (Sertürner, 1803) war die Wirkung eines Gemischs verschiedener Opiumalkaloide, die nur langsam über die Verdauungsorgane das Zentralnervensystem erreichten, entsprechend moderat, obwohl nicht nur das Beispiel des englischen Schriftstellers Thomas de Quincey zeigt, daß auch unter diesen Bedingungen Abhängigkeit eintreten konnte. Eine weitere Eskalation der Drogenwirkung brachte die Einführung der Injektionsspritze (Pravaz, 1853) mit sich, deren Effekt darin bestand, die Resorptionszeit einer Droge durch ihre Applikation in gut durchblutetes Gewebe (Haut, Muskel) oder direkt in die Blutbahn erheblich zu verkürzen. Eine nochmalige Steigerung des Wirkprinzips einer Droge gelang durch ihre chemische Manipulation, die im Falle des zu Heroin acetylierten Morphins dessen schnelleres Eindringen ins Zentralnervensystem ermöglichte (Hoffmann, Eichengrün, 1898).

Daß Heroin nicht als „junk", „dope" oder „demon drug" in die Welt kam, sondern als vielversprechendes Arzneimittel, das die pharmazeutischen Industrien vieler Staaten in großen Quantitäten herstellten und die Ärzteschaft bei der Behandlung verschiedenster Beschwerden und Krankheiten einsetzte, ist der Medizingeschichte weitgehend, der Öffentlichkeit gänzlich unbekannt. Zu den Einzelheiten seiner Erfindung als Arzneimittel, seiner pharmakologischen und klinischen Beurteilung in Vergangenheit und Gegenwart, zum Spektrum seiner therapeutischen Indikationen, zum Ausmaß seiner legalen wie illegalen Herstellung durch die pharmazeutische Industrie sowie zu den historischen Gründen seiner beispiellosen Stigmatisierung als Droge liegen keine nennenswerten wissenschaftlichen Untersuchungen in der Bundesrepublik vor.

Diese Lücke möchte das vorliegende Buch schließen, das seinen Schwerpunkt in der Darstellung der frühen Geschichte des Heroins hat. Gleichwohl wird manche Frage offen bleiben oder nicht schlüssig beantwortet. Es versteht sich daher als Versuch und ersten Schritt, auf der Grundlage einer medizingeschichtlichen, industriegeschichtlichen und sozialgeschichtlichen Untersuchung dem Phänomen „Heroin" nahezukommen, um damit zu einer Diskussion beizutragen, die immer noch mehr von Affekten und Voreingenommenheiten als von Sachkenntnis und klarem Denken getragen ist.

Alkaloide und Alkaloidchemie im 19. Jahrhundert in Mitteleuropa

Anfänge der pharmazeutischen Großindustrie in Deutschland

Bis in die erste Hälfte des 19. Jahrhunderts hinein stellten die Apotheken die wichtigste Form des gewerblichen Unternehmens dar, das pharmzeutisch-chemische Produkte herstellte und vertrieb. Die in diese Zeit fallende stürmische Entwicklung der organischen Chemie an den Universitäten und die mit Friedrich Wilhelm Sertürners Entdeckung des Morphins (1803) einsetzende chemische Drogenanalytik und Alkaloidchemie eröffneten Perspektiven pharmazeutischer Produktion, denen die vornehmlich handwerklich orientierten, nach den Vorschriften der Pharmakopöen arbeitenden, noch nicht vollakademisch ausgebildeten Apotheker fabrikatorisch nicht mehr gewachsen waren.

Eine der Folgen dieser Entwicklung war, daß sich zahlreiche Apotheker, zumal die wissenschaftlich und unternehmerisch interessierten unter ihnen, entschlossen, den Übergang vom kleinen Laboratorium der Apotheke zum Fabrikbetrieb zu vollziehen. Zu den aus Apotheken hervorgegangenen pharmazeutischen Unternehmen gehören zum Beispiel die Firmen E. Merck (Engel-Apotheke, Darmstadt, 1827), die Chem. Fabrik auf Actien (Grüne Apotheke, Berlin, 1871) sowie die Beiersdorf & Co. AG (Merkur Apotheke, Hamburg, 1884).[1]

Weitere Vorläufer der chemisch-pharmazeutischen Großbetriebe waren neben dem eher unbedeutenden Laborantengewerbe[2] der Drogengroßhandel.[3] Dieser entstand seit dem 17. Jahrhundert zumeist in Anlehnung an bestehende Apotheken, die in Gegenden mit reichhaltigen pharmazeutischen

---

1   Bernsmann, W., Arzneimittelforschung, Pharm. Ind., 30 (1968) S. 6-16
2   Vgl. hierzu: Baader, G. u. Jüttner, G., (1979) Nr. 10-12
3   Merck, J.H., Entwicklung und Stand der pharmazeut. Großindustrie, (1923) S. 5-7

Rohstoffen lagen. Für den Drogengroßhandel lag es nahe, die oft nur in kleinsten Mengen in den pflanzlichen Rohstoffen enthaltenen wirksamen Substanzen selbst zu extrahieren und in möglichst reiner Form herzustellen. Einerseits konnten so erhebliche Transportkosten eingespart werden, andererseits waren auf diesem Weg die gestiegenen Ansprüche des Handels an Qualität und Reinheitsgrad therapeutisch wirksamer Substanzen eher gewährleistet. Die pharmazeutischen Firmen C. F. Boehringer & Söhne, Mannheim, und Gehe & Co., Dresden, entstanden aus Drogengroß-handlungen.[4]

Der dritten Gruppe industrieller Arzneimittelhersteller fehlt, historisch gesehen, auf den ersten Blick der innere Zusammenhang zur Herstellung pharmazeutischer Präparate. Dennoch war die in den sechziger Jahren des vorigen Jahrhunderts aufkommende chemische Industrie, insbesondere die Teerfarbenindustrie, für die Entwicklung und großtechnische Herstellung von Arzneimitteln von hoher Bedeutung. Mit ihrer Herstellung begab sich die Teerfarbenindustrie zwar auf ein völlig neues Gebiet; entscheidend aber war, daß ihre Ausgangssubstanzen, die dem Steinkohlenteer entstammenden Verbindungen der aromatischen Chemie, sich ebenso zur Herstellung von Farben wie von Heilmitteln nutzen ließen, ja zum Teil selbst schon Träger therapeutischer Eigenschaften waren, wie zum Beispiel Carbolsäure und Salicylsäure. Hinzu kam, daß die Teerfarbenindustrie über die Ausgangs-substanzen in großer Menge verfügte, wegen ihrer synthetischen Arbeiten geeignete Laboratorien besaß, eine rege wissenschaftliche Tätigkeit entfal-tete und sowohl unter betriebswirtschaftlichen wie technischen Gesichts-punkten die Voraussetzungen besaß, qualitativ hochwertige Arzneimittel in großer Menge zu produzieren. Zu den bekanntesten, aus Teerfarbenfabriken hervorgegangenen industriellen Arzneimittelherstellern, deren Gründung in die Jahre 1860 bis 1865 fällt, gehören die Farbenfabriken vorm. Friedr. Bayer & Co. in Elberfeld (1863), die Farbwerke vorm. Meister, Lucius & Brüning in Höchst a.M. (1865) und die Badische Anilin- und Sodafabrik in Ludwigshafen (1865).[5]

---

4 Bernsmann, W., (1968) S. 6-16
5 Ebenda, S. 6-16

Abriß der Geschichte der Elberfelder Farbenfabriken vorm. Friedr. Bayer & Co.

Nach der Entdeckung der ersten, aus Steinkohleteer gewonnenen Farbstoffe Mauvein und Fuchsin kam es in Deutschland um 1860 zur Gründung zahlreicher Fuchsinfabriken. Unter ihnen war auch die Offene Handelsgesellschaft Friedr. Bayer & Co., die am 1.8.1863 von dem Farbstoffhändler Friedrich Bayer und dem Färbemeister Friedrich Weskott in Barmen gegründet wurde. Der Druck konkurrierender Farbenhersteller, die zunächst ausschließlich nach traditionell handwerklichen Methoden färbten, führte schon 1864 zur Einstellung des ersten Chemikers, dem bald drei weitere folgten. 1866 erwarb die Firma ein Grundstück in Elberfeld und verlagerte dorthin die Fuchsinproduktion. Frühzeitig eröffnete das Unternehmen Niederlassungen im Ausland, zu deren bedeutendster die New Yorker Vertretung wurde, in die 1867 der spätere Firmenteilhaber und kaufmännische Leiter Carl Rumpff eintrat.[6]

1869 war den Chemikern Karl Graebe und Karl-Theodor Liebermann, von der Teerfarbe Anthracen ausgehend, erstmals die Synthese eines natürlichen Farbstoffs, des Alizarins, gelungen.[7] In Kürze entstanden über 100 Alizarinfabriken in Deutschland, sechs davon allein in Elberfeld. Neben ihrem schärfsten Konkurrenten, der BASF in Ludwigshafen, nahm auch die Firma Friedrich Bayer & Co. 1872 die Alizarinproduktion auf.[8]

1876 starb Friedrich Weskott, 1880 Friedrich Bayer. Erben und Teilhaber beschlossen daraufhin, das Unternehmen in eine Aktiengesellschaft umzuwandeln. Mit einem Kapital von 5,4 Millionen Mark wurden die Farbenfabriken vorm. Friedrich Bayer & Co. am 1.7.1881 gegründet.

1878 hatten die Farbenfabriken ihren ersten Azofarbstoff herausgebracht, das schon von Peter Gries, dem „Vater der Azofarben" beschriebene *Croceinorange G*. Der Werkschemiker Eugen Frank stellte 1881 Croceinsäure dar, die zur Grundlage des ersten Farbstoffpatents der Farbenfabriken, des *Croceinscharlachs*, wurde. Dieser führte zum ersten Patentstreit der

---

6   Flechtner, H.J., Carl Duisberg, (1961) S. 54-57
7   Schneider, W., Geschichte der pharmazeutischen Industrie, (1972) S. 292
8   Flechtner, H.J., (1961) S. 58-62

Farbenfabriken mit der Aktiengesellschaft für Anilinproduktion (AGFA) in Berlin.[9]

1883 trat Henry Theodor Böttinger, der eine Tochter Friedrich Bayers geheiratet hatte, in das Firmendirektorium ein. In diese Zeit fiel die größte Krise der deutschen Teerfarbenindustrie, da sinkende Rohstoffpreise auf dem deutschen Markt ein Farbstoffüberangebot verursacht hatten und durch ständige Neuentwicklungen die Marktlage unberechenbar geworden war. Zudem hatte die wissenschaftlich betriebene Chemie endgültig die Oberhand über die traditionellen Färbemethoden gewonnen.

Aus dieser Erkenntnis heraus stellte das Vorstandsmitglied Carl Rumpff gegen den Widerstand des Direktoriums und auf eigene Kosten 1883 drei weitere promovierte Chemiker ein: Oskar Hinsberg, Martin Herzberg und Carl Duisberg. Letzterer hatte als Schüler von Anton Geuther 1882 mit der Arbeit „Beiträge zur Kenntnis des Acetessigesters" promoviert. Duisberg wurde in den kommenden Jahrzehnten zur maßgeblichen Führungspersönlichkeit des Unternehmens. Auf seine Initiative ist auch das Engagement der Farbenfabriken auf dem Arzneimittelsektor zurückzuführen.[10]

Die Jahre 1883 bis 1887 waren durch die Entwicklung von 21 Farbstoffen gekennzeichnet. Allein 17 Patente entwickelte Duisberg selbst oder er und sein Stab von neun Chemikern, darunter das mit dem *Kongorot* der *AGFA* konkurrierende *Benzopurin B* und den lange gesuchten Indigoersatz, den Azofarbstoff *Benzoazurin G*. Diese Neuentwicklungen ließen das Unternehmen enorm expandieren und beschleunigten den Bau eines eigenen wissenschaftlichen Forschungslaboratoriums, das 1891 nach Duisbergs Plänen fertiggestellt und bezogen wurde. Bis dahin hatten die Farbenfabriken den Großteil ihrer Forschungsvorhaben von ihren Chemikern an den Hochschulen durchführen lassen.[11]

Die Herstellung des ersten Arzneimittels der Farbenfabriken, des *Phenacetins*, fiel in das Jahr 1887. Vorausgegangen war die Entdeckung der fiebersenkenden Eigenschaften eines Abkömmlings des im Steinkohleteer enthaltenen Anilins, des Acetanilids, durch einen Chemiker des Unternehmens Kalle & Co.. Es kam 1886 als *Antifebrin* auf den Markt. Der Erfolg dieses Arzneimittels veranlaßte Duisberg dazu, das in großen Men-

---

9 Ebenda, S. 58-62
10 Verg, E., Meilensteine, (1988) S. 71
11 Flechtner, H.J., (1961) S. 71-86 u. S. 117-121

gen bei der Farbstoffherstellung anfallende und auf dem Fabrikhof lagernde Para-Nitrophenol in Aminophenol zu überführen und anschließend zu acetylieren, in der Hoffnung, auf diesem Wege zu einem ähnlich wirksamen Arzneimittel zu gelangen. Die pharmakologische Prüfung des so entstandenen Acetphenetidins ergab eine noch ausgeprägtere Fiebersenkung als jene durch Acetanilid. 1887 brachten die Farbenfabriken daher Acetphenetidin unter dem Warenzeichen *Phenacetin* auf den Markt. Es wurde ein großer Erfolg.[12]

Das Arzneimittelgeschäft der Farbenfabriken gründete sich anfangs vornehmlich auf den Kauf erfolgversprechender Erfindungen auswärtiger Chemiker und Pharmazeuten, erst später verwertete man in schneller Folge eigene Entwicklungen. So wurde 1888 das von dem Freiburger Chemiker Baumann gefundene Diethylsulfondimethylmethan übernommen und unter dem Warenzeichen *Sulfonal* als Konkurrenzprodukt zu dem bis dahin führenden Schlafmittel Chloralhydrat herausgebracht. 1889 folgte das Schlafmittel *Trional*, 1890 das Wundantiseptikum *Jodoform*, 1894 das Antidiarrhoicum *Tannigen*.[13]

Den Grundstein für eine eigenständige pharmazeutische Abteilung legten die Farbenfabriken 1889. Felix Goldmann besorgte die Korrespondenz mit den Prüfern und Käufern der ersten pharmazeutischen Präparate *Phenacetin* und *Sulfonal*. 1893 übernahm Friedrich Fischer die Leitung der nun auch räumlich zusammengefaßten Pharmazeutischen Abteilung, der sechs Chemiker, unter ihnen ab 1894 Felix Hoffmann und ab 1896 Arthur Eichengrün, angehörten. 1900 kam es zu ihrer Teilung in eine Betriebsabteilung und eine Pharmazeutisch-wissenschaftliche Abteilung. Die Leitung ersterer behielt Friedrich Fischer bei; letztere unterstand später Arthur Eichengrün, der für die Farbenfabriken zahlreiche gewinnträchtige Patente entwickelte.

Auch eine eigenständige Pharmakologische Abteilung, die die synthetischen Produkte auf ihre medizinische Brauchbarkeit zu prüfen hatte, bildete sich frühzeitig heraus. 1890 stellte man Wilhelm Siebel als Pharmakologen ein, ihm folgte 1893 Herrmann Hildebrandt. 1897 übernahm die Leitung des Pharmakologischen Labors Heinrich Dreser, dem auch die Prüfung der Arzneimittel *Aspirin* und *Heroin* oblag.[14]

---

12 Ebenda, S. 108-110
13 Eichengrün, A., Die pharmazeutisch-wissenschaftliche Abteilung, (1918) S. 409-410
14 Fischer, F., Pharmazeutische Laboraorien, (1918) S. 436

Die Direktion war von Anfang an um eine effektive wissenschaftliche und kaufmännische Lancierung der pharmazeutischen Produkte bemüht:[15]

„Böttinger verfuhr schon im Anfang in der Weise, nach der wir im wesentlichen auch noch heute bei der Einführung neuer Produkte vorgehen, daß nämlich das betreffende Präparat namhaften Kliniken zur Prüfung übermittelt wird, hieraus resultierende Publikationen gesammelt und teils auszugsweise, teils in Form von Broschüren der Ärztewelt zugängig gemacht werden. Auch die Beziehungen zu den pharmazeutischen und medizinischen Zeitschriften wurden sorgfältigst gepflegt, sodaß letztere bald in der Lage waren, Referate über das jeweils von den Farbenfabriken herausgebrachte Produkt auch den weitesten klinischen Kreisen vor Augen zu führen."

1889 lag der Umsatz von Pharmazeutika bei etwa einer Million Mark, was besonders dem Erfolg der ersten Produkte, *Phenacetin* und *Sulfonal* in Amerika zuzuschreiben war. Das wachsende Geschäft führte noch im gleichen Jahr zur Einrichtung einer eigenen Propagandaabteilung (Pharmazeutisch-wissenschaftliches Büro). Hier wurden wissenschaftliche Monatsberichte erstellt, die klinischen Erfahrungen mit den eigenen Produkten ausgewertet und die Konkurrenzprodukte kritisch beurteilt. Es bearbeitete Anfragen von Ärzten, Apothekern und Hochschulen, verschickte Sonderdrucke und Ärztemuster, konzipierte die Werbung in Fachzeitschriften und rekrutierte die meist aus Apothekerkreisen stammenden Vertreter.[16]

Der Aufstieg und frühe Erfolg des pharmazeutischen Geschäfts der Farbenfabriken ruhte auf zwei Säulen: Zum einen auf der bahnbrechenden Erkenntnis, daß die Fabrikation von Farbstoffen und die Arzneimittelherstellung von gleichen oder ähnlichen Grundstoffen ihren Ausgang nahm, zum anderen auf dem unternehmerischen Weitblick und der Risikobereitschaft der Direktion, die hochqualifizierte und ideenreiche Wissenschaftler in ihre Dienste nahm. Zudem hatte man frühzeitig die Bedeutung des Auslandsgeschäfts erkannt. So brachten die Farbenfabriken während der ersten zehn Jahre (1887-1897) des Bestehens der Pharmazeutischen Abteilung 24 Arzneimittel auf den Markt, unter denen das Fiebermittel *Phenacetin*, die Schlafmittel *Trional* und *Sulfonal* und das Nährpräparat *Somatose* die erfolgreichsten waren. In der zweiten Dekade kamen mehr als 50 weitere hinzu. Zu den bedeutendsten wurde das Antigonorrhoicum *Protargol*, das Tuberkulosemittel *Duotal*, das Schlafmittel *Veronal*, das Analgetikum *Aspirin* und das Atmungssedativum *Heroin*.

---

15 Hoffmann, F., Pharmazeutische Verkaufsabteilung, (1918) S. 439
16 Ebenda, S. 439-442

Morphin und seine Derivate in der Medizin des 19. Jahrhunderts

Die Entdeckung des Opiumalkaloids Morphin 1803 durch Friedrich Wilhelm A. Sertürner, die zunächst unbeachtet geblieben war, erlebte erst 1817 nach einer neuerlichen Veröffentlichung Sertürners ihre wissenschaftliche Würdigung, zu der der französische Physiker Louis Joseph Gay-Lussac entscheidend beigetragen hatte.[17] Der schwelende Prioritätsstreit um die Entdeckung des Morphins zwischen Sertürner, Derosne und Seguin endete jedoch erst 1831 mit der Verleihung des Monthyon-Preises an Sertürner.[18]

Die Wirkung des Morphins auf den tierischen Organismus untersuchte Orfila schon 1817, Buchners Arbeiten über die Wirksamkeit der Substanz folgten 1818. Im gleichen Jahr fand Morphin erstmals Aufnahme in ein amtliches Arzneibuch, die Pharmacopoea Gallica, die Aufnahme in die Pharmacopoea saxonica folgte 1820. Andere Arzneibücher nahmen die Substanz nur sehr zögernd auf; ein Grund dürfte ihr hoher Preis gewesen sein. Mit der Morphinherstellung begann Emanuel Merck 1826 in der Engel-Apotheke in Darmstadt.[19]

Anfangs nahm man Morphin ausschließlich auf oralem Weg ein. Wegen mangelnder Reinheit und unklarer Dosierung - meist wurde überdosiert - kam es häufig zu unangenehmen Begleiterscheinungen wie Erbrechen, sodaß in den ersten Berichten über Morphin vornehmlich von ihnen die Rede war, während die schmerzlindernde oder euphorisierende Wirkung kaum erwähnt wurde.

Später ging man dazu über, Morphin transkutan in Form von Salben oder Ölen anzuwenden. Als Vorläufer der subkutanen Injektion spielte vor allem die in Frankreich entwickelte „endermatische Methode" eine gewisse Rolle: Mittels eines Kantharidenpflasters erzeugte man eine Hautblase und trug diese ab. Auf die von der äußeren Korneaschicht befreite Haut wurde das Arzneimittel als Salbe oder Puder aufgetragen, um so seine Resorption zu intensivieren und zu beschleunigen. Diese Anwendungsart fand weite Verbreitung, so zum Beispiel bei Katarrhen, Neuralgien, Augenleiden, gynäkologischen Beschwerden und dem Keuchhusten der Kinder. Eine weitere,

---

17 Schmitz, R., Friedrich Wilhelm Sertürner, Pharmazeut. Ztg. 128 (1983) S. 1350-1359
18 Schelenz, H., Die Hundertjahrfeier des Morphins, Berliner Pharmazeutische Gesellschaft (1918) S. 295
19 Von Gizycki, F., Die Aufnahme des Morphins, Dtsch. Apoth.-Ztg., 96 (1956) S. 583

der subkutanen Injektion vorausgehende Applikationsart war die „hypo-
dermatische Inokulation" nach Lafargue, bei der kleinste Arzneimittelmen-
gen mit Hilfe einer Nadel unter die Haut geschoben wurden.[20]

Die therapeutische Morphinapplikation bedurfte indes einer sichereren
und weniger lästigen Methode. Diese kam mit der subkutanen Injektion
nach Einführung der Injektionsspritze durch Charles Gabriel Pravaz (1853)
und Alexander Wood (1855) auf. Der erste deutsche Arzt, der Morphin injizierte, war der Schlangenbader Arzt Bertrand, der 1856 eine an „hysteri-
schen Krämpfen" leidende Engländerin auf diese Weise behandelte.[21]

Schon ab 1840 ist eine deutliche Ausweitung des Morphinbedarfs festzustellen. Sie korreliert mit der erstmaligen Beschreibung einer Morphin-
entwöhnungsbehandlung durch den Schotten Robert Christison (1850).[22]

Entscheidend für die schließlich weite therapeutische Verbreitung und
damit auch die ersten Morphinsuchtwellen war die Verwendung der
Substanz in den Kriegen jener Zeit, im Krim-Krieg (1854-1865), im Preu-
ßisch-dänischen Krieg (1864), im Preußisch-österreichischen Krieg (1866),
im Deutsch-französischen Krieg (1871-1872) sowie während des amerikanischen Sezessionskrieges. In Amerika war der Morphingebrauch und die
ihm in so vielen Fällen folgende Sucht so ausgeprägt, daß man sie „Armee"-
oder „Soldatenkrankheit" nannte.[23]

Kritisch äußert sich 1880 der Berliner Arzt Eduard Levinstein zur schran-
kenlosen Anwendung des Morphins:[24]

„Die leichte Technik der Pravazschen Methode, die schnelle, wundergleiche Wirkung
gegen den Schmerz, die Ruhe, welche sie im Kriege 1866 Schwerverwundeten und
Erkrankten brachte, bahnte dieser Behandlung in Deutschland rasch den Weg... Der Kreis
der Indicationen für diese Behandlungsweise wurde täglich ohne Unterscheidung erweitert.
Gegen jede anomale Empfindung, ob auf neuropathischer oder entzündlicher Basis, wurde
alsbald das Betäubungsmittel angewandt, die rationelle Behandlung litt durch diese
moderne. Die Kranken befanden sich in ihrem Morphiumtaumel subjektiv wohl, die Ärzte
aber verloren unter demselben das Bild der eigentlichen Krankheit, die Diagnose."

Die Gewinnung der Nebenalkaloide des Opiums begann 1832 mit der
Isolation des Methylmorphins (Codein) durch Jean Pierre Robiquet und Jean
Pelletier. Otto Hesse fand zwischen 1865 und 1903 in den bei der

---

20 Ebenda, S. 564
21 Schmitz, R., (1983) S. 1356
22 Lewin, L., Die Nebenwirkungen der Arzneimittel, (1899) S. 107
23 Sonnedecker, G., Die Opiumsucht, Pharmaz. Ztg., (1963) S. 899-903
24 Levinstein, E., Die Morphiumsucht, (1880) S. 1

Morphingewinnung zurückbleibenden Laugen zahlreiche Nebenalkaloide, darunter Rhodanin, Meconidin, Laudanin und Codamin, von denen jedoch nur sehr wenige therapeutische Bedeutung erlangten.[25]

Codein, das im Opium in geringer Menge vorkommt, stand bis zu seiner wirtschaftlichen Darstellung aus Morphin nur in kleinen Mengen zur Verfügung. Es war teuer und, im Unterschied zu Frankreich, in Deutschland kaum bekannt. Amalius Weisenberg berichtete in seinem *Handwörterbuch der gesamten Arzneimittel* 1853 von der „warmen Empfehlung eines Arztes in Amiens, das Mittel gegen chronische Gastritis und Krampfleiden einzusetzen". Die Ansicht verfestigte sich, Codein wirke ähnlich wie Morphin, nur weniger stark. Erst um 1875 empfahlen französische Ärzte das Mittel zum erstenmal gegen Husten. Albert Knoll fand 1886 ein wirtschaftliches Verfahren zur Herstellung größerer Mengen Codein durch Methylierung von Morphin, so daß ausreichende Mengen zu seiner Prüfung verfügbar waren.[26]

Das Bestreben, ein möglichst wirkungsvolles und nebenwirkungsarmes Ersatzmittel des Morphins mit möglichst geringem Abhängigkeitspotential zu finden, führte etwa seit 1890 in der chemischen Industrie und an den Hochschulen zur Darstellung und Prüfung der verschiedensten Morphinderivate.[27] Neben dem von der Knoll AG hergestellten Methylmorphin (Codein) waren es besonders die von E. Merck auf den Markt gebrachten Morphinabkömmlinge Benzylmorphin (Peronin) und Diäthylmorphin (Dionin), die zum Gegenstand zahlreicher, teils vergleichender pharmakologischer Studien wurden. Die führenden Pharmakologen jener Zeit, wie Joseph von Mering[28], Waldemar von Schröder[29], Rudolf Kobert[30] und Albert Fraenkel[31] beurteilten die neuen Morphinderivate durchaus unterschiedlich und die Verschiedenartigkeit ihrer Bewertungen nahm noch zu, als 1898 der Pharmakologe der Farbenfabriken, Heinrich Dreser, eine vergleichende Untersuchung über Codein und das neue Morphinderivat

25 Issekutz, B., Die Geschichte der Arzneimittelforschung, (1971) S. 33-34
26 Knoll: 100 Jahre im Dienste der Gesundheit, (1986) S. 11-12
27 Allein über Dionin erschienen bis 1902 mehr als 100 Veröffentlichungen. Vgl. hierzu: Kobert, R., Lehrbuch der Intoxikationen, (1902) S. 999
28 Von Mering, J., in: E.Merck, Bericht über das Jahr 1898, S. 4-12
29 Von Schröder, W., Untersuchnungen über die pharmakolog. Gruppe des Morphins, Arch. f. Exp. Path. u. Pharm. (1883) S. 96-114
30 Kobert, R., Die Narkotika, Dtsch. Ärzteztg. (1899) S. 78-81
31 Fraenkel, A., Über Morphinderivate, MMW 46 (1899) S. 1525-1529

Diacetylmorphin (Heroin) vorlegte. Dreser hatte mit einer neuartigen Methodik die bisher wenig untersuchte Atmungswirkung der Morphinabkömmlinge in Angriff genommen und war zu dem Schluß gekommen, daß Heroin wegen seiner geringeren Toxizität und seiner günstigeren Atmungswirkung dem Codein klar überlegen war.[32]

Die Morphinsucht und ihre Behandlung

Die wohl früheste Mitteilung über einen Fall von „Morphingewöhnung" infolge eines schmerzhaften Krebsleidens datiert aus dem Jahr 1855: Eine 36-jährige, an „Mutterkrebs" leidende Frau steigerte ihren Morphinverbrauch innerhalb eines Jahres von 36 auf 592 Gran monatlich.[33] Laehr berichtete 1872 von der weiten Verbreitung der Morphininjektionen in der Nervenheilkunde und wies auf die aufkommende Neigung der Patienten zur Selbstmedikation sowie auf die Notwendigkeit der Dosissteigerung zur Erzielung einer gleichbleibenden Wirkung hin. „Zerrüttung des Nervensystems" und „schwere psychische Sörungen" waren für Laehr die zentralen Symptome übermäßigen Morphingebrauchs.[34]

A. Fiedler bezeichnete 1874 überhöhten Morphinkonsum als eine Krankheit sui generis, die zu einer „Alteration der Nerven- und Gehirnfunktionen" sowie einer „Morphiumpsychose" führen kann. Fiedler kritisierte ausdrücklich das Verhalten mancher Ärzte, die „die Injektionsspritze aus der Hand geben und sie dann der Willkür des Kranken oder seiner Angehörigen überlassen".[35]

Den Begriff „Morphiumsucht" prägte Eduard Levinstein 1875.[36] In seiner 1875 erschienenen Morphium-Monographie gab er anhand von 110

---

32 Dreser, H., Über die Wirkung einiger Derivate des Morphins, Arch. für die gesamte Physiol. (1898) S. 485-521
33 Ramdohr, G., Über Morphium-Consumption, Arch.d.Pharmazie, (1855) S. 243. Zur Geschichte der Opiumsucht vgl. auch: Kuhlen, F.J., Zur Geschichte der Schmerz-, Schlaf- und Betäubungsmittel (1983)
34 Laehr, Über Mißbrauch mit Morphiuminjectionen, Allg. Zeitschr. f. Psych. (1872) S. 349-353
35 Fiedler, A., Über den Mißbrauch subcutaner Morphiuminjectionen. Dtsch.Zeitschr. f.prakt.Med. (1874) S. 240. Eine frühe Kasuistik zur Morphinintoxikation verfaßte auch Louis Lewin als Cand.med. in Berlin, in: Dtsch. Zeitschr. f. prakt. Med. (1874) S. 240-241
36 Levinstein, E., Die Morphiumsucht, BKW (1875) S. 646-649

von ihm selbst untersuchten Süchtigen eine erschöpfende, auch heute noch weitgehend gültige Beschreibung der Erkrankung. Levinstein unterschied den „Morphinismus", unter dem er die spezifischen Symptome der Morphinvergiftung (Überdosierung) verstand, vom süchtigen Verhalten, das er in seiner chronischen Form, der „Morphiumsucht", definierte als

„... die Leidenschaft des Individuums, sich des Morphiums als Erregungs- oder Genußmittels zu bedienen, da dasselbe unvermögend ist, von dem Mittel ohne Nachtheil für das subjektive Wohlbefinden zu lassen, und den Krankheitszustand, der sich durch die mißbräuchliche Anwendung des Mittels herausbildet".

Levinstein grenzte seine Auffassung der Morphinsucht von der Fiedlers und Laehrs ab, die sie nur bei prädisponierten Individuen für möglich hielten. Er zählte die Morphinsucht zur Kategorie der menschlichen Leidenschaften, vergleichbar dem Rauchen, der Spiel- und Gewinnsucht. Gesellschaftliche Anforderungen und Leistungsbezogenheit machten den Mann grundsätzlich anfälliger für die Morphinsucht als die Frau: 82 seiner 110 Patienten waren Männer. Zudem war nach Levinsteins Auffassung die Morphinsucht, ganz im Gegensatz zur Trunksucht, nahezu nur in gebildeten Kreisen anzutreffen: 32 der Kranken waren Ärzte, 13 standen zum ärztlichen Beruf oder Haushalt in engem Kontakt, 18 waren Offiziere. Die Ärzte hielt Levinstein für die Urheber und Verbreiter der Morphinsucht; gleichwohl sprach er sie von jeder Verantwortung frei, „denn sie handelten in gutem Glauben und keiner kannte die Gefahr".[37]

1875 referierte die Berliner Klinische Wochenschrift einen Vortrag Levinsteins auf der 48. Versammlung Deutscher Naturforscher und Ärzte in Graz über das aufkommende Problem der Morphinsucht, das er hier noch als „Mode" deklarierte:[38]

„Aus der ersten Sitzung der Inneren Medizin erfahren wir, daß das so alt bewährte Mittel, die Sorgen des Daseins in die Freuden elyseischer Träume zu verwandeln, bei uns von einer Mode bedroht zu werden anfängt, die diesmal nicht von Westen, sondern ausnahmsweise einmal von Osten her ihren Einzug hält. Bisher schien es ein erprobtes Vorrecht des Muselmannes zu sein, sich mit Hilfe der Kräfte des Opiums hinüber zu schwingen in das Reich ungetrübter Genüsse. Glieder unserer gebildeten und höheren Stände, theilt uns Herr Sanitätsrath Dr. Levinstein mit, beginnen indes im Anschluß an den medicamentösen Genuß des Narcoticums ebenfalls des vom Koran verpönten Saftes der Rebe überdrüssig zu werden. Auch sie ziehen es vor, ihr Dasein mit Opium zu würzen, das sie zwar nicht wie der Türke mit gekreuzten Beinen dem Tschibuk entnehmen, aber ihrer höheren Kultur

---

37   Levinstein, E., (1880), S. 6
38   48. Versammlung Dtsch. Naturforscher u. Ärzte in Graz 1875, BKW 12 (1875) S. 653

entsprechend gleich als reines Alkaloid sich mit oder ohne Zuhilfenahme der Pravazschen Spritze einflößen. Den antiquierten Alkoholrausch überlassen sie dem gemeinen Mann, müssen aber mit ihm gewisse Folgen ihres Genusses theilen, die dem Alkoholismus nicht ganz unähnlich sind, und von denen leider auch die Morphiumfreunde nicht verschont bleiben."

In dem Maße, in dem ab Beginn der siebziger Jahre des 19. Jahrhunderts die Morphinsucht das ärztliche Interesse erregte, erschienen in Deutschland, England, Frankreich und den Vereinigten Staaten eine Vielzahl von Untersuchungen zur Ätiologie und zum Verlauf der Erkrankung. Da die Autoren, in der Mehrzahl Psychiater, Gefängnisärzte oder Leiter privater Sanatorien, jeweils spezifische Patientengruppen betrachteten, wurden sehr unterschiedliche Auffassungen über die Erkrankungsursachen vorgetragen.[39] Durchgehend allerdings stellten die Untersucher jedoch Leichtsinn und Verantwortungslosigkeit der Ärzte und Apotheker bei der Verschreibung, Überlassung des Injektionsbestecks und Abgabe des Morphins heraus, obwohl schon 1856 eine - zunächst nur Berlin betreffende - Verfügung des Polizeipräsidiums die wiederholte Abgabe von Morphin von einem jedesmal zu erneuernden Repetitionsvermerk eines Arztes abhängig gemacht hatte.[40] Pichon, der einen „therapeutischen" und einen „euphorischen" Ursprung der Morphinsucht unterschied, fand 1889 bei 55 untersuchten Fällen 37 mit „therapeutischem" Ursprung. Cobbe berichtete 1895, daß von 1200 untersuchten Morphinsüchtigen 70 Prozent ihre Sucht ärztlicher Sorglosigkeit verdankte.[41] Auf die Rolle kriegerischer Auseinandersetzungen für die Genese der ersten Morphinsuchtwellen wurde schon hingewiesen.

Bevor die Medizin, noch in Unkenntnis der von ihr in hohem Maß mitverschuldeten Morphinsucht, Konzepte zu ihrer Behandlung anbieten konnte, bestanden die ersten Therapieversuche in der Selbstbehandlung der Süchtigen, unterstützt durch Familie und Freunde.[42] Erst mit einer gewissen Verzögerung entwickelte man „Heilungsmethoden", die entweder der abrupten oder der allmählichen Entziehung des Morphins in besonders dafür vorgesehenen Anstalten oder dem Ersatz des Morphins durch andere Pharmaka, in der Regel dem Morphin verwandte Narkotika, zuzuordnen sind. Auch Mischformen zwischen Entzugs- und Ersatzbehandlung waren üblich.

---

39 Vgl. hierzu: Terry, Ch. u. Pellens, M., The Opium Problem, (1928) S. 94
40 Von Gyzicki, (1956) S. 584
41 in: Terry u. Pellens, (1928) S. 102
42 Ebenda, S. 517

Neben der Methode des besonders von den beiden deutschen Ärzten Albrecht Erlenmeyer[43] und Eduard Levinstein favorisierten ersatzmittellosen Morphinentzugs („kalter Entzug"), etablierte sich zwischen 1870 und 1900 eine kaum übersehbare Zahl rein pharmakologischer oder pharmakologisch gestützter Behandlungsformen der Morphinabhängigkeit, die nicht selten in unseriöser Weise propagiert und beworben wurden. Jedes der angewandten Mittel läßt sich einer der folgenden Arzneimittel- gruppen zuordnen:[44]

Alkohol	Heilsera
Antidote	Geheimmittel
Hypnotika	Opiumalkaloide

Die Alkoholbehandlung der Morphinabhängigkeit war nach Louis Lewin das älteste Verfahren; Einzelheiten teilte der Autor nicht mit.

Unter der Vorstellung, daß die subjektiv unangenehmsten Symptome während der Morphinentziehung vom Herzen ausgehen, riet der französische Arzt Lepine zu anregenden Mitteln wie Atropin und Strychnin.[45]

Eine Behandlung mit Hypnotica in aufsteigender Dosierung und gleichzeitig absteigender Morphindosierung und ergänzender Codeinsubstitution empfahl der amerikanische Mediziner J. B. Mattison:[46]

„The modern and human treatment of the morphin disease – preeminently an American plan - is compassed mainly by three drugs: bromide of sodium, codeine and trional. These form a combination of unrivalled value if properly used, in proper cases and, with certain minor aids, make a method far in advance of any yet presented to accomplish two leading objects - minimum duration of treatment and maximum freedom of pain."

Leo Hirschlaff berichtete über ein sowohl gegen die akute Morphinintoxikation als auch gegen Entzugserscheinungen wirksames Heilserum, dem die Vorstellung einer körpereigenen Antitoxinbildung gegen Morphin zugrunde lag.[47] Vertrieben wurde es von der Riedel AG unter der Bezeichnung *Eumorphol*.

Diverse Geheimmittel, deren Zusammensetzung meist nicht bekannt war, kamen als lebhaft beworbene Ersatzmittel des Morphins oder „Curen" bei

---

43 Erlenmeyer, A., Die Morphiumsucht und ihre Behandlung (1887) S. 154-178
44 Vgl. hierzu: Lewin, L., (1899) S. 106-109
45 In: Jastrowitz, M., Über Morphinismus, Die Deutsche Klinik (1906) S. 454
46 In: Terry u. Pellens, (1928) S. 525
47 Hirschlaff, L., Ein Heilserum zur Bekämpfung der Morphiumvergiftung, BKW (1902) S. 1149

Morphinabhängigkeit in den Handel.[48] Nahezu alle enthielten Morphin, wie z.B. das von der Engel-Apotheke in Berlin hergestellte *Antimorphin* oder das von Oscar Nicolai in Jüchen/Rheinland entwickelte *Nicolicin*.[49] Das Arzneimittelverzeichnis *Gehes Codex* führt beide Mittel noch 1929 auf. Auch der viel gepriesene *Paraguay-Tee*, der bei Morphinsucht in 80 Prozent der Fälle Heilung versprach, enthielt ein Narkotikum nicht näher bezeichneter Art.

Kokain als Hilfsmittel bei der Morphinentziehung empfahl als erster der amerikanische Arzt W.H. Bentley 1878.[50] In Europa war es Sigmund Freud, der Kokain als Entziehungsmittel propagierte, nachdem er von den erfolgreichen Bemühungen des Militärarztes Aschenbrandt gehört hatte, mittels Kokain die Ausdauer von Soldaten zu erhöhen und er im Selbstversuch festgestellt hatte, daß Kokain Depressionen aufhellte und die Konzentration steigerte. Seinem Freund Fleischl von Marxow, der nach einer Daumenamputation morphinabhängig geworden war, verabreichte Freud Kokain.[51]

Schließlich ging man auch dazu über, Abkömmlinge des Morphins wie Diäthylmorphin (Dionin) und andere natürliche Opiumalkaloide wie Methylmorphin (Codein) therapeutisch zu nutzen, ein Verfahren, das sich von der heute gebräuchlichen Substitution Opiatabhängiger grundsätzlich nicht unterscheidet. L. Hesse teilte 1899 mit, daß *Codein* mit Erfolg bei Morphinentziehungskuren eingesetzt wurde, in den Vereinigten Staaten war es um diese Zeit das Mittel der Wahl.[52]

Früh existierten neben den Befürwortern der Morphinersatzmittel warnende Stimmen, die die Therapie des Morphinismus mit medikamentösen Hilfsmitteln für nutzlos oder gar gefährlich hielten. Lewin resümierte, daß sämtliche Pharmaka entweder mit unzumutbaren Nebenwirkungen verbunden waren oder eine „gepaarte Leidenschaft" entstehen ließen.[53] Jastrowitz, der den Morphinismus, ebenso wie andere Erkrankungen, nach

---

48 Zum Geheimmittelwesen vgl.: Ernst, E., Das industrielle Geheimmittel und seine Werbung, (1969)

49 Noch 1929 sind in *Gehes Codex Antimorphin* und *Nicolicin* aufgeführt. Vgl. hierzu auch: Fischer, E., u. Wagner, B., Über das Nicolicin, DMW (1928) S. 134

50 ausführlich in: Maier, H.W., Der Kokainismus, (1926) S. 47

51 Sulloway, F.J., Freud, Biologe der Seele, (1982) S. 55-58

52 Hesse, L., Dionin, ein neues Morphinderivat, Pharmac.Centralhalle (1899) S. 1-5; vgl. auch: Heinrich, J., Das Dionin als Ersatzmittel des Morphins, Wiener med. Blätter 1899, Nr. 11

53 Lewin, L., (1899) S. 106

dem therapeutischen Leitsatz „cito, tuto et iucunde" („schnell, umfassend und erträglich") behandelt wissen wollte, urteilte, daß das „iucunde" der Entziehung am ehesten durch ein „unschuldiges Ersatzmittel" zu erreichen sei, ein solches aber nicht existiere.[54] Noch 1928 wandte sich Wolff vehement gegen die bisweilen noch praktizierte Behandlung des Morphinismus mit den morphin- und kokainhaltigen Ersatzmitteln *Eumecon* und *Trivalin*, die zu schweren Fällen von „Eumeconismus" und „Trivalinismus" geführt hätten. Neben ärztlicher Unwissenheit und Leichtfertigkeit prangerte Wolff die pharmazeutische Industrie für die verantwortungslose Behandlung Morphinabhängiger mit derartigen „wilden Präparaten" an:[55]

„Gegen solche Auswüchse der Arzneimittelindustrie haben wir nur eine Waffe, und das ist die gründliche Ausbildung der Ärzte in der experimentellen Pharmakologie."

„Nachteilfreie" Ersatzpräparate

Schon früh hatte sich die Arzneimittelforschung im letzten Jahrhundert bemüht, für die bereits isolierten pflanzlichen Naturstoffe, besonders die Alkaloide, Ersatzstoffe zu finden. Motor dieser Entwicklung war einerseits ihr durchweg hoher Preis, andererseits die Erkenntnis, daß viele Naturstoffe nur eine geringe Wirkungsspezifität besaßen und zum Teil außerordentlich toxisch waren oder unangenehme Nebenwirkungen aufwiesen, die ihrer breiten Anwendung im Wege standen.

Beispielhaft für dieses Bemühen war die Suche nach einem Ersatz für das 1820 aus der Chinarinde isolierte Fiebermittel *Chinin*, das teuer war und bitter schmeckte. Über das von Emil Fischer synthetisierte und von den Farbwerken Hoechst vertriebene *Kairin*, das sich als zu nebenwirkungsreich erwies, gelangte man schließlich zu einer verträglichen Substanz, die 1884 unter dem Warenzeichen *Antipyrin* auf den Markt kam. Es wurde ein großer Erfolg.[56]

Bei den Bestrebungen, Alkaloidersatzmittel herzustellen, beschritt man unterschiedliche Wege. Die am Ende des 19. Jahrhunderts noch am

---

54 Jastrowitz, M., (1906) S. 451
55 Wolff, P., Zur Behandlung und Bekämpfung der Alkaloidsuchten, DMW 54 (1928) S. 7-10
56 Bernsmann, W., Arzneimittelforschung, (1967/68) S. 32-35

wenigsten entwickelte Arbeitsrichtung versuchte eine künstliche Darstellung der Alkaloide. Eine solche gelang Emil Fischer 1897 durch die Synthese des Koffeins aus Malonsäure und Harnsäure.

Die zweite Arbeitsrichtung versuchte, ebenfalls über den Weg der Synthese, zu Mitteln zu gelangen, die in ihren Wirkungen den natürlichen Alkaloiden möglichst nahe kamen, in ihrer chemischen Konstitution jedoch von ihnen verschieden waren. Dieser Weg begann mit der Synthese des *Antipyrins*, das als Ersatzmittel des *Chinins* ihm in der Wirkung gleich, chemisch aber ein Derivat des Phenylhydrazins war.

Der dritte Weg bestand darin, durch Einführung bestimmter Molekülgruppen in das natürliche Alkaloid dieses so zu modifizieren, daß günstigere therapeutische Wirkungen zu erzielen waren. Unter den verschiedenen Verfahren dieses Weges nahm die Acetylierung, die Einführung eines Essigsäurerestes in ein Molekül, eine überragende Bedeutung ein, weil sich zeigen ließ, daß durch Acetylierung die Toxizität vieler Substanzen abnahm und sich ihre Verträglichkeit verbesserte. E. Merck wies eindrücklich auf „die Entgiftung zu schroffer Wirkungen des Heilmittels durch den an sich indifferenten Essigsäurerest" hin.[57] Dem Verfahren wurden so viele Substanzen unterworfen, daß Bernsmann die Acetylierung als „große Mode" vor der Jahrhundertwende bezeichnete, Rosenthaler sprach gar von einer „Acetylierungsmanie":[58]

„... Vielfach ging man dabei in völlig mechanischer und geistloser Weise vor und viele der berufsmäßigen Erfinder von neuen Arzneimitteln acetylierten lediglich aus Mangel an anderen Ideen. Die ganze Acetylierungsmanie, von einer solchen darf man wohl sprechen, hat ihren Ausgang vom Acetanilid genommen, weil dieses bessere chemische Eigenschaften aufwies als das Anilin...Und es hat sich allgemein gezeigt, daß derartig acetylierte Basen weniger giftig sind als ihre Ausgangsprodukte, weil sie im Organismus langsamer gespalten werden. Anders liegt der Fall aber, wenn die Acetylgruppe anstelle eines H-Atoms oder eine OH-Gruppe in eine Base eintritt, dann können auch giftigere Körper entstehen. In diesem Verhältnis steht zum Beispiel das Heroin zum Morphium."

Die um die Jahrhundertwende bekanntesten, durch Acetylierung gewonnenen Arzneimittel waren die in chemisch reiner Form erstmals von dem Chemiker der Farbenfabriken Felix Hoffmann 1897 gewonnene Acetylsalicylsäure (*Aspirin*) und das noch im gleichen Jahr von ihm acetylierte Morphin (*Heroin*).

---

[57] Merck, J.H. (1923) S. 24
[58] Rosenthaler, L., Neue Arzneimittel organischer Natur, (1906) S. 186-187

Diacetylmorphin vor 1898

Obwohl Diacetylmorphin als Arzneimittel erst 1898 eingeführt wurde, gelang verschiedenen Chemikern und Pharmazeuten seine Synthese aus Morphin schon Jahrzehnte früher. Auch die ersten pharmakologischen Prüfungen datieren vor denjenigen, die die Farbenfabriken in ihren Laboratorien durchführten.

Der britische Chemiker C.R.A. Wright, der sich mit der Zusammensetzung und Aufschlüsselung der Opiumalkaloide befaßte, synthetisierte Diacetylmorphin sowie andere Morphinabkömmlinge schon 1874.[59] Zur physiologischen Prüfung übergab er sie an seinen Landsmann F.M. Pierce, der die Substanzen Kaninchen und Hunden injizierte. Alle Morphinderivate führten nach ihrer Applikation zu den klassischen Opiatwirkungen: Sedierung, Atem- und Kreislaufdepression und Aktivierung des Brechzentrums.[60]

1884 gelang es dem Alkaloidchemiker O. Hesse, der sich mit Arbeiten zur Struktur des Morphinmoleküls befaßte, gleichfalls Diacetylmorphin darzustellen.[61] Ebenso führten auch Wilhelm Danckwortts Experimente zur Größe des Morphinmoleküls 1890 zur Darstellung von Diacetylmorphin.[62]

In England unternahmen D.B. Dott und Ralph Stockman 1889 Experimente mit verschiedenen Morphinabkömmlingen an Fröschen und Kleinsäugern. Sie kamen zu dem Schluß, daß die Einführung von Substituenten in die Peripherie des Morphinmoleküls kaum Wirkungsveränderungen nach sich zogen. Diacetylmorphin allerdings hatte einen ausgeprägteren Effekt auf die Atmung als Morphin: „The depressant action which it exerts on respiration is much greater than that of morphine."[63]

Spätestens seit 1895 untersuchte auch der Pharmakologe von Mering in Zusammenarbeit mit der pharmazeutischen Fabrik E. Merck die physiologischen und therapeutischen Wirkungen der Morphinderivate mit dem Ziel, ein Mittel zu finden, das verträglicher war als Morphin oder *Codein*. Er

---

59 Wright, C.R.A., On the Action of Organic Acids and their Anhydrides, J. Chem. Soc. (1874) S. 1031-1041

60 Pierce, F.M., On the Physiological Action of the above Morphine and Codeine Derivatives, J. Chem. Soc. (1874) S. 1043

61 Hesse, O., Studien über Morphin, Ann. d. Chem. u. Pharm. (1884) S. 203-234

62 Danckwortt, W., Über einige Derivate des Morphins, Arch. Pharm. (1890) S. 572-595

63 Dott, D.B. u. Stockman, R., Pharmacology of Morphine and its Derivatives. Proc. Roy. Soc. Edinb. (1889/90) S. 321-379

führte nicht nur Tierversuche durch, sondern berichtete auch über klinische Beobachtungen am Menschen:[64]

„Eine größere Anzahl von klinischen Beobachtungen ergaben, daß Diacetylmorphin, Dipropionylmorphin sowie Dibenzoylmorphin eine dem Morphin ähnliche, aber schwächere Wirkung zeigen... Für die praktische Verwendung scheinen sie mir nicht besonders geeignet, weil dieselben an und für sich schon ziemlich leicht zersetzlich sind, keine haltbaren in Wasser löslichen Salze bilden und nicht in Solution oder subcutan verwandt werden können."

Von Mering veröffentlichte seine Ergebnisse 1899 in den Merckschen Jahresberichten, die den Firmenbericht über das Jahr 1898 enthalten. Er enthält den Hinweis:

„Diese Versuche waren bereits angestellt, als die Farbenfabriken vorm. Friedrich Bayer & Co. in Elberfeld die Verbindung unter dem Namen „Heroin" in den Handel brachten."

Ob das Unternehmen E. Merck deutlich machen wollte, daß die Priorität an der Entdeckung der therapeutischen Relevanz des Diacetylmorphins ihm und dem Pharmakologen von Mering und nicht den Farbenfabriken zustand, kann vermutet, aber nach Lage der Quellen nicht gesichert werden. Offensichtlich fanden die pharmakologischen Prüfungen des Diacetylmorphins bei E. Merck und den Farbenfabriken zeitgleich statt. Weder E. Merck noch von Mering erwähnen den Pharmakologen Dreser, der bei den Farbenfabriken Diacetylmorphin prüfte, wie auch umgekehrt Dreser sich nicht auf die Arbeiten von Merings bezog. Entscheidend für E. Merck scheint das Urteil von Merings gewesen zu sein, Diacetylmorphin sei als Arzneimittel nicht empfehlenswert, weswegen seine Fabrikation bei E. Merck zunächst unterblieb.

---

64   In: E. Merck. Bericht über das Jahr 1898, S. 7 u. S. 15

Heroin, ein Arzneimittel der Farbenfabriken vorm. Friedrich Bayer & Co.

Resynthese durch Felix Hoffmann

Der als Erfinder des *Aspirins* geltende Felix Hoffmann (Abb. 1) wurde am 21.1.1868 in Ludwigsburg (Württemberg) geboren. Er absolvierte dort die Lateinschule und arbeitete zwischen 1886 und 1889 in Genf, Hamburg und Neuville in verschiedenen Apotheken, bevor er an der Universität München Chemie und Pharmazie studierte und 1891 das pharmazeutische Staatsexamen ablegte. Nach seiner Dissertation trat er eine Stelle als Assistent bei H. von Pechmann am Münchener Staatslaboratorium an.[65]

Am 1.4.1896 übernahm Felix Hoffmann auf Empfehlung Adolf von Bayers die Position eines Laboratoriumschemikers in dem 1889 von Carl Duisberg neu gegründeten wissenschaftlichen Laboratorium der Farbenfabriken, dem er als synthetisch arbeitender Chemiker sieben Jahre angehörte. 1901 übertrug man ihm als Prokurist die Leitung der pharmazeutischen Verkaufsabteilung, die er bis zu seiner Pensionierung 1926 innehatte. Felix Hoffmann starb 1946 in Lausanne, unverheiratet und ohne Nachkommen.

Hoffmann hat, abgesehen von seiner Dissertation, niemals wissenschaftlich publiziert, bemerkenswerterweise auch nicht über die ihm als Erfinder zugeschriebene Acetylsalicylsäure (*Aspirin*). Bis auf seine Laborberichte und einen kurzen Beitrag über die Pharmazeutische Verkaufsabteilung in der 1918 zum 50-jährigen Firmenjubiläum erschienenen „Böttinger-Schrift" existieren von ihm keinerlei schriftliche Äußerungen, die seine Arbeit als Chemiker oder andere Aspekte seines beruflichen oder wissenschaftlichen Lebens dokumentieren.[66] Weder zu Lebzeiten noch nach

---

65 Hoffman, F., Über einige Derivate des Dihydroanthracens, (1893)
66 Hoffman, F., Die Pharmazeutische Verkaufsabteilung, (1918) S. 439-442

seinem Tod war seine Person - bis auf eine kurze biografische Notiz in der *Neuen Deutschen Biografie* - Gegenstand einer Publikation. Nicht einmal ein Firmennachruf scheint zu existieren. Um so häufiger fällt sein Name in pharmazeutischen Veröffentlichungen oder der Laienpresse im Zusammenhang mit der Erfindung des Arzneimittels *Aspirin*. Die pharmazeutische Spezialität *Heroin* dagegen wurde mit seinem Name bis heute nicht in Verbindung gebracht.[67]

Nach seinem Eintritt in die Farbenfabriken befaßte sich Hoffmann mit der Darstellung verschiedener organischer Verbindungen, von denen jedoch lange Zeit keine eine therapeutische Bedeutung erlangte. Seine Laborberichte zeigen, daß er schon früh durch Methylierung und Acetylierung bereits bekannter Verbindungen zu neuen Wirkstoffen zu gelangen suchte, was besonders sein Laborjournal aus der zweiten Hälfte des Jahres 1897 belegt, das auch die Synthese der Aceylsalicylsäure und des Diacetylmorphins dokumentiert:[68]

24.6.1897	Darstellung von Morfincarbonat
27.7.1897	Darstellung einer Base aus Morfin und Chloracetamid
10.8.1897	*Acetylsalicylsäure*
18.8.1897	Über Acetylguajacol
20.8.1897	Über die Methylierung von Morfin mittels Diazomethan und Methylnitrosomethan
21.8.1897	*Über das Diacetylmorfin*
31.8.1897	Methylierung von Morfin mittels Methylnitrat
6.9.1897	Versuche zur Darstellung von Morfinderivaten mit Sulfurchlorid und Methylsulfochlorid aus Morfin
18.11.1897	Über das Brenzcatechindiacutat
27.11.1897	Acetylcincochin
9.12.1897	Acetylchinin

---

67 Göb, P., Felix Hoffman, in: Neue Deutsche Biografie (1953)
68 Laborberichte Felix Hoffmann, Blatt 41-83. Bayer-Archiv 103/17 E 2a. In allen Firmenpublikationen der Farbenfabriken und später der BAYER AG sowie allen pharmaziehistorischen Darstellungen über Acetylsailcylsäure (*Aspirin*) wird das Datum seiner ersten Synthese mit dem 10. Oktober 1897 angegeben. Dieses Datum ist unrichtig: Aus der Paginierung der Laborberichte Hoffmanns sowie aus der Analyse seiner Schrift ergibt sich eindeutig der 10. August 1897 als Datum der Erstsynthese der Acetylsalicylsäure.

Der vollständige Laborbericht Hoffmanns vom 21.8.1897 (Abb. 2) lautet:[69]

Über das Diacetylmorfin

Um einen Ersatz für das Codein aufzufinden, wurde das Diacetat des Morfins dargestellt. Kocht man 10,0 Morfin mit 30,0 Essiganhydrid in 4 Stunden unter Rückfluß, so zeigt eine in Wasser aufgenommene Probe keine Morfinreaktion mehr. Man verdunstet die Essigsäure des Rückstandes, gießt in Wasser und versetzt unter Erkühlung in Sodalösung. Die ausfallende krystallinische Masse stellt das Diacetat dar, das aus Benzolligroin in Nadeln vom SmP 169° krystallisiert. Wie physiologische Versuche ergaben, liegt in dem Körper in der That eine dem Codein außerordentlich ähnlich wirkende Substanz vor.

21. VIII. 1897, Dr. Hoffmann

Die synthetischen Arbeiten Hoffmanns sind, wie schon im ersten Kapitel dargestellt, in die allgemeine Tendenz der Alkaloidchemie jener Zeit eingebettet, besser verträgliche Morphinderivate zu finden. Diese großen wirtschaftlichen Gewinn versprechenden Entwicklungen wollten und konnten die Farbenfabriken ihren Konkurrenten E. Merck und der Knoll AG nicht überlassen. Auch die Bemühungen der Farbenfabriken um ein neues Verfahren zur Darstellung von Codein durch Methylierung von Morphin zu finden, ist Ausdruck des Versuchs, die bisher marktbeherrschende Stellung dieser beiden Unternehmen in der Alkaloidchemie zu brechen. Ein wirtschaftliches Verfahren zur Herstellung von Codein zu entwickeln gaben die Farbenfabriken jedoch bald auf, es scheiterte an technischen Hindernissen.[70]

Fritz Hofmann, um die Jahrhundertwende Mitarbeiter des pharmazeutisch-wissenschaftlichen Laboratoriums der Farbenfabriken und 1901 selbst mit Morphinderivaten befaßt, beurteilte 1920 rückschauend die damaligen Acetylierungsexperimente zwar durchaus im Sinne der Rosenthalerschen „Acetylierungsmanie", verwies aber auch auf den rationalen Kern dieser Methode, die dem Unternehmen zu sehr erfolgreichen Spezialitäten verholfen hatte:[71]

„Der Phenacetinsieg hat natürlich wieder den Acetylierern Oberwasser gegeben. Und das Acetylieren von allen möglichen und unmöglichen Substanzen nahm seinen Fortgang. Gestehen wir es nur offen: Die Herren haben damals eine feine Nase gehabt und ‚Instinkt ist eine große Sache', sagt schon Falstaff. Wirklich hervorragendes haben sie mit ihrer simplen Acetylierung geleistet. ‚Heroin' - als Diacetylmorphin chemisch schon längst

---

69   Hoffmann, F., Blatt 51 des Laborjournals vom 21.8.1897, Bayer-Archiv 103/17 E 2a
70   Fischer, F., Die pharmzeutischen Betriebe (1918) S. 431
71   Hofmann, F., Wie unsere Heilmittel enstehen, Zeitschr.f.angew.Chem. (1920) S. 274

bekannt – wurde als Sedativum besonders der Respirationsorgane durch Dreser eingeführt und erfreut sich noch heute der Wertschätzung, und ganz besonders brachte uns diese Arbeitsrichtung das Aspirin."

Pharmakologische Prüfung durch Heinrich Dreser

Heinrich Dreser (Abb. 3) wurde am 1.10.1860 in Darmstadt geboren. Nach dem Schulbesuch und dem Medizinstudium an der Universität Heidelberg promovierte er 1884 mit einer Arbeit zur „Zur Chemie der Netzhautstäbchen". Es folgten mehrere Assistenzen an den Universitäten Breslau und Straßburg, bevor er sich 1890 bei dem Pharmakologen und Toxikologen Carl Gustav Hüfner in Tübingen mit einer Untersuchung zur Muskelphysiologie habilitierte. 1893 erhielt er den Professorentitel und trat 1896 in Göttingen als Extraordinarius die Nachfolge Wilhelm Marmés auf dem Lehrstuhl für Pharmakologie an.[72]

Die geringe Besoldung und die unzulängliche Ausstattung des Lehrstuhls mit notwendigen Forschungseinrichtungen führten dazu, daß Dreser 1897 ein Angebot der Farbenfabriken annahm und zum 1.4.1897 die Leitung ihres Pharmakologischen Laboratoriums (Abb. 4) übernahm, dessen Errichtung ebenso wie der Bau des pharmazeutisch-wissenschaftlichen Laboratoriums auf die Initiative Carl Duisbergs zurückzuführen war. Unter Dresers Leitung wurde es erweitert und in der Folgezeit gelangten alle vom pharmazeutisch-wissenschaftlichen Labor entwickelten Substanzen hier zur pharmakologischen Prüfung.

Aus unklaren Gründen, nach mehr als 17-jähriger Tätigkeit in leitender Position, verließ Dreser 1914 die Farbenfabriken und übernahm eine ehrenamtliche Professur am Biochemischen Institut der Medizinischen Akademie in Düsseldorf. Hier wirkte er zehn Jahre, bis ihn eine Nierenerkrankung zur Aufgabe seiner Arbeit zwang. 1924 siedelte er nach Zürich um und begann an Cloettas Institut noch einmal mit Versuchen zur Analyse von Narkosegasgemischen. Im Dezember 1924 erlag er in Zürich einem Nierenleiden.

Dreser wird in einem Nachruf von Ernst Lomnitz, der als Chemiker der Farbenfabriken ihn auch persönlich kannte, als originelle, kantige, zum

---

72 Dreser, H., Über die Messung der durch pharmakologische Agentien bedingten Veränderungen der Arbeitsgröße und der Elastizitätszustände des Skelettmuskels, (1884)

Sarkasmus neigende, wenig umgängliche und ungesellige Persönlichkeit beschrieben. Von einer „Aera Dreser" zu sprechen sei aufgrund seiner Leistungen und Verdienste zweifellos gerechtfertigt.[73] Eine andere Würdigung unterstrich Dresers nachhaltige Bedeutung für die experimentelle Pharmakologie, zumal seinen Ehrgeiz, die Ergebnisse seiner Arbeiten exakt zu quantifizieren. Eine große Neigung und ein besonderes Geschick, neuartige Methoden und apparative Versuchsanordnungen zu ersinnen, waren ihm eigen. Als Zentrum seiner vielseitigen wissenschaftlichen Interessen können die zahlreichen Untersuchungen zur pharmakologischen Beeinflussung der Atmung gelten. Er verfaßte 45 wissenschaftliche Publikationen.[74]

Diacetylmorphin (Heroin) im Tierversuch

Aus der Zeit vor seinem Eintritt in die Farbenfabriken sind Untersuchungen Dresers zur Pharmakologie der Opiumalkaloide nicht bekannt. Durch den Kontakt zu dem Pharmakologen Waldemar von Schröder während ihrer gemeinsamen Zeit in Straßburg war er aber mit dessen Untersuchungen zu Morphinderivaten wohl vertraut. Von Schröder hatte unter anderem das *Codein* pharmakologisch untersucht, das Mittel aber negativ bewertet und von sei- ner therapeutischen Verwendung abgeraten:[75]

„Am häufigsten wird Codein ordiniert, um bei Patienten, welche bisher das Morphium erhalten haben, eine Abwechselung der durch das Morphium bedingten Störungen eintreten zu lassen. Es wäre in solchen Fällen entschieden zweckmäßiger, wenn es sich um die Hervorrufung eines hypnotischen Effectes handelt, ein Mittel aus der Chloralgruppe zu wählen. Wenn das Codein seinen Platz in der Pharmakopöe seiner narkotischen Eigenschaften wegen einnimmt, so verdient es denselben sicherlich nicht. Ob es sonst noch in der Heilkunde verwertbare Eigenschaften besitzt, darüber will ich das Urteil anderen überlassen."

Von Schröder hatte die Gruppe der Opiumalkaloide in zwei Untergruppen geschieden: Eine „Morphiumgruppe" (Morphin, Oxidomorphin), die eher narkotische Eigenschaften aufwies, und eine „Codeingruppe" (Codein,

---

73 Lomnitz, E., Heinrich Dreser (Nachruf), Therapeutische Berichte (1925) S. 78-81, Personalia Dreser, Bayer-Archiv 271/2

74 Meyer, E., Heinrich Dreser (Nachruf), Schmiedebergs Archiv (1925), Personalia Dreser, Bayer-Archiv 271/2

75 Von Schröder, W., Untersuchungen über die pharmakologische Gruppe des Morphins, Arch. f. Exp. Path. Pharm. (1883) S. 96-114

Papaverin, Narcotin, Thebain), der vorzugsweise tetanische (krampf-erzeugende) Wirkungen anhafteten. Letztere begründeten seine Ablehnung des *Codeins*. Dreser neigte dem Urteil von Schröders zu, zumal zwar viele klinische Veröffentlichungen über *Codein* vorlagen und das Mittel nach seiner Auffassung „eine sehr beachtenswerte Stelle in der Behandlung der Katarrhe der Atemwege eingenommen hatte", aber nur eine einzige experi-mentell-pharmakologische Studie hatte die Codeinwirkung auf die Atmung untersucht, eine nach Dresers Urteil bei weitem nicht ausreichende und zudem lückenhafte Untersuchung.[76]

Ziel der Experimente Dresers war es daher, in einer pharmakologischen Studie die Wirkungen des *Codeins* und die anderer Morphinderivate verglei-chend zu untersuchen, in der Vorstellung, für das schlecht beleumundete *Codein* und nebenwirkungsreiche Morphin ein Ersatzmittel zu finden, das die Atmung des Lungenkranken in möglichst spezifischer Weise und frei von unangenehmen oder schädlichen Wirkungen positiv beeinflussen sollte. Deshalb legten seine Untersuchungen besonderes Gewicht auf die exakte Erfassung des Atemvorgangs.[77]

Einen wesentlichen Teil der Methodik zur Untersuchung des Atemvor-gangs hatte Dreser sich bereits 1890 während pharmakologischer Experi-mente mit dem Alkaloid Lobelin erarbeitet. Mit Hilfe eines von ihm selbst entwickelten Spirometers hatte er am Kaninchen die Wirkung des Lobelins auf den Atemvorgang studiert, seine das Atemzentrum stimulierende Wir-kung erkannt und es als Asthmamittel und Antidot bei Opiumvergiftung für die klinische Prüfung empfohlen.[78]

Die Versuchsreihen Dresers fanden während der ersten Hälfte des Jahres 1898 im Pharmakologischen Laboratorium der Farbenfabriken in Elberfeld statt und wurden von ihm akribisch in seinem Laborjournal protokolliert. Als Versuchstiere wählte Dreser Fische (Stichlinge), Meerschweinchen, Kaninchen und Katzen, deren Körperfunktionen er unter besonderer Be-rücksichtigung der Atmung nach Applikation von Morphin, Codein und

---

76 Dreser zielte hier auf die von W. Heinz vorgelegte Dissertation über „Die Größe der Athmung unter dem Einfluss einiger wichtiger Arzneistoffe", Trier (1890)

77 Heroin wurde nicht, wie immer wieder (auch in der Fachliteratur) behauptet, als Schmerzmittel herausgebracht, sondern als „Atmungssedativum"; erst später traten andere Indikationen hinzu.

78 Dreser, H., Pharmakologische Untersuchungen über das Lobelin, Arch. f. .Exp. Path. Pharm. (1890) S. 237-266. Lobelin ist ein Piperidinderivat mit nikotinartiger Wirkung. Als *Unilobin* ist es zur Nikotinentwöhnung noch heute im Handel.

Heroin untersuchte. Im einzelnen betrafen seine Beobachtungen und Messungen:[79]

- qualitative Beobachtungen an Fischen und Fröschen
- Bestimmung der *Dosis efficax* und *Dosis letalis* von Codein und Heroin
- die Atemkurven normaler und heroinisierter Versuchstiere
- die Atemleistung unter Heroin
- die Beeinflussung des Atemzentrums durch Heroin
- die Sauerstoffsättigung des Blutes heroinisierter Versuchstiere
- Heroinwirkung auf Herz und Kreislauf
- Verhalten der Körpertemperatur nach Heroin

Schon in den qualitativen Untersuchungen an Fischen schien die vorteilhaftere Wirkung des Heroins deutlich zu werden:

„Am unruhigsten war der Fisch im Codeinphosphat, nach 30 Minuten wurde der in Morphin befindliche etwas unruhig, während der im Heroin schwimmende keinerlei Unruhe zeigte und nach 60 Minuten als Zeichen einer leichten Hypnose mit der Schwanzflosse oberhalb des Wasserspiegels an die Gefäßwand angeklebt werden konnte, was bei den beiden anderen unmöglich war. Nach drei Stunden war der Codeinfisch todt, die anderen lebten, und in frisches Wasser zurückgebracht, erholten sie sich.“

Von zentraler Bedeutung waren die Befunde, die Atemfrequenz, Inspirationsdauer und Inspirationstiefe betrafen: Dreser ließ Kaninchen nach einem Luftröhrenschnitt über einen Schlauch in eine Flasche ein- und ausatmen. Eine mit der Flasche kommunizierende rotierende Trommel registrierte die in ihr auftretenden Druckschwankungen über eine bestimmte Zeit. Die Formanalyse der aufgezeichneten Kurven ergab für heroinisierte Tiere infolge einer verlängerten Expirationspause eine deutliche Frequenzabnahme der Atmung und eine verlängerte Inspirationsdauer.

Um den Sauerstoffkonsum der Versuchstiere und ihre Atemleistung zu messen, entwarf und konstruierte Dreser spezielle Apparaturen, mit deren Hilfe sich die atmungsbedingten Volumenschwankungen innerhalb eines mit der Luftröhre des Versuchstieres verbundenen Steigrohres in eine Druckmessung übersetzen ließen.

Zusammenfassend gelangte Dreser zu vielversprechenden tierexperimentellen Befunden, die ihn das Heroin für die klinische Prüfung am Menschen

---

79 Den hier in geraffter Form wiedergegebenen tierexperimentellen Heroinstudien Dresers liegen seine Laborjournale (Bayer-Archiv 103/12.01) und seine Einführungsarbeit zugrunde: Über die Wirkung einiger Derivate des Morphins auf die Athmung, Arch. für die gesamte Physiol. (1898) S. 485-521

empfehlen ließen: Die Wirkung des Heroins auf die Atmung sei „reiner" und intensiver als die des Codeins. Letzteres sei dennoch relativ gefährlicher, da die minimal wirksame Dosis und die minimal tödliche Dosis um den Faktor zehn näher beieinanderliegen als beim Codein und dieses eher Krämpfe provoziere. Die *therapeutische Breite* des Heroins sei also größer. Heroin senke zudem die Atemfrequenz bei gleichzeitiger Erhöhung des einzelnen Atemhubvolumens. Dadurch werde die Ventilation der Lunge, zumal der erkrankten, vorteilhaft beeinflußt, denn das Areal der Lungenkapillaren, das der Sauerstoffaufnahme zugänglich gemacht wird, vergrößere sich: *Die Atmung werde ökonomischer.*

Da es unter Heroineinwirkung auch zu einer Erhöhung der Kraft und Arbeitsleistung der Atmung kommt, sei eine Sekretverhaltung beim Lungenkranken wenig wahrscheinlich, im Gegenteil, eine Erleichterung des Abhustens sei zu erwarten.

Einen zusätzlich schonenden Einfluß auf die erkrankte Lunge stelle die durch Heroin bewirkte größere Muskelruhe des Körpers dar; die seinen Sauerstoffkonsum und seine Kohlendioxidproduktion vermindere. Die Ansprechbarkeit des Atemzentrums bleibe unberührt, die Empfindlichkeit für mechanische Dehnungsreize der Lunge sei herabgesetzt. Dies sei von Vorteil, da eine tiefe Inspiration durch den Hustenreiz kein vorschnelles Ende finde.

Heroin vermindere die Wärmeproduktion des Körpers, arbeite also dem Fieber rationeller entgegen als gewöhnliche Fiebermittel dies tun. Herz und Kreislauf würden durch Heroin nicht stärker belastet als durch Morphin oder Codein. Blutdruckabfall und Verlangsamung der Herzschlagfrequenz seien eine Folge mangelnder Sauerstoffversorgung bei Überdosierung. Die eigentliche Gefahr stelle die Atemlähmungdar, wie sie bei hohen Dosen intravenös gegebenen Heroins zu beobachten sei.

Dreser publizierte seine Experimente und die aus ihnen folgenden Empfehlungen im September 1898 in dreifacher Form: Er referierte sie auf der 70.Versammlung Deutscher Naturforscher und Ärzte als einer ihrer drei Hauptredner. Etwa zur gleichen Zeit erschien in der renommierten Fachzeitschrift *Archiv für die gesamte Physiologie* ein wissenschaftlicher Aufsatz, in dem er die tierexperimentellen Ergebnisse ausführlichst darlegte. In den *Therapeutischen Monatsheften* plazierte er eine weitere Veröffentlichung, die sich den Konsequenzen der tierexperimentellen Befunde für die Humanmedizin widmete.[80]

Bei der Sichtung der Quellen, auf die sich Dreser in seinen Publikationen über Heroin bezog, fällt auf, daß er seine Kollegen Dott und Stockman, Pierce, Danckwortt und Hesse, die alle Diacetylmorphin dargestellt, zum Teil auch pharmakologisch untersucht und ihre Ergebnisse *vor* Dreser publiziert hatten, unerwähnt läßt. Dies ist um so bemerkenswerter, als Dreser ein profunder Kenner der pharmakologischen Literatur war; akribisch verwiesen seine sämtlichen übrigen Veröffentlichungen auf bereits vorliegende Untersuchungen. Er selbst hatte sogar die pharmakologischen Arbeiten der Engländer Dott und Stockman über Diacetylmorphin 1891 für eine vielgelesene Publikation (*Schmidt's Jahrbücher*) referiert; die vorangehende wissenschaftliche Literatur mußte ihm also bestens vertraut sein.[81]

So mußte der Eindruck entstehen, wie der Pharmakologe E. von Harnack, im Rahmen einer kritischen Auseinandersetzung mit Dresers Befunden kritisch anmerkte, „Heroin sei eine neue, zum erstenmal von Dreser experimentell-pharmakologisch untersuchte Verbindung", was der Wahrheit nicht entsprach.[82] Auch die vom Pharmazeutisch-wissenschaftlichen Büro der Farbenfabriken herausgegebenen wissenschaftlichen Informationen für niedergelassene Ärzte und Kliniken ließen, ganz gegen sonstige Gepflogenheiten, die ältere Literatur über Diacetylmorphin unerwähnt.

Es liegt nahe, die Gründe, die Dreser und die Farbenfabriken ganz offensichtlich dazu veranlaßt haben, wider besseres Wissens frühere wissenschaftliche Arbeiten über Diacetylmorphin und ihre Autoren zu verschweigen, in Bemühungen des Unternehmens zu sehen sind, sich die Priorität an dem Verfahren zur Darstellung von Diacetylmorphin (Heroin) zu sichern. Die Farbenfabriken setzten alles daran, um in den hart

---

80 Dresers Heroin-Vortrag war ein Hauptbeitrag während der 70. Versammlung der Gesellschaft Deutscher Naturforscher und Ärzte vom 19. bis 24.9.1898 in Düsseldorf. Ausführlichst wurde er in der Deutschen Medizinischen Wochenschrift und der Münchener Medizinischen Wochenschrift wiedergegeben: DMW-Sonderbeilage (1898) S. 185-186 u. MMW (1898) S. 1252
Dreser, H., Über die Wirkung einiger Derivate des Morphins auf die Athmung, Arch.für die gesamte Physiol. (1898) S. 485-521
Dreser, H., Pharmakologisches über einige Morphinderivate, Therap. Monatshefte (1898) S. 509-512

81 Dreser, H., Report on the Pharmacology of Morphine and its Derivatives; by R. Stockman and D.B. Dott (BMJ, July 26th, 1890, p.189), Schmidt's Jahrbücher (1891) S. 134

82 Von Harnack, E., Über die Giftigkeit des Heroins, MMW (1899) S. 881

umkämpften Markt des Alkaloidgeschäfts, den E. Merck und die Knoll AG (Codein und Dionin) beherrschten, mit einem neuen, konkurrenzlosen und gewinnträchtigen Patentprodukt, dem „Atmungssedativum" Heroin, einzubrechen.[83]

Die Heroinerprobung am Menschen

Bevor außerhalb des Unternehmens Heroin von niedergelassenen und klinisch tätigen Ärzten erstmals therapeutisch eingesetzt wurde, erprobten es Heinrich Dreser und Theobald Floret, der Werksarzt der Farbenfabriken, in eigenen Versuchen am Menschen, unter anderem auch an Werksangehörigen.[84]

Aus der zeitlichen Folge der Publikationen Dresers und Florets läßt sich rekonstruieren, daß Dreser bereits zu einer Zeit, als seine tierexperimentellen Untersuchungen noch nicht abgeschlossen waren, das heißt im ersten Quartal des Jahres 1898, die Heroinwirkung am Menschen untersucht hat. Dreser bemerkte in einer Entgegnung auf die Kritik von Harnacks an seinen Versuchen: „Meine wenigen Versuche am Menschen gingen denen des sehr vorsichtigen Herrn Dr. Floret voraus." Floret seinerseits berichtete 1898 im Septemberheft der Therapeutischen Monatshefte,[85]

„... daß das seit etwa einem halben Jahr in der Poliklinik der Farbenfabriken von mir verordnete Heroin sich als ein außerordentlich brauchbares, prompt und zuverlässig wirkendes Mittel zur Bekämpfung des Hustens zeigte."

---

83 Aufschlußreich hierzu eine Bemerkung F. Fischers: „Leider war es in Deutschland nicht mehr möglich, wegen entgegenstehender früherer Veröffentlichungen, die die Acetylsalicylsäure allerdings in unreinem Zustand beschrieb, die Patentierung durchzufechten und wir waren wie beim Heroin... auf Namensschutz angewiesen." (Fischer, F., Die Pharmazeutischen Betriebe, 1918, S. 432)

84 1983 verwahrte sich die BAYER AG gegen die Behauptung des amerikanischen Senators Patrick Moynihan, Heroin sei an Werksangehörigen erprobt worden. In einer Mitteilung des „Zentralbereichs Patente, Marken und Lizenzen" wird zum Gegenbeweis eine Mitteilung aus der Neuen Freien Presse von 1900 („Ein Ersatz für Morphium") zitiert - offensichtlich irrtümlich - denn auch in dieser Notiz heißt es: „Es scheint auch Professor Dreser gelungen zu sein, in dem ‚Heroin' dieses Mittel gefunden zu haben, denn *seine* mit diesem auf breitester Basis angestellten Versuche an *Menschen* und Tieren..." Das Faktum der Heroinerprobung am Menschen durch die Farbenfabriken ist unbezweifelbar, wie im übrigen die in diesem Abschnitt erörterten Publikationen Florets, Dresres und Impens belegen. Bayer-Archiv 166/8

85 Floret, Th., Klinische Versuche über die Wirkung des Heroins, (1898) S. 512

Wenn also einerseits Floret in der Poliklinik der Farbenfabriken seit März 1898 Heroin verordnete, andererseits Dresers Heroinversuche am Menschen denen Florets nach eigenem Bekunden voausgingen, muß Dreser spätestens schon im ersten Quartal des Jahres 1898 die Heroinwirkung am Menschen untersucht haben. Somit begann die werksinterne Heroinerprobung am Menschen wenigstens vier Monate *vor* der ersten klinischen Erprobung durch Georg Strube, Assistent bei Geheimrat Gerhardt an der II. Medizinischen Universitätsklinik in Berlin. Strube berichtete im November in der *Berliner Klinischen Wochenschrift*,[86]

„... daß im Juli dieses Jahres das Praeparat der II.Medizinischen Klinik zu therapeutischen Versuchen von der obigen Firma zur Verfügung gestellt wurde."

Daß der Werksarzt Floret niemand anders als Werksangehörige behandelte, ergibt sich aus seiner beruflichen Position und den Kasuistiken, die er in den *Therapeutischen Monatsheften* im Rahmen seiner ärztlichen Urteilsfindung über Heroin schriftlich niederlegte:[87]

„1. Fall. H.O., 27 Jahre, Farbenarbeiter. Status am 10.1.99: Rechte obere Lungenhälfte zeigt gedämpften Schall, knatterndes Rasseln: bronchiales Exspirium, - seit einigen Wochen Husten, Auswurf, starker Nachtschweiß. Therapie: Kreosot und Morphium in kleinen Dosen. 17.1.: Status idem; keine Besserung der Beschwerden. Therapie: Duotal 0,5 und Heroin 0,005 mehrmals. 7.2.: Nachlassen des Nachtschweißes, erhebliche subjective Besserung. 14.2.: Gewichtszunahme 3 Pfd., fühlt sich so wohl, daß er wieder arbeiten kann.

3. Fall: K.H., 31 Jahre, Alizarinarbeiter. 9.2.: Über der rechten Lungenspitze rauhes Atmen mit verlängertem Exspirium. Hereditär belastet: Husten Auswurf, Kopfschmerz seit langer Zeit. Therapie: Duotal und Heroin. 14.2.: Nachlassen des Hustens. Keine Kopfschmerzen mehr. 17.2.: Arbeitet versuchsweise. 24.2.: Ohne jegliche Beschwerden. Objectiver Befund: negativ."

Floret war auch der erste, der Heroin Kindern verordnete und die weitere Prüfung des Mittels an Kindern empfahl:[88]

„Aehnlich günstige Erfolge bewirkte das Heroin in 3 Fällen von Keuchhusten. Es handelte sich um 3 Kinder in dem Alter von 3, 4 und 8 Jahren, sämtlich im Anfange des zweiten Stadium convulsivum... Von sämtlichen Kindern jedoch wurde das Heroin gut vertragen, ohne eine Spur von ungünstigen Nebenwirkungen zu erzeugen."

Zu den Versuchen am Menschen zählen auch die zur damaligen Zeit durchaus nicht seltenen Selbstversuche von Wissenschaftlern und Ärzten.

---

86   Strube, G., Therapeutische Versuche mit Heroin, BKW (1898) S. 993
87   Floret, Th., Weiteres über Heroin, Therap. Monatsh. (1899) S. 327-329
88   Ebenda, S. 328

Auch Dreser und Floret berichten über die Erprobung des Heroin an sich selbst. Dreser schreibt im Zuge seiner Erwiderung auf von Harnack:[89]

„Bezüglich der von Harnack gerügten grossen Heroindosen muss ich bekennen, daß ich insofern selbst Veranlassung gab, als ich Dosen von 0,01 und 0,02 Heroin gegen Husten sowohl selbst genommen als auch von sonst gesunden Personen habe nehmen lassen ohne irgendwelche Nebenwirkungen bei prompter Stillung des Hustenreizes."

Floret berichtet:[90]

„Ich hatte Gelegenheit, an mir selbst die erstaunlich schnelle und zuverlässige Wirkung des Heroins zu beobachten. Ein hartnäckiger Katarrh der oberen Luftwege erschwerte mir meine Thätigkeit in der Poliklinik besonders dadurch, dass das viele notwendige Sprechen oft den heftigsten Krampfhusten auslöste, den stets eine Heroingabe von 0,005 zum sofortigen Stillstand brachte, sodaß ich in den Stand gesetzt wurde, stundenlang, ohne mehr von Husten belästigt zu werden, meine Thätigkeit auszuüben."

Vergleichende Untersuchungen mit Dionin und Heroin an Tieren und Menschen unternahm ab Dezember 1898 auch der Mitarbeiter und spätere Nachfolger Dresers als Leiter der pharmakologischen Laboratorien der Farbenfabriken, Emil Impens. Die Ergebnisse der Tierexperimente Dresers bestätigte Impens noch einmal in allen Punkten.[91]

Liegen von Dreser und Floret lediglich qualitative Beobachtungen und Aussagen über die Heroinwirkung am Menschen vor, so führte Impens an Probanden unter Heroin quantitative Experimente durch. Er unternahm seine Versuche an einem 12-jährigen, an Schlaflosigkeit leidenden Knaben und einem erwachsenen Mann. Beide litten an einer Kyphose (Verkrümmung) der Brustwirbelsäule mit konsekutiver Einschränkung der Lungenfunktion. Impens ließ die Versuchspersonen durch ein Spirometer ein- und ausatmen und zeichnete ihre Atemfrequenz, Atemkurven und Atemvolumina auf:

„Diese Versuche müssen aber mit der größten Vorsicht gemacht werden, um einwandfrei zu sein. Es hat ja beim Menschen die Autosuggestion einen so großen Einfluß auf die Athmung, daß sie zu den täuschendsten Resultaten führen kann. Um diese Fehlerquelle zu vermeiden, habe ich mich an solche Personen gewandt, die keine Ahnung haben konnten von den zu erwartenden Ergebnissen. Auch habe ich die Apparatur so eingerichtet, daß die Versuchspersonen von dem Spirometer, in welches sie athmeten, getrennt waren,... sodaß die Athmungskurve aufgenommen wurde, ohne daß der Betreffende es wußte. Jede Simulation oder Suggestion wurde so ausgeschlossen."

---

89   Dreser, H., Bemerkungen zu dem Aufsatz Prof. Harnacks, MMW (1899) S. 991
90   Floret, Th., Klinische Versuche über Heroin (1898) S. 512
91   Impens, E., Über die Wirkung des Morphins, Arch. gesamt. Physiol. (1900) S. 1-70

Impens verabreichte an das Kind eine Dosis von 2,5 mg Heroin, an den Mann eine Dosis von 7,5 mg und resümierte, „daß die Übereinstimmung der Heroinwirkung zwischen Tier und Mensch eine vollständige ist".

Ethische und rechtliche Aspekte der werksinternen Heroinerprobung

Kontrollierte Arzneimittelversuche am Menschen sind seit der Mitte des 18. Jahrhunderts nachzuweisen. Aber erst nach 1850 entwickelte sich die Pharmakologie allmählich zu einer exakt forschenden Wissenschaft und bis zur Jahrhundertwende erarbeitete sie die Grundlagen der noch heute gültigen Prinzipien der Arzneimittelprüfung, die die Untersuchung der Substanz im Labor, im Tierversuch, im Selbstversuch und Blindversuch unter Berücksichtigung von Placebo- und Suggestionseffekten umfaßt.[92]

Albert Moll kritisierte 1902, daß sich nicht wenige Mediziner, „von einer Art Forschungsmanie besessen, über die Gebiete des Rechts und der Sittlichkeit in bedenklicher Weise hinwegsetzen". Gemeint waren beispielsweise Versuche mit Fiebermitteln, Schilddrüsenpräparaten und Impfversuche, die zum Teil mit dem Tod der Probanden endeten. Ausdrücklich benannte Moll aber auch verschiedene ethisch unbedenklich experimentierende Wissenschaftler wie zum Beispiel den Italiener Angelo Mosso, der seine physiologischen Untersuchungen zur Kokain- und Chloroformwirkung zunächst an sich selbst und Kollegen vornahm. Moll unterschied zwischen Experimenten, die keinen Heilzweck für die betreffende Person verfolgten und therapeutischen Versuchen, die im Interesse der Versuchsperson selbst lagen. Nach Moll mußte der Arzt das Recht haben, falls erforderlich, auch Versuche mit gefährlichen Mitteln an Menschen vorzunehmen, allerdings seien bestimmte Bedingungen zu erfüllen, wie wissenschaftliche Vorprüfungen, vorherige Tierversuche, Überwiegen des vermuteten Nutzens zu möglichen Schäden sowie Aufklärung und Einwilligung des Patienten.[93]

Molls Forderung an Arzneimittelprüfungen am Menschen entsprach eine im Dezember 1900 erwirkte Verfügung des preußischen Kultusministers,

---

92 Zur Entwicklung und Theorie des Arzneimittelversuchs am Menschen im 19. Jahrhundert vgl.: Gerken, G., (1977) u. Fischer, Ch., (1977)
93 Moll, A., Ärztliche Ethik, (1902) S. 504 ff.

die offensichtlich im Zeichen vielfachen Mißbrauchs erlassen worden war. Sie schloß solche Personen von therapeutischen Experimenten aus, die minderjährig oder aus anderen Gründen nicht geschäftsfähig waren, die keine Zustimmung erklärt hatten oder die über die möglichen nachteiligen Folgen des Versuchs oder Eingriffs nicht sachgerecht belehrt worden waren oder belehrt werden konnten.[94]

Auch Rudolf Kobert, einer der angesehensten deutschen Pharmakologen um die Jahrhundertwende, ein engagierter Gegner der vorschnellen Anwendung ungeprüfter Arzneimittel und Befürworter eines Deutschen Arzneimittelprüfungsinstituts, forderte auf der 72. Versammlung Deutscher Naturforscher und Ärzte 1900 in Aachen, daß ethische Überlegungen die unerläßliche Voraussetzung jeder Arzneimittelprüfung am Menschen darstellen:[95]

„Ärztliche Benutzung oder Prüfung am Krankenbette von neuen Mitteln, welche nicht genügend im Thierversuch vorgeprüft worden sind, ist Thierquälerei am Menschen, oder kann es wenigstens leicht werden, ist daher inhuman und verstößt gegen den Codex ethicus medicorum."

Dreser war sicher ein kritischer und zurückhaltender Pharmakolge, der die weitaus meisten von den Chemikern des Pharmazeutischen Laboratoriums angebotenen neuen Verbindungen aus theroretischen oder anderen Erwägungen zur pharmakologischen Prüfung erst gar nicht akzeptierte. So behauptete sein dem pharmazeutischen Labor angehörender Kollege Eichengrün beispielsweise, Dreser habe über *Aspirin* schon frühzeitig ein vernichtendes Urteil gefällt und sich dessen Prüfung widersetzt, weil er es für ein Herzgift hielt.[96] In einem Nachruf auf Dreser hieß es: „Nur wenige der Praeparate fanden Gnade vor seinem Richterstuhl und wurden der weiteren klinischen Prüfung für Wert befunden."[97]

Hatte Dreser nach seinen tierexperimentellen Studien den Eindruck, daß sich ein neues Mittel für die klinische Prüfung eignete, hielt er eine Vorprüfung des Mittels am *gesunden* Menschen für den nächsten Schritt:[98]

94 Anweisung an die Vorsteher der Kliniken, Polikliniken und sonstigen Krankenanstalten vom 29.12.1900, in: Zentralblatt für die gesamte Unterrichtsverwaltung in Preußen, Bd. II (1901) S. 188
95 Kobert, R., Pharmakologisches Coreferat über Erteilung von ärztlichen Gutachten über neu erfundene Arzneimittel, Verhdlg. Ges. Dt. Naturf. Ärzte (1900) S. 38-45
96 Eichengrün, A., 50 Jahre Aspirin, Pharmazie (1949) S. 582
97 Meyer, E. (1925), Personalia Dreser, Bayer-Archiv 271/2
98 Dreser, H., Das Pharmakologische Laboratorium der Farbenfabriken (1918) S. 422

„Bei solchen Produkten, die sich für die klinische Prüfung eignen könnten, tritt die Vorprüfung am gesunden Menschen mittels geeigneter Methoden… in den Vordergrund, denn bei der Herausgabe der Produkte zu therapeutischen Versuchen soll die pharmakologische Prüfung auch über das Verhalten des Produktes dem Kliniker Auskunft geben, der es beim Kranken versuchen soll."

Vorprüfungen mit Heroin am „gesunden Menschen" sind jedoch weder in den Laborberichten noch in den Heroin betreffenden Publikationen Dresers dokumentiert. Auch der Werksarzt Floret verordnete Heroin ausschließlich an ambulante Kranke. Ob dessen werksinterne - eben nicht klinische - Versuche mit einem Mittel, das immerhin die Atemfunktion betraf, dem von Dreser selbst formulierten Procedere bei einer Arzneimittelprüfung standhielten, muß bezweifelt werden.

Ausgesprochen bedenklich erscheinen die Versuche, die Dresers Mitarbeiter Impens im Pharmakologischen Laboratorium der Farbenfabriken mit Heroin am Menschen unternahm. Bei seinen Versuchen handelte es sich einerseits in mindestens einem Fall um ein Kind, andererseits erwähnt Impens ausdrücklich, daß er nur solche Personen für seine Experimente heranzog, „die keine Ahnung haben konnten von den zu erwartenden Ergebnissen", die mithin auch nicht sachgerecht aufgeklärt worden sein konnten. Zudem experimentierte auch Impens an Kranken und nicht an Gesunden.

Es muß offen bleiben, inwieweit die Farbenfabriken sich über bereits damals geltende Standards der Arzneimittelprüfung *bewußt* hinwegsetzten oder sich in einer ethischen und rechtlichen Grauzone bewegten, die erst um 1900 allmählich als solche erkannt wurde. Sicher ist der Schluß nicht ungerechtfertigt, daß das wirtschaftliche Trachten, gegen die Konkurrenz etablierter Alkaloidhersteller das vielsprechende neue Arzneimittel Heroin am Markt zu plazieren, zu Lasten der Seriosität seiner pharmakologischen Prüfung ging.

So erstaunt es auch nicht, daß der Prokurist Carl Duisberg bereits am 20.8.1898 seinem erkrankten Geschäftsfreund Ludwig Weyermann „12 Pulver eines neuen Mittels, ‚Heroin' genannt" unter Couvert zugehen läßt:[99]

Lieber Herr Weyermann!
Indem ich Ihnen dankend den Empfang der mir freundlichst zugesandten Mk. 100,-- bestätige, thut es mir außerordentlich leid, von Ihnen hören zu müssen, daß Sie trotz der Borkumer Kur Ihren Husten nicht richtig los geworden sind. Separat lasse ich Ihnen unter Couvert 12 Pulver eines neuen Mittels ‚Heroin' genannt, zugehen, das erst in den nächsten Wochen auf den Markt gebracht werden wird, das aber in unserer Poliklinik schon seit

---

99 Personalia Duisberg, Bayer-Archiv 271/2

Monaten mit großem Erfolg gegen Hustenreiz verschrieben wird und sich außerordentlich bewährt hat..."   Dr. Carl Duisberg

Damit verstieß Duisberg, vermutlich unwissend und in bester persönlicher Absicht, gegen einen Ministerialerlaß, der die Abgabe von Codein und anderen Opiumalkaloiden oder ihren Derivaten zu Heilzwecken von einer schriftlichen Ordination eines Arztes abhängig machte. Die in der Anlage des Erlasses aufgeführten stark wirkenden Mittel durften nur in Apotheken abgegeben werden.[100] Weder war Duisberg jedoch Arzt, noch waren die Farbenfabriken eine Apotheke, die ermächtigt war, solche Mittel direkt an das Publikum abzugeben.

Noch im November 1925 erhielten der damalige erste stellvertretende Vorsitzende der I.G. Farbenindustrie, Geheimrat Adolf Haeuser, und das I.G.-Aufsichtsratmitglied Theodor Plieninger unter Mißachtung des Opiumgesetzes sowie der Vorschriften über die Abgabe stark wirkender Arzneimittel von den Farbenfabriken als sogenannte „Liebesgaben" jeweils „ein Fläschchen Heroin".[101]

Die Prioritätenfrage: Hoffmann - Dreser - Eichengrün

Die Frage, ob Felix Hoffmann seine synthetischen Arbeiten selbst konzipierte oder aber den Ideen oder Weisungen anderer bei den Farbenfabriken tätiger Chemiker oder Pharmakologen folgte, gibt bis in die Gegenwart hinein Anlaß zu Kontroversen. Abgesehen von den bis in die jüngste Zeit reichenden Korrespondenzen zwischen der BAYER AG als Rechtsnachfolgerin der Farbenfabriken und dem pharmazeutischen Unternehmen von Heyden um die Priorität an der Acetylsalicylsäure, behauptete der 1896 von Duisberg eingestellte und mit dem Aufbau eines Pharmazeutisch-wissenschaftlichen Labors betraute Chemiker Arthur Eichengrün (Abb. 5) 1949, daß „das Aspirin von mir in Gemeinschaft mit Felix Hoffmann gefunden wurde" und „daß Hoffmann lediglich meine Anordnungen ausführte". Eichengrün erklärte außerdem, „daß das in meinem BAYER-Laboratorium hergestellte Acetylmorphin unter dem Namen Heroin zu einem viel

---

100 Ministerialerlaß betr. die Abgabe stark wirkender Arzneimittel vom 22.6.1896, in: Böttger, H., Die Preußischen Apothekengesetze (1907) S. 270-278
101 Abgabe pharmazeutischer Produkte („Liebesgaben"), Bayer-Archiv 167/15

benutzten und berüchtigten Rauschmittel geworden ist"[102]. 1999 behauptete der Schottische Medizinhistoriker Walter Sneader erneut, die Aspirinerfindung sei Eichengrün und nicht Hoffmann zuzuschreiben, neue Dokumente oder Erkenntnisse legte der Wissenschaftler jedoch bisher nicht vor.[103]

Dem Prioritätsanspruch Eichengrüns, den er erstmals 1944 während seiner Internierung im Konzentrationslager Theresienstadt anmeldete und 1949 anläßlich des 50. Jahrestages der Aspirinerfindung bekräftigte, ging das Unternehmen in einer ausführlichen Recherche zunächst mit dem Ergebnis nach, daß der Anspruch Eichengrüns als unbegründet angesehen und zurückgewiesen wurde. Alle verfügbaren unternehmensinternen Dokumente und Unterlagen sowie Aussagen der zur damaligen Zeit mit dem Pharmasektor verbundenen, noch lebenden Mitarbeiter der Farbenfabriken hätten, so die offizielle Lesart, keinerlei Indizien für die Stützung der Ansprüche Eichengrüns ergeben.

Obwohl die chemische Struktur und der Wirkmechanismus von Heroin und Aspirin voneinander grundverschieden sind, weist ihre Entwicklung mehrere Gemeinsamkeiten und Parallelen auf. Nach Lage der Quellen läßt sich zu ihrer Erfindergeschichte heute folgendes feststellen:

1. *Beide* Verbindungen waren, bevor sie die Farbenfabriken als pharmazeutische Spezialitäten auf den Markt brachten, schon von anderen Wissenschaftlern dargestellt und beschrieben worden. Deshalb blieb beiden Spezialitäten die Patentierung versagt. Es bestand lediglich Wortschutz, das heißt, *Aspirin* und *Heroin* waren den Farbenfabriken geschützte und eingetragene Warenzeichen.

2. *Beide* Verbindungen stellte der Chemiker Dr. Felix Hoffmann in enger zeitlicher Folge dar, Acetylsalicylsäure (*Aspirin*) am 10.8.1897 und Diacetylmorphin (*Heroin*) am 21.8.1897. Dies belegt sein Labor-journal.

3. *Beide* Verbindungen wurden durch Acetylierung bereits bekannter Substanzen dargestellt. Das Verfahren galt als „Veredlung" und sollte die Wirkungsspezifität und die Verträglichkeit von Arzneimitteln verbessern.

---

102 Eichengrün, A., 50 Jahre Aspirin, Pharmazie (1949) S. 583-584
      Ders.: Aspirin, (geschrieben 1944 im Konzentrationslager Theresienstadt), Personalia
      Eichengrün, Bayer-Archiv 271/2
103 Presseerklärung der BAYER AG vom 9.9.1999

4. *Beide* Präparate unterzog der Werkspharmakologe Professor Heinrich Dreser der pharmakologischen Prüfung. Er allein schrieb die Einführungsarbeiten und er allein bezog von den Farbenfabriken für *Aspirin* und *Heroin* Tantiemen.

Aufgrund dieser nicht bestreitbaren und auch nicht bestrittenen Fakten, die bisher durch weitere Dokumente vergleichbarer Aussagekraft nicht ergänzt werden konnten, schlußfolgern zu wollen, Felix Hoffmann sei *der* Erfinder des Aspirins und Heroins, ist kaum zu rechtfertigen, zumal, um von der Erfindung eines Arzneimittels sprechen zu können, der Erfinder zumindest auch einen Wirksamkeitsnachweis hätte liefern müssen. Einen solchen hat indes Hoffmann, abgesehen von der anekdotischen Mitteilung, daß Aspirin seinem rheumakranken Vater geholfen hätte, nicht erbracht. Die Auffassung, daß die Erfindung des *Aspirins* weniger in seiner chemischen Synthese, als vielmehr im Nachweis seiner überragenden therapeutischen Eigenschaften bestand - gleiches gilt für *Heroin* - vertrat auch Carl Duisberg, der sicher als Autorität in dieser Frage gelten darf, 1920 in einem Brief an Professor Möhlau:[104]

„... Wenn auf Anregung Seifert's auch in Radebeul Acetylsalicylsäure schon zu einer Zeit hergestellt worden war, als das Aspirin Bayer noch nicht im Handel existierte, so kann daraus doch weder für Seifert noch für Radebeul ein Verdienst abgeleitet werden. Die Erfindung gipfelt hier lediglich und allein in der Auffindung der trefflichen pharmakologischen Eigenschaften, die Dreser in unserem Laboratorium ausfindig gemacht hat."

Auch Direktor Rudolf Mann spricht 1910 in einem Schreiben an Felix Hoffmann von ihm nicht als Erfinder, sondern von seiner „Mitwirkung beim Herausbringen des Aspirins".[105]

Richtig ist andererseits, daß sich ein Vorgesetztenverhältnis zwischen Hoffmann und Eichengrün, wie letzterer impliziet behauptet, jedenfalls für den Zeitabschnitt der Acetylierungsexperimente, die Hoffmann schwerpunktmäßig, nicht jedoch als einziger betrieb, nicht nachweisen läßt. Allerdings war die Position Eichengrüns seit seinem Firmeneintritt als Laboratoriumschemiker 1896 eine herausgehobene: Er war von Duisberg

---

104 Brief Duisbergs vom 17.2.1920, Bayer-Archiv 271/2
105 Brief Dr. Wingler an Dr. Busch vom 14.7.1959. Hier zitiert Wingler Teile eines Briefes Direktor Rudolf Manns an Felix Hoffmann, in dem offenbar die Frage seiner Gewinnbeteiligung an Aspirin zur Debatte stand: „Es wurde geltend gemacht, daß Ihre Mitwirkung beim Herausbringen des Aspirins in genügender Weise zum Ausdruck komme." Bayer-Archiv 271/2

mit dem langfristigen Auftrag eingestellt worden, eine pharmazeutisch-wissenschaftliche Abteilung aufzubauen und durch Entwicklung synthetischer Heilmittel das Angebotsspektrum des Unternehmens zu erweitern und die Arzneimitteltherapie zu effektivieren. Zu diesem Zeitpunkt hatte er sich schon als ungewöhnlich ideenreicher und produktiver Wissenschaftler, auch auf dem Gebiet der Alkaloidchemie, profiliert und den Farbenfabriken mehrere seiner Patente angeboten. Dies schlug sich von Anfang an auch in seinem Gehalt nieder, das deutlich höher war als das seiner Kollegen.[106] Es ist zudem unwahrscheinlich, daß die Aktivitäten zahlreicher mit der Entwicklung neuer Pharmaka befaßter Chemiker, wenn nicht durch Weisung, so doch durch die Ideen und Konzepte besonders aktiver, durchsetzungsfähiger und weitsichtiger Mitarbeiter wie Eichengrün oder Dreser, nicht wenigstens informell angeregt und koordiniert worden sind. Untermauert wird diese Vermutung durch die geradezu phänomenale Schaffenskraft Eichengrüns - mehr als 40 Patente entwickelte er für die Farbenfabriken - und die enorme Liste seiner wissenschaftlichen Publikationen, die allein für seine Zeit als Chemiker der Farbenfabriken 23 Zeitschriftenaufsätze ausweist. Hoffmann dagegen hat, abgesehen von seiner Dissertation, niemals wissenschaftlich publiziert, was seinen Status als Erfinder des Aspirins nicht gerade stützt. Solides wissenschaftliches Handwerk schien wohl eher seinem beruflichen Selbstverständnis zu entsprechen und weniger der Eichengrün eigene wissenschaftliche Impetus und Erfindergeist. Obwohl Hoffmann die Resynthese des zunächst sehr erfolgreichen Heroins gelang, das er im Arbeitskontext seiner Acetylierungsstudien elf Tage nach Aspirin darstellte, wurde dies niemals angemessen gewürdigt, geschweige denn, daß er als „Heroin-Erfinder" in die Annalen des Unternehmens eingegangen wäre. Auch hier wird ihm, diesmal von Dreser, dessen Person allein mit der Heroinentwicklung in Verbindung gebracht wurde und wird, eher die Rolle des Zuarbeiters zugewiesen:[107]

„Bei seinem Übertritt aus der akademischen Laufbahn in den Dienst der Farbenfabriken als Leiter ihres pharmakologischen Instituts brachte Professor Dreser bereits gewisse Vorarbeiten mit, die ursprünglich zu einem bislang noch fehlenden speziellen pharmakologischen Studium der Atemwirkung des Opiumalkaloids Codein bestimmt waren. Der

---

106 Eichengrün bezog im ersten Jahr nach seiner Einstellung (1.10.1896) ein Jahresgehalt von 5.000 Reichsmark; Hoffmann, eingestellt am 1.4.1894, erhielt im gleichen Jahr ein Gehalt von 2.700 Reichsmark. Bayer-Archiv 271/2
107 Dreser, H., Das Pharmakolgische Laboratorium der Farbenfabriken, (1918) S. 419

Connex mit synthetisch arbeitenden Chemikern lenkte die Aufmerksamkeit auf andere Derivate des Morphins, die in der besonders ausgebildeten sedierenden Atemwirkung gegenüber dem Codein sich als konkurrenzfähig erweisen könnten. Dank der bereitwilligen Unterstützung des Dr. Felix Hoffmann gelang es, in dem Diacetylmorphin oder „Heroin" ein das Codein noch übertreffendes Produkt aufzufinden."

Hieraus die Prioritätsansprüche Eichengrüns (oder Dresers) an Aspirin und Heroin als begründet abzuleiten, ist freilich nicht gerechtfertigt. Eichengrün behauptete seine Vaterschaft an beiden Arzneimitteln im hohen Alter und mehr als 40 Jahre nach der Aspirineinführung mit einigen nachweislich nicht zutreffenden und anderen heute nicht mehr überprüfbaren Behauptungen. Beispielsweise ist die Publikation eines seinen Anspruch auf Aspirin stützenden Vortags, den er, ohne eine Zeitangabe zu machen, vor der Deutschen Pharmazeutischen Gesellschaft gehalten haben soll, nachweislich inexistent.[108] Zweifelsfrei hatte er gegenüber Hoffmann *kein* Weisungsrecht. Aus der Frühzeit der Aspirin- und Heroingeschichte existiert nicht ein einziges Dokument, einschließlich der von ihm selbst verfaßten wissenschaftlichen Arbeiten, in denen er im übrigen mit Vorliebe patent- und urheberrechtliche Fragen erörterte, das seinen Erfinderanspruch begründet.

Gänzlich unverständlich bleibt der Zeitpunkt seiner Ansprüche auf Aspirin und Heroin. Er, der nachweislich nicht nur ein begabter und sein Licht nicht unter den Scheffel stellender Wissenschaftler, sondern auch ein tüchtiger, seinen Vorteil wahrnehmender Geschäftsmann war, hat in seinen Publikationen bis zu seinem Austritt aus den Farbenfabriken 1908 niemals versäumt, seine Urheberschaft oder Beteiligung an der Entwicklung neuer Arzneimittel, über die er regelmäßig berichtete, gebührend zu erwähnen. In keinem seiner Aufsätze finden sich Hinweise dafür, daß er die Aspirin- und/oder Heroinsynthese oder eine direkte Beteiligung an ihnen für sich reklamiert hätte. Demgegenüber betont er später sehr präzise seine Beteiligung an der Entwicklung der Aspirin-Folgepräparate Novaspirin, Diaspirin und Aspirinanhydrid.[109] Auch die 1918 erschienene, für die Dokumentation der Firmengeschichte so zentrale „Böttinger-Schrift", die Beiträge aller führenden Wissenschaftlerpersönlichkeiten der Farbenfabriken (u.a. Eichengrün, Dreser, Hoffmann, Fischer) vereinigt und die Entwicklung des Arzneimittelsektors detailliert nachzeichnet, enthält keine Hinweise darauf, daß Eichengrün an der Aspirin- oder Heroinentwicklung beteiligt war.

---

108 Eichengrün, A., 50 Jahre Aspirin, Pharmazie (1949) S. 583
109 Eichengrün, A., 25 Jahre Arzneimittelsynthese, Zeitschr. angew. Chemie (1913) S. 51

Die Rolle Dresers bleibt, trotz der Bedeutung, die Duisberg ihm für die Aspirinentwicklung zumaß, letztlich ebenfalls unklar. Eichengrün selbst schreibt, daß die von Hoffmann 1897 dargestellte Acetylsalicylsäure mehr als eineinhalb Jahre unter den von seiten des pharmakologischen Labors abgelehnten Präparaten unbeachtet geblieben war,[110]

„... bis im Jahre 1898 bei Gelegenheit anderer Arbeiten Dreser wieder auf das Präparat aufmerksam wurde. Auf Grund der Beobachtung, daß die Acetylverbindung im Gegensatz zur Salicylsäure selbst die Herztätigkeit steigerte, empfahl er eine klinische Prüfung des Produktes, deren Ausfall die Farbenfabriken veranlaßte, die Acetylsalicylsäure unter dem Namen Aspirin in den Handel zu bringen.

Eine völlig andere, geradezu gegenteilige Darstellung der Rolle Dresers gab Eichengrün 1949 in seinem Artikel „50 Jahre Aspirin":

„... Es fand nun eine Direktionsbesprechung über die Anregung klinischer Versuche mit Acetylsalicylsäure in den Elberfelder Werken statt. In dieser Konferenz widersprach Dreser meinen Ausführungen, stellte die Behauptung auf, das Präparat sei ein direktes Herzgift und widersetzte sich der Weitergabe an eine Klinik zur Prüfung am Menschen entschieden."

Die Aspirin-Kontroverse zwischen Eichengrün und der BAYER AG endete am 2.7.1948 mit der Formulierung eines mehrseitigen, von der Direktion erarbeiteten Kompromißvorschlags der als Brief an Eichengrün formuliert war und dessen letzter Absatz lautet:[111]

„... Es wird also, nachdem Sie uns in einem Brief vom 7.6.1948 Ihren Anteil an der Herstellung von Aspirin genau geschildert haben, wohl das richtigste sein, bei weiteren Anfragen die Auskunft zu erteilen: ‚Aspirin: chemische Darstellung durch Felix Hoffmann auf Anregung von Dr. A. Eichengrün'. Wir hoffen, dass Sie damit einverstanden sind, und dass diese Fassung der Wahrheit und Gerechtigkeit entspricht. Sollten Sie eine andere Formulierung vorziehen, so bitten wir sehr, uns diese mitzuteilen."

Dieser von Direktor Dr. Rohde entworfene Brief enthält faktisch die Anerkennung der geistigen Vaterschaft Eichengrüns an der Aspirinerfindung durch die BAYER AG. Er wurde indes nicht abgesandt, weil das Direktoriumsmitglied Dr. Mertens Einwände erhob und weitere Aufklärung anregte. Vermutlich kam der Tod Eichengrüns am 24.12.1949 einer verbindlichen Antwort des Unternehmens an ihn zuvor.[112]

---

110 Eichengrün, A., Die Pharmazeutisch-wissenschaftliche Abteilung (1918) S. 412
111 Briefentwurf Dr. Rohde vom 2.7.1948, Bayer-Archiv 271/2
112 Stellungnahme Dr. Mertens vom 16.7.1948, Bayer-Archiv 271/2

Die BAYER AG hat sich letztlich also, wenn auch nur inoffiziell, zu einem Zugeständnis bewegen lassen, das einer Neubewertung der Verdienste um die Entwicklung des *Aspirins* und *Heroins* gleichkommt. An ihm ist weniger bedeutsam, daß es die von Eichengrün behaupteten Verdienste *seines* Anteil an der Aspirinerfindung anerkennt, als vielmehr dem Umstand Rechnung trägt, daß die Quellenlage uneindeutig ist und dennoch mehr dafür als dagegen spricht, daß die Erfindung von *Aspirin* und *Heroin* einer *kollektiven* wissenschaftlichen Leistung entsprach. Diese durchaus neue und differenziertere Beurteilung der Aspirinerfindung sollte das Unternehmen der Öffentlichkeit nicht vorenthalten.

Dresers Resultat: Ein wissenschaftlicher Irrtum

Zeitgenössische Kritik der Befunde Dresers

Das von Dreser in seiner pharmakologischen Einführungsarbeit über die Heroinwirkung publizierte Resultat bestand in der zentralen Aussage, daß dem Heroin nahezu ideale atmungssedative Eigenschaften zukommen, die denen des Codein klar überlegen waren. Dieses Urteil, das sich vornehmlich auf tierexperimentelle Untersuchungen stützte, löste eine für die damalige Zeit einzigartige Lawine pharmakologischer Nachuntersuchungen durch andere Pharmakologen und Kliniker aus, die die Ergebnisse Dresers anzweifelten. In die sich über mehr als ein Jahrzehnt (bis 1911) hinziehenden Auseinandersetzungen griffen neben hochrangigen deutschen auch namhafte französische, englische, ungarische, schweizerische und schwedische Pharmakologen ein. Besondere Erwähnung verdient die Kontroverse zwischen Dreser und dem Pharmakologen Erich von Harnack aus Halle, da sie mit besonderer Unnachgiebigkeit geführt wurde und auf persönliche Unterstellungen nicht verzichtete.

In scharfer Form - wie schon der Titel „Über die Giftigkeit des Heroins" seiner ersten Entgegnung auf Dreser deutlich macht - eröffnete von Harnack die Diskussion.[113] Die Einführung neuer Arzneimittel durch die pharmazeutische Industrie sei mit äußerster Skepsis zu bewerten, da sie zwangsläufig nicht nur die Interessen des Patienten und des Arztes berücksichtige,

---

113 Von Harnack, E., Über die Giftigkeit des Heroins, MMW (1899) S. 881-884

sondern auch ihre eigenen. Von Harnack berief sich besonders auf die von Dreser verschwiegenen älteren Arbeiten Dotts und Stockmans, die eine ausgeprägte atemdepressive und konvulsionsauslösende Wirkung des Diacetylmorphins ergeben hatten. In eigenen Untersuchungen hatte er den Atemvorgang beim Hund unter Heroin beobachtet und eine irreguläre Atmung mit langen Phasen vorübergehenden Atemstillstands konstatiert.

Nachdrücklich warnte von Harnack vor der Übertragung tierexperimenteller Ergebnisse auf den Menschen. Er verurteilte die damalige Neigung, „alles mögliche zu acetylieren" und verwies darauf, daß die Acetylierung immer zu besonders stark wirkenden Mitteln geführt habe und daß deshalb äußerste Zurückhaltung geboten sei. Die Übergabe des Heroin an die Praktiker zu diesem frühen Zeitpunkt sei vorschnell und verantwortungslos gewesen. Gleichwohl zum Zeitpunkt der Kritik von Harnacks schon einige, die Heroinanwendung am Menschen positiv bewertende Arbeiten vorlagen, warnte er vor Heroin auch deshalb, weil sich die gefährlichen Eigenschaften anderer neu eingeführter Arzneimittel (z.B. Chloroform, Jodoform, Kokain, Phenol) zum Teil erst nach Jahren herausgestellt hätten. Von Harnack befürchtete zudem, daß sich parallel zum Morphinismus ein Heroinismus entwickeln könnte.

Die Anwürfe von Harnacks wies Dreser wenige Wochen später entschieden zurück. Er kritisierte seinerseits von Harnack, da Hunde bekanntermaßen auf Morphinderivate mit starker Reflexerregbarkeit antworten und deshalb der Vergleich mit dem Menschen unzulässig sei. Nur solche Versuchstiere seien geeignet, die, wie seine Kaninchen, nach Gabe eines Morphinderivates ein dem Menschen ähnliches Reflexverhalten zeigten. Außerdem habe von Harnack keine therapeutischen, sondern toxische Heroindosierungen und die intravenöse Applikation gewählt, was einen Atemstillstand geradezu erwarten ließe.[114]

Flankiert wurde die Kritik Dresers an von Harnack von dem Österreicher Julius Weiss,[115] der die Einwände von Harnacks wegen mehrerer positiver klinischer Mitteilungen über die Heroinanwendung am Menschen nicht gelten ließe.

In einer erneuten Replik auf Dreser bestand von Harnack auf der Unzulässigkeit, Ergebnisse von Tierversuchen auf den Menschen zu übertragen.

---

114 Dreser, H., Bemerkungen zu dem Aufsatz Prof. Harnacks, MMW (1899) S. 991
115 Weiss, J., Bemerkungen zu dem Aufsatz Prof. Harnacks, Heilkde. (1899) Heft 10, S. 1

Noch einmal bezog er sich auf Dott und Stockman, um die gewählten Heroindosierungen zu rechtfertigen. Er wiederholte seine Warnungen vor Heroin und verwies auf die klinischen Erfahrungen der Zukunft, die ein klares Urteil sprechen würden.[116]

Die französischen Autoren Paulesco und Geraudel[117] sowie Bougrier[118] bestätigten im wesentlichen die Resultate Dresers, während Max Lewandowsky, ebenfalls Pharmakologe in Halle, befand, daß sich die von Dreser behauptete Vertiefung der Atmung keineswegs einstellte, vielmehr eine Verflachung der Atmung eintrat und die Empfindlichkeit des Atemzentrums abnahm.[119]

Zur Riege der Kritiker Dresers gehörte auch der schwedische Pharmakologe C.G. Santesson, der in seinen Nachuntersuchungen eine beträchtliche Verminderung des Atemminutenvolumens unter Heroin beobachtet hatte. In mehreren Publikationen verteidigte er sein Verfahren zur Registrierung der Atmung, das Dreser als seinem eigenen Verfahren unterlegen ansah.[120]

Der Heidelberger Pharmakologe Albert Fraenkel konnte die Überlegenheit des Heroins über andere Morphinderivate, insbesondere Codein, nicht bestätigen. Er distanzierte sich von der Therapie mit Heroin, weil eine Dosissteigerung unvermeidlich sei und empfahl das bewährte Codein.[121]

Überprüften die bisher genannten Nachuntersucher die Ergebnisse Dresers lediglich im Tierexperiment, so war H. Winternitz, Assistent bei von Mering an der Medizinischen Poliklinik in Halle, der erste und einzige, der die Heroinwirkung einer experimentellen Nachprüfung am Menschen unterzog. Winternitz konstatierte eine deutliche Verminderung des Atemminutenvolumens und eine herabgesetzte Ansprechbarkeit des Atemzentrums, weshalb für diesen Autor die Verordnung von Heroin bei Atemwegserkrankungen nicht zu rechtfertigen war.[122]

---

116 Von Harnack, E., Antwort auf die Bemerkungen Prof. Dresers, MMW (1899) S. 1019
117 Paulesco et Geraudel, Recherches expérimentales, J. de Medécine Int. (1899) S. 387
118 Bougrier, L., Etude chimique physiologique et clinique sur l'héroine, Thèse (1899)
119 Lewandowsky, M., Versuche zur Kenntnis des Diacetylmorphin, Arch. f. Anat. u. Physiol. (1899) S. 560-565
120 Santesson, C.G., Einige Versuche über die Athmungswirkung von Heroin, MMW (1899) S. 1375-1376
121 Fraenkel, A., Über Morphinderivate, MMW (1899) S. 1525-1529
122 Winternitz, A., Über die Wirkung der Morphinderivate, Ther. Monatsh. (1899) S. 469

Dresers Mitarbeiter Impens antwortete auf die Resultate Winternitz' mit einer neuen Versuchsserie an Kaninchen und Menschen, die erwartungsgemäß Dresers Befunde bestätigten. Was die von Winternitz und anderen behauptete Giftigkeit des Heroins angehe so sei eine Substanz, die in kleineren Dosen als eine andere wirke, nicht giftiger, sondern einfach wirksamer. Impens warf Winternitz vor, seine eigenen Ergebnisse falsch zu interpretieren; in Wahrheit bestätigten sie in jeder Hinsicht die von Dreser und ihm selbst mitgeteilten Befunde.[123]

Winternitz wollte dies in einer weiteren Replik keineswegs gelten lassen, zumal Impens seine neuerlichen Untersuchungen nur an einer einzigen Versuchsperson erhoben hatte.[124]

In einer 1900 publizierten, zusammenfassenden Stellungnahme wies Dreser noch einmal alle gegen ihn erhobenen Vorwürfe zurück, insbesondere beharrte er darauf, daß seine Versuchsmethodik unangreifbar sei. Die behauptete Giftigkeit entkräftete er mit dem Verweis auf die Autoren Carbonell y Soles, die mitgeteilt hatten, daß zwei Patienten, denen irrtümlicherweise sehr hohe Heroindosen (166 mg / 75 mg) verordnet worden waren, diese ohne Schaden zu nehmen überlebt hätten.[125]

Doch auch nach 1900 rissen die Mitteilungen über gegensätzliche Befunde in der Fachpresse keineswegs ab. Der Russe W.J. Karewski bezeichnete Heroin als das toxischste unter den bekannten Morphinderivaten.[126] J. Marchand fand, daß Heroin für Pferde und Esel ein starkes Gift war, Ziegen, Hasen und Hunde reagierten weniger ausgeprägt. Der Brite A. Mayor sprach nach seinen Tierversuchen von einer „gewaltsamen Wirkung" des Heroin, das, wenn überhaupt, nur in kleinsten Mengen an Menschen verabreicht werden dürfe.[127] Zu gleichen Ergebnissen kam sein Landsmann C.R. Marshall.[128]

---

123 Impens, E., Über die Wirkung des Morphins und einige seiner Abkömmlinge, Arch.f.ges.Physiol. (1900) S. 1-70

124 Winternitz, E., Entgegnung auf die Mittheilung des Herrn Dr. med et Dr. phil. Impens, Arch. f. gesam. Physiol. (1900) S. 334-350

125 Dreser, H., Über den experimentellen Nachweis der Vertiefung und Verlangsamung der Athemzüge, Arch. f. gesam. Physiol. (1900) S. 86-96

126 Karewski, W.J., Ein Vergleich der Wirkung des Morphins und seiner Derivate, Therap.Monatsh. (1902) S. 212 (Kurzmitteilung aus Russky Wratsch, 1902)

127 Mayor, A., Experimentelle Beiträge zur Kenntnis einiger Morphinderivate, zit. in: Ther. Monatsh. (1903) S. 223 u. 288

128 Marshall, C.R., The Action of Heroine and Dionine, BMJ (1902) S. 1219

Bela von Issekutz, Pharmakologe am Institut der Königlich Ungarischen Universität Kolozsvár, unternahm 1911 den damals letzten Versuch, die Wirkung der Morphinderivate, besonders des Heroins, tierexperimentell zu ermitteln und unterzog zudem die Experimente Dresers und Impens durch Analyse ihrer Versuchsprotokolle einer akribischen methodischen Kritik. Von Issekutz sah in einer abschließenden Wertung den zentralen Befund Dresers, daß es nur unter Heroin, nicht jedoch anderen Morphinabkömmlingen zu einer Vertiefung und Verlangsamung der Atmung und damit für den Lungenkranken zu einer Ökonomisierung der Atemarbeit kam, als endgültig widerlegt an:[129]

„Es existiert demnach ein qualitativer Unterschied zwischen Morphin, Codein, Dionin und Heroin hinsichtlich der Einwirkung auf das Atmen nicht. Jeder dieser Stoffe vermindert die Anzahl der Inspirationen, das Volumen, die Energie und die Leistungsfähigkeit der Atmung des normal atmenden Tieres."

Damit kam von Issekutz dem heutigen Kenntnisstand über die Wirkung der Mophinderivate auf die Atmung am nächsten.

Eine aus heutiger Sicht besonders bemerkenswerte Untersuchung über Heroin legte der Züricher Pharmakologe A. Babel 1903 vor.[130] Babel stellte die Frage, warum die sich chemisch nur geringfügig in ihren Seitenketten unterscheidenden Morphinderivate eine vergleichsweise ausgeprägte Verschiedenheit in ihrer Wirkungsintensität aufwiesen. In Versuchen an homogenisiertem Hundehirn wies er nach, daß die Hirnmasse Codein, Dionin, Morphin und Heroin unterschiedlich stark absorbierte: Heroin zeigte die stärkste Affinität zur Hirnsubstanz. In ergänzenden Versuchen ergab sich für Heroin die größte Löslichkeit in Fetten. Ohne die Ergebnisse seiner Versuche erklären zu können, gelangte Babel schon damals zu einer Erkenntnis, deren Richtigkeit die moderne Opiatforschung belegt. Die im Vergleich zu anderen Morphinderivaten schneller einsetzende und damit intensivere Wirkung des Heroins beruht auf seiner höheren Fettlöslichkeit

---

129 Von Issekutz, B., Über die Wirkung des Morphins, Codeins, Dionins und Heroins auf die Atmung, Arch. gesamt. Physiol. (1911) S. 255-267
130 Babel, A., Über das Verhalten des Morphiums und seiner Derivate im Thierkörper, Arch. f. Exp. Path. Pharm (1905) S. 262-270. Babel griff in die Kontroverse nicht ein. Seine Arbeit wird hier erwähnt, weil allein seine pharmakologischen Untersuchungen über Morphinderivate auf einfache Weise der Frage der Spezifität der Heroinwirkung nachgingen. Sie wurden von der modernen Opiatpharmakologie wieder aufgegriffen und bestätigt.

aufgrund seiner beiden Essigsäurereste. Diese gestatten es dem Molekül, die Blut-Hirnschranke schneller zu passieren.

Zusammenfassend führte die tierexperimentelle Nachprüfung der von Dreser 1898 im Tierversuch ermittelten Heroinwirkung durch zahlreiche Pharmakologen zwischen 1898 und 1911 zu widersprüchlichen Ergebnissen. Die Wahl unterschiedlicher Heroinapplikationsweisen und Heroindosierungen, eine unangemessene und uneinheitliche Methodik bei der Messung und Aufzeichnung der Atmungsparameter, die noch fehlende Methodik zur Untersuchung des Hustenreflexes und die damals schon klar erkannte, fragwürdige Übertragung tierexperimenteller Befunde auf den Menschen waren Ausdruck einer pharmakologischen Forschung, die noch in den Anfängen steckte und sich als eigene naturwissenschaftliche Disziplin erst noch etablieren mußte. Daher erstaunt heute weniger die Tatsache, daß die nachuntersuchenden Pharmakologen zu gegensätzlichen, Dreser letztlich widerlegenden Resultaten kamen, sondern eher die rasche und weite Verbreitung, die Heroin bei Klinikern und niedergelassenen Ärzten *trotz* der kontroversen Bewertung durch die Pharmakologie zu Anfang dieses Jahrhunderts fand. Eine entscheidende Rolle bei der Verankerung des neuen Präparates Heroin im zeitgenössischen Arzneimittelrepertoire dürfte die „mit Recht hohe Achtung der Elberfelder Farbenfabriken"[131] in Ärztekreisen gespielt haben, sowie der starke und straff organisierte Propagandaapparat des Unternehmens, der Ärzte und Krankenhäuser unverzüglich mit seinen neuesten Entwicklungen bekannt machte.

Morphinderivate und Atmung: Heutiger Wissensstand

Die Veränderungen des Atemvorgangs unter Opiateinwirkung sind heute weitgehend wissenschaftlich erforscht: Morphin und seine Derivate führen beim Menschen ausnahmslos über eine Herabsetzung der Empfindlichkeit des Atemzentrums zu einer Depression aller Phasen der respiratorischen Aktivität (Atemfrequenz, Atemzugvolumen, Atemminutenvolumen). Diese Wirkungen sind bei Verwendung einander entsprechender Dosierungen und gleicher Applikationsweise allen Morphinderivaten in gleichem Maße eigen

---

131 Von Harnack, E., (1899) S. 884

und beruhen auf ihrer Affinität zu den die Atemdepression vermittelnden μ-Rezeptoren des Atemzentrums im Hirnstamm. Unabhängig davon wirken Morphin und seine Abkömmlinge auch auf das Hustenzentrum im verlängerten Rückenmark. Prototyp eines die Atmung bei therapeutsicher Dosierung kaum beeinflussenden hustendämpfenden Mittels ist damals wie heute das Codein (Methylmorphin).[132]

Von Bedeutung für die kritische Würdigung der Befunde Dresers aus heutiger Sicht ist die Tatsache, daß Morphin und seine Derivate, besonders während der Initialphase nach der Applikation und in Abhängigkeit von der Dosis, auch das Atemmuster beeinflussen und zu irregulären und/oder periodischen Atemzügen führen. Sie können durchaus auch zu „vertieften" Atemzüge im Sinne Dresers führen, sie müssen jedoch als vorübergehende Kompensation zur Aufrechterhaltung einer ausreichenden Ventilation bei herabgesetzter Atemfrequenz aufgefaßt werden. Bei therapeutischer Dosierung von Morphin (z.B. 15 mg intramuskulär) sinkt nahezu immer das Atemminutenvolumen durch Minderung von Atemzugvolumen und Atemfrequenz um etwa 15 Prozent.[133]

Die von Dreser behauptete höhere Toxizität und geringere therapeutische Breite des Codeins gegenüber dem Heroin kann durch die Ergebnisse der modernen Opiatpharmakologie ebenfalls nicht gestützt werden, vielmehr verhält es sich geradezu umgekehrt. Obwohl die Bestimmung der toxischen und letalen Dosis nach Morphingabe nicht unproblematisch ist, beträgt die sicher toxische Wirkung für einen schmerzfreien, nicht opiattoleranten Erwachsenen bei intravenöser Verabreichung etwa 30 mg Morphin (15 mg Heroin), und die letale Dosis etwa 400 mg Morphin (200 mg Heroin). Die Toxizität von Codein ist erheblich geringer. Die Letaldosis liegt bei 1 g Codein. Die Infusion von 660 mg Codein, über 11 Stunden rief bei Versuchspersonen keine merklichen toxischen Symptome hervor.[134]

132 vgl. hierzu: Jaffe, J. H. u. Martin, W. R., Opioid Analgesics, in: Goodman, L. S. u. Gilman, A., The Pharmacological Basis of Therapeutics. (1980) S. 485 ff
133 Dukes, M.N.G., Mylers Side Effects of Drugs, (1980) S. 105
134 Daunderer, M., Klinische Toxikologie, (1983) III-8.3 u. III-3.3

Das Warenzeichen Heroin

Das chemische Verfahren zur Darstellung von Diacetylmorphin patent-rechtlich schützen zu lassen blieb den Farbenfabriken wegen verschiedener früherer Veröffentlichungen, die dasselbe Verfahren beschrieben hatten, versagt. Anders als für die Acetylsalicylsäure (*Aspirin*), für die Patentschutz beantragt, jedoch vom Kaiserlichen Patentamt abgelehnt worden war, ist für das Verfahren zur Darstellung von Diacetylmorphin wegen mangelnder Erfolgsaussichten vermutlich nicht einmal Patentschutz beantragt worden, zumindest geben Firmenunterlagen und der Reichsanzeiger der Jahre 1897 bis 1904 keine Auskunft über einen solchen Antrag.[135]

So mußte sich das Unternehmen, ebenso wie im Fall des *Aspirins*, auf die Beantragung des Wortschutzes, das heißt den Schu4z des Warenzeichens *Heroin*, für ihr Diacetylmorphin beschränken.[136]

Der Antrag auf Wortschutz wurde am 16.5.1898 beim Kaiserlichen Patentamt eingereicht (Abb. 6) und das Warenzeichen Heroin am 27.6.1898 unter der Nummer 31650 in der Zeichenrolle des Reichspatentamts registriert (Abb. 7)

Seine Registrierung in verschiedenen anderen Ländern schloß sich an. So erhielt das Zeichen am 2.8.1898 in den USA eine Registrierung für 30 Jahre[137], in Kanada erfolgte die Eintragung am 27.7.1898. Die Urkunde des Department of Agriculture, das die Registrierung bestätigte, ist erhalten geblieben (Abb. 8).

Bis 1920 hatte sich der warenzeichenrechtliche Schutz für Heroin auf folgende Länder ausgedehnt:[138]

Argentinien, Australien, Belgisch-Kongo, Bulgarien, Chile, Costa Rica, Dänemark, England, Estland, Finnland, Griechenland, Guatemala, Japan, Kolumbien, Lettland, Nicaragua, Norwegen, Philippinen, Peru, Puerto Rico, Rhodesien, San Salvador, Schweden, Spanien, Uruguay, Venezuela, Vereinigte Staaten von Amerika.

---

135 Alle Anträge auf Patentschutz wurden im „Reichsanzeiger" veröffentlicht.
136 Erst 1934 ließ das Schweizer Unternehmen Dr. Herrmann Fischer (Basel) ein neuar-tiges Verfahren zur Darstellung von Diacetymorphin aus Morphin und gasförmigem Keten patentieren, dessen Erfinder Dr. Anton Baselgia aus Chur war. In Deutschland bestand Patentschutz seit dem 9.3.1934 (Patentschrift Nr. 622231 des Reichspatent-amtes, Berlin)
137 Lt. Schreiben von RA Peters an Dr. Strucksberg vom 28.7.1983, Bayer-Archiv 166/8
138 Anselmino, O., u. Hamburger, A., Kommentar zu dem Gesetz über den Verkehr mit Betäubungsmitteln, (1931) S. 23-24

Da außerdem das Warenzeichen Heroin ab 1923 beim Internationalen Büro für gewerbliches Eigentum in Bern eingetragen war, bestand der Schutz auch in allen dem Madrider Abkommen über die internationale Eintragung von Marken beigetretenen Ländern:

Algerien, Belgien, Brasilien, Danzig, Deutsches Reich, Frankreich, Italien, Jugoslawien, Kuba, Luxemburg, Marokko, Mexiko, Niederlande, Niederländisch Indien, Surinam, Curacao, Österreich, Portugal, Rumänien, Schweiz, Spanien, Tschechoslowakei, Tunis, Ungarn, Türkei.

Über das Schicksal des Warenzeichens Heroin ist in den meisten Fällen nichts bekannt. Die Registrierung des Zeichens beim Patent- and Trademark Office in den USA ist nach Ablauf der dreißigjährigen Frist wahrscheinlich nicht erneuert worden. In Spanien existierte im Markenbestand der Quimica Farmaceutica Bayer S.A. (QFB) eine Registrierung HEROINA vom 8.4.1928. Am 15.3.1983 wurde anläßlich einer Überprüfung der QFB-Marken durch Mitarbeiter des Unternehmens festgestellt, daß der spanische Eintrag bis zum 8.4.1984 befristet war. Die Eintragung erlosch mit Ablauf dieses Datums.[139]

Die deutsche Registrierung des Zeichens Heroin wurde letztmalig am 18.9.1936 erneuert. Aus einem Eintrag vom 22.5.1940 in das Verzeichnis der für die I.G. Farbenindustrie geschützten Wortzeichen geht hervor, daß „das Produkt gestrichen", also nicht mehr hergestellt wurde.[140] 1948 unterwarf man alle ehemals beim Reichspatentamt eingetragenen deutschen Warenzeichen einem Aufgebotsverfahren, um zu ermitteln, ob die alten Zeicheninhaber noch existierten und gegebenenfalls noch Interesse am Schutz solcher Altzeichen hatten.

Die entsprechenden Aufrechterhaltungen wurden im Warenzeichenblatt veröffentlicht. Heroin fehlte darunter; offensichtlich war nach dem Zweiten Weltkrieg kein Nachfolgewerk der I.G. Farbenindustrie an diesem Zeichen weiterhin interessiert. Im Auszug der vom Deutschen Patentamt weiter-geführten Zeichenrolle findet sich der Eintrag: „Das Zeichen kann mit Ablauf des 30.9.1950 im Bundesgebiet nicht mehr geltend gemacht werden."

---

139 Vgl. Schriftwechsel Peters/Strucksberg, Bayer-Archiv 166/8
140 Verzeichnis der für die I.G. Farbenindustrie AG und Kalle & Co. AG geschützten Wortzeichen, Bayer-Archiv 166/8

Zum großen Mißfallen der Farbenfabriken ist das Warenzeichen *Heroin* schon sehr frühzeitig, ähnlich dem *Aspirin*, zum internationalen Freinamen für die chemische Bezeichnung Diacetylmorphin geworden. Nahezu alle späteren pharmazeutischen Hersteller von Diyacetylmorphin wiesen es rechtswidrig als Heroin aus. So führte die neben anderen Alkaloiden auch Diacetylmorphin herstellende Sandoz AG in einer Aufstellung ihres Alkaloidinventars per 31.12.1923 auch 36,8 kg Heroin auf.[141] Ebenso benutzte es die Firma E. Merck in ihren Grosso-Preislisten.[142]

Die Farbenfabriken hatten sich von Anfang an und entschieden gegen den Mißbrauch dieses und anderer ihrer Warenzeichen zur Wehr gesetzt, einerseits um ihr Originalprodukt *Heroin* vom Nachahmerprodukt Diacetylmorphin konkurrierender Hersteller abzuheben, andererseits, um nicht mit dem illegalen Drogenmarkt, auf dem sich die Bezeichnung Heroin ebenfalls schon vor 1910 einzubürgern begann, in Verbindung gebracht zu werden:[143]

„Was nun speziell die Zeitungsnotiz über Morphin und Heroin anlangt, so können wir mit Bestimmtheit versichern, daß es sich bei der mißbräuchlichen Einführung nach China schwerlich um unser Originalprodukt Heroin gehandelt haben kann, dass vielmehr namentlich durch die große Verbreitung des Morphinderivates in Amerika der Name Heroin so populär geworden ist, daß auch Diacetylmorphin fremder Provenienz kurzweg als Heroin bezeichnet wird. Das bekannte Opiumabkommen ist von unserer I.G. von Anfang an sehr streng beachtet worden und es bedarf keiner Versicherung, daß unsere I.G. hinter diesen Schiebungen nicht steckt."

Unter Berufung auf das Warenzeichengesetz setzten sich die Farbenfabriken 1923 auch gegen die Chemische Fabrik Dr. Heissler in Chrast (CSSR) zur Wehr, die Diacetylmorphin unter der Bezeichnung *Herolan* auf den Markt bringen wollte. Die enge sprachliche Anlehnung an Heroin mache Verwechslungen unausweichlich, eine lautere Konkurrenz dürfe solche Wege nicht beschreiten, argumentierten die Farbenfabriken.[144] *Herolan* wurde dennoch als Warenzeichen zugelassen, ebenso andere diacetylmorphinhaltige Spezialitäten, deren Bezeichnungen sich eng an Heroin anlehnten wie *Heroline, Heromal, Herophosphites* und *Heroterpin*.[145]

---

141 Auszug aus den Produktionsstatistiken der Sandoz AG (1887-1918), Archiv Sandoz AG

142 Grosso-Preislisten E. Merck vom April 1911 und November 1923, Archiv Merck

143 Schreiben der I.G. Farbenindustrie AG vom 10.6.1926 an Herrn Jutzi. Bayer-Archiv 166/8

144 Schreiben der Farbenfabriken vom 2.1.1923 an die Chemische Fabrik Dr. Heissler. Bayer-Archiv 166/8

145 Thoms, H., Handbuch der Pharmazie, (1929) S. 199 ff

Die Phantasien oder therapeutischen Erwartungen, die bei der Wahl der Bezeichnung *Heroin* für das halbsynthetische Produkt Diacetylmorphin ausschlaggebend waren, lassen sich heute nicht mehr nachvollziehen. Die Benennung neuer pharmazeutischer Produkte der Farbenfabriken kam auf dem Weg über ihre Juristische Abteilung zustande, die ein „Circular" mit einem Vorschlag zur Benennung eines neuen Produkts schriftlich erstellte und es den Direktoren und leitenden Mitarbeitern zur Stellungnahme übergab. Das erhaltene Aspirin-Circular beispielsweise gibt unterschiedliche Stellungnahmen zu dem Vorschlag *Aspirin* wieder. Dreser und einige andere leitende Mitarbeiter hätten *Euspirin* für zweckmäßiger gehalten.[146] Ein entsprechendes „Circular" für *Heroin* existiert heute nicht mehr.

Als sicher darf gelten, daß Dreser, eigenen Angaben zufolge, nicht der Namensgeber des Präparates war, dessen Wirkung er so intensiv geprüft hatte. Der Begriff der „heroischen Wirkung" von Arzneimitteln war ihm und anderen wissenschaftlichen Mitarbeitern des Unternehmens aber durchaus geläufig. Dreser spricht zum Beispiel von der „Verwendung heroischer Mittel" in seiner Studie über Lobelin. Während einer Konferenz leitender Mitarbeiter der Farbenfabriken im Jahre 1917 wird Luminal für die Privatpraxis als zu „heroisch wirkend" bezeichnet.

Eine nach 1913 erschienene, Ärzten zugedachte Firmeninformation über Heroin enthält einen Passus, der als nachträgliche Erklärung für die Wahl der Bezeichnung Heroin gelesen werden könnte:[147]

„Die eingehenden vergleichenden Untersuchungen Dresers lehrten nun in dem Di-Essigsäureester des Morphins eine Substanz kennen, welche die spezialisierte Einwirkung auf die Atmung in noch ausgesprochenerem Grade besitzt als das Codein, und zwar wegen des in toxischen Gaben später eintretenden und weniger intensiven Krampfstadiums auch reiner als beim Codein. Aufgrund dieser Befunde wurde das acetylierte Morphinderivat unter dem Namen ‚Heroin' im Jahre 1898 in die Therapie eingeführt."

Es könnte also die nach Auffassung der Farbenfabriken spezielle und reine Einwirkung auf die Atmung gewesen sein, die sich dem oder den Namensgebern als so unvergleichlich und grandios darstellte, daß sie die Bezeichnung *Heroin* für angemessen hielten.

---

146 „Circular betreffend die Benennung des pharmazeutischen Produkts Acetylsalicyl-säure", Bayer-Archiv 169/3
147 „Heroinum hydrochloricum" (Firmeninformationsschrift, 1913), Bayer-Archiv 166/8

Diese Vermutung wird allerdings durch den fragwürdigen Ruf, der die heroischen Mittel damals umgab, nicht gerade gestützt. Heroische Mittel, „Heroica" oder „Remedia heroica" bezeichneten seit der Mitte des 18. Jahrhunderts Therapieformen - durchaus nicht nur Arzneimittel - die ganz allgemein stark wirkend, „gewalttätig" und oft mit einer gewissen Gefahr für Leib und Leben verbunden waren. Neben dem Aderlaß zählten Brechmittel und Opium zu den „Heroen" der Therapie, mit denen man zum Beispiel die Schwindsucht behandelte. Auch die Anhänger der Lehre des Brownianismus waren heroischen Behandlungsformen, etwa der Therapie mit Blausäure, nicht abgeneigt. Ärzte empfahlen sie lange als Sedativum und Wurmmittel und um 1800 galt sie als beste Alternative zur Opium- behandlung.[148]

Gemessen an der eher negativen Bedeutung, die dem Begriff des „heroischen Mittels" zur damaligen Zeit also zukam und die dem oder den Schöpfern der Marke *Heroin* sicher bekannt waren, beinhaltete sie mithin für das Publikum kaum eine therapeutische Empfehlung. Daß die Bezeichnung *Heroin* mit ihrer aus der griechischen Mythologie herrührenden Konnotation des Heldenhaften (Heros) nicht allein dem medizinischen, sondern auch einem ihr im Deutschen Kaiserreich zukommenden positiv besetzten politisch-kulturellen Bedeutungszusammenhang entlehnt wurde, mag bei ihrer Wahl eine Rolle gespielt haben.

Darreichungsformen und Dosierung

Das Arzneimittel *Heroin* bot man zunächst nur als Heroinum purum in Pulverform an, abgefüllt in Gläsern zu je 1 g, 5 g, 10 g und 25 g. Da reines Heroin schlecht wasserlöslich ist und daher für die Darreichung in Tropfenform oder zur subkutanen Injektion ungeeignet war, kam 1899 auch das salzsaure Salz des Heroins, Heroinum hydrochloricum, auf den Markt.

Die anfängliche Dosierungsempfehlung der Farbenfabriken, 0,01 bis 0,02 Gramm pro Einzeldosis bis zu dreimal täglich wurde von Teilen der Ärzteschaft als zu hoch angesehen und nicht akzeptiert. Ab 1899 war daher

---

148 Vgl. hierzu: Ackerknecht, E., Therapie von den Primitiven bis zum 20. Jahrhundert, (1970) S. 78-84, sowie Earles, M.P., The Introduction of Hydrocyanic Acid into Medicine, Medical History (1967) S. 305-313. Vgl hierzu auch: Pierer, H.A., Universallexikon (1835), Meyer, J., Conversationslexikon (1850) und Guttmann, W., Medizinische Terminologie (1920)

eine um die Hälfte verringerte Einzeldosis von 0,005 g (5 Milligramm) Heroin für Erwachsene und 0,0025 g (2,5 Milligramm) für Kinder bis zu dreimal täglich üblich.[149]

Man verordnete Heroin als Saft, Zäpfchen, Mixtur, Pulver oder „Tränkchen". Für gynäkologische Erkrankungen bewährten sich heroingetränkte Tampons. Fertige Heroin-Tabletten waren bis 1920 nur als Ärztemuster erhältlich und für den Export bestimmt, da bis zu diesem Zeitpunkt in Deutschland eine Verordnung galt, die das Vorrätighalten stark wirkender Arzneimittel in Tablettenform nicht gestattete. Nach 1921 waren Heroinum-Hydrochloricum-Tabletten, konfektioniert in Gläsern (Abb. 9) von 25 und 250 Stück (Klinikpackung) auch in Deutschland im Handel. Nur für den Export bestimmt war ein fertiger Heroin-Sirup, der besonders in Italien, Spanien und Portugal Absatz fand (Abb. 10).

Da sich die salzsaure Heroinlösung, Heroinum muriaticum[150], als instabil erwiesen hatte, mußte für Injektionszwecke bis 1927 stets eine frisch zubereitete Lösung verwendet werden.[151] Erst 1929 gelang durch Verwendung von Äthylacetamid als organischem Lösungsmittel die Herstellung einer haltbaren und gebrauchsfertigen Heroin-Ampulle.[152]

Marketing und Werbung

Die Pharmazeutischen Konferenzen

Bei der Markteinführung und Durchsetzung neuer Arzneimittel der Farbenfabriken in der Ärzteschaft kam den von Carl Duisberg ins Leben gerufenen, in mehrmonatigen Abständen stattfindenden Pharmazeutischen Konferenzen ein besonderee Stellenwert zu. In ihnen erörterten die Direktion sowie die leitenden wissenschaftlichen und kaufmännischen

---

149 Rezeptformeln für die pharmazeutisch-chemischen Praeparate der Farbenfabriken, VI. Ausgabe (1909), Bayer-Archiv 169/3

150 muriaticus (lat.): gepökelt, salzhaltig

151 1927 brachten die Farbenfabriken auf Vorschlag ihrer Vertretung in Montevideo (Uruguay) die sogenannte Heroin-Iso-Doppelampulle auf den Markt, deren Entwicklung der Kliniker A. Nario, ein „begeisterter Anhänger des Heroins", angeregt hatte. Die Iso-Ampulle enthielt fertiges Heroinpulver, das vor der Injektion mit Wasser und Kochsalz versetzt wurde.

152 Schreiben von Dr. Kropp an Dr. Preiser vom 4.2.1929, Bayer-Archiv 166/8

Mitarbeiter alle Probleme, die die pharmazeutische Produktion betrafen. Besondere Aufmerksamkeit widmete man der Diskussion erfolgreicher Marketing- und Verkaufsstrategien der neu entwickelten Produkte. Zweimal, während der Pharmazeutischen Konferenz am 15./16.11.1898 und am 6./7.11.1899 stand in Anwesenheit der Direktoren Friedrich Bayer und Hermann König sowie des Prokuristen Carl Duisberg das Arzneimittel *Heroin* auf der Tagesordnung.[153]

Die erste der beiden Konferenzen stand ganz im Zeichen der in der viel gelesenen Münchener Medizinischen Wochenschrift publizierten Arbeit von Harnacks, der die Einführung des Arzneimittels Heroin seiner „Giftigkeit" wegen scharf angegriffen hatte. Der Heroinabsatz der Farbenfabriken, der sich zunächst steigend entwickelt hatte, war nach Erscheinen des von Harnackschen Aufsatzes deutlich zurückgegangen. Die Antwort Dresers auf von Harnack, die kurze Zeit später in der Zeitschrift Pflügers Archiv erschien, war vorbereitet. Das Protokoll notiert:

Dr. Duisberg: Herr Professor Dreser muß jetzt mit dieser vorzüglichen Arbeit die Gegner mundtot schlagen. Hoffentlich gelingt ihm dies! Es würde sich auch empfehlen, wenn von anderer Seite bezügliche Arbeiten erschienen, denn wir können heute nichts anderes thun, als abwarten, bis wir eben Arbeiten haben, und wir müssen es den Gelehrten überlassen, den Kampf auszufechten. Die beiden Fälle, in denen außerordentlich große Heroindosen aus Versehen gereicht wurden, und in denen nicht das eintrat, was Herr Professor Harnack behauptet, nämlich der Tod des betreffenden Patienten, müssen zu einem schönen Artikel verarbeitet und verbreitet werden. Wir dürfen nicht dulden, dass in der Welt behauptet wird, wir hätten unvorsichtigerweise Praeparate poussiert, die nicht sorgfältig probirt sind.

Herr Brestowski glaubt, dass sich das Interesse durch eine rege Polemik, die Herr Professor Dreser ins Werk setzen könnte, sehr steigern würde; dann müßten einige sachliche klinische Beobachtungen veröffentlicht werden.

Herr Dr. Eichengrün stimmt Herrn Brestowski vollständig bei und meint nur, daß es nicht so sehr darauf ankäme, klinische Arbeiten zu bekommen, als viel mehr pharmacologische, welche die Angaben von Herrn Professor Dreser bestätigen. Es müßte uns gelingen, zu diesem Zweck einen hervorragenden Pharmacologen in dem Rang von Kobert zu finden

Herr Dr. Goldmann bittet Herrn Professor Dreser, vielleicht bei Professor Langgard diesbezüglich Schritte zu thun und erklärt sich bereit, da er den betr. Herrn kennt, dies zu vermitteln. Professor Ewald werde ebenfalls publiciren.

---

153 Protokolle der Pharmazeutischen Konferenzen vom 15./16.11.1899 und 6./7.11.1900, Bayer-Archiv 169/3

Im Zentrum der Pharmazeutischen Konferenz vom 6./7.11.1900 stand die Preispolitik und das strittige Abhängigkeitspotential des neuen Mittels:

Herr Direktor König: Wir kommen nunmehr zum Heroin. Dieses Product hat ja viele Angriffe erfahren, und wir haben uns auch bemüht, nach Möglichkeit kräftig den Angriffen entgegenzuwirken. Wir haben leider den Kardinalfehler gemacht, dass wir das Product zu billig herausgegeben haben. Das wird sich vor der Hand schwerlich ändern lassen. Ich möchte aber gerade die Frage zur Discussion stellen: Wie würde eine Preiserhöhung von M. 100,-- wirken? Würde das einen hemmenden Einfluss auf den Absatz haben oder nicht?

Nach einer kontroversen Debatte über das Für und Wider einer Preiserhöhung vertagte man die Entscheidung, weil die Firmenvertreter in den Vereinigten Staaten, in denen nahezu dreiviertel des Heroin-Jahresumsatzes erzielt wurden, sich einer Preiserhöhung energisch widersetzten. Verunsichert war die Konferenz auch über Berichte in Fachzeitschriften, die eine mögliche „Angewöhnung" an Heroin diskutierten:

Herr Dr. Lomnitz: Der Merck'sche Jahresbericht hat die ganzen pharmakologischen Arbeiten, die gegen Heroin erschienen sind, ausgeschlachtet und alle diejenigen, die zugunsten des Heroins sprechen, unberücksichtigt gelassen, hingegen eine fünf Seiten lange lobende Besprechung des Dionins gebracht, ein sehr parteiisches Vorgehen.

Herr Professor Dreser... bemerkt, daß französische Autoren z.B. in Lyon auf Grund von Versuchen an Hunden die Beobachtung gemacht haben, dass eine Angewöhnung in ganz geringem Maße auftritt.

Herr Dr. Lomnitz: Nach den bis jetzt erschienen Arbeiten über Heroin scheint eine gewisse Angewöhnung nicht ausgeschlossen. Alle Autoren betonen aber, dass eine spezifische Heroinwirkung ähnlich dem Morphinismus oder Cocainismus nicht eintritt.

Herr Dr. Hoffmann: Was die weitere Propaganda anlangt, so möchte ich entschieden darauf hinweisen, daß wir doch sehr viel mehr gute Arbeiten über dieses Praeparat haben. Harnack ist seit einiger Zeit sehr ruhig. Der Absatz wird sich für die Zukunft noch bedeutend heben; das ist meine feste Überzeugung. Ich möchte die Herren Dr.Goldmann und Dr. Roehlig bitten, für neue Arbeiten bemüht zu sein.

Herr Dr. Lomnitz: Bei der starken Wirkung des Heroins muß man sich natürlich ganz speciell an die Ärzte wenden. Die Vorteile dürfen nicht übermäßig hervorgehoben werden.

Herr Direktor Koenig: Das möchte ich doch nicht so hemmend in den Weg werfen.

Die zitierten Protokollpassagen zeigen, daß die Grundzüge industriellen Pharma-Marketings, wie wir sie heute kennen, schon zu Anfang des Jahrhunderts entwickelt waren. Zu ihnen gehörten die Beschaffung wissenschaftlicher Arbeiten möglichst hochrangiger und meinungsbildener Ärzte und Forscher, die Ausschaltung von Kritikern durch die Verbindung von

Sachlichkeit und Polemik, die Einnahme einer eher abwiegelnden Haltung gegenüber ungünstigen Wirkungen eines neuen Arzneimittels sowie ein möglichst hoher Einführungspreis bei Monopolstellung eines Präparates.

Besonders deutlich kommt das Interesse des Unternehmens zum Ausdruck, angesehene Kliniker und Pharmakologen dazu zu bewegen, möglichst günstig über Heroin zu publizieren. Inwieweit die Versuche, „diese Herren zu beeinflussen", seriöser Natur waren, darf zurecht bezweifelt werden, denn die Akquisition von wissenschaftlichen Arbeiten durch Firmenvertreter wurde auch damals schon prämiert. So erhielt laut Protokoll der Direktionskonferenz vom 22.1.1910 der französische Vertreter Herr Laguais für die „Beschaffung" eines günstigen Heroin-Aufsatzes von Dr. G. Pegruier 125,-- Mark.[154]

Inserate, Sonderdrucke, Ärztemuster

Heroin wurde, wie das übrige Arzneimittelsortiment der Farbenfabriken auch, von Anfang an in der Fachpresse des In- und Auslands intensiv mit Inseraten oder Beilagen beworben (Abb. 11 u. 12) Bemerkenswert ist eine zwischen 1899 und 1901 vielfach in der *Deutschen Ärztezeitung* erschienene Anzeige, die Heroin auch als „Ersatz für Morphin bei Entziehungskuren" empfiehlt (Abb. 13).

Eine damals wie heute geläufige und wirkungsvolle Strategie zur Durchsetzung eines neuen Arzneimittels bestand in der massenhaften Auflage und dem Versand besonders günstig ausfallender pharmakologischer oder klinischer Arbeiten an die Ärzteschaft (Abb. 14). So ließen die Farbenfabriken noch 1927 eine wissenschaftliche Untersuchung über die Behandlung der tuberkulösen Hämoptyse des uruguayischen Arztes Dr. Alfredo Nario in einer Auflage von 3.000 Exemplaren drucken und an spanische Ärzte versenden.[155]

Die Bemusterung der Ärzteschaft mit Arzneimittel-Probepackungen war ebenfalls schon um die Jahrhundertwende üblich. Besonders ausländische

---

154 Protokoll über die Direktionskonferenz vom 22.10.1910, Bayer-Archiv 169/9.4
155 Schreiben der I.G. Farbenindustrie AG an La Quimica Commercial y Farmaceutica S.A. Barcelona vom 15.9.1927, Bayer-Archiv 166/8

Ärzte bedachte man großzügig. Für Heroin vermerkten die Protokolle der Pharmazeutischen Konferenzen folgende Bemusterungsaktionen:[156]

15.7.1908: Heroin-Tabletten Reklame in Spanien. Es wird beschlossen, den in Frage kommenden 2.000 Ärzten die Originalpackung zu senden. Die Kosten werden ca. 640 Mark betragen.

24.3.1909: Ärztemuster Amerika. 500 Ärztemuster Heroin-hydrochl. Wert inkl. Zoll 88 Mark.

9.3.1910: Heroin-Syrup/Spanien. Es werden 500 Originalflaschen als Ärztemuster für Reklamezwecke/Spanien bewilligt. Zunächst soll ein Versuch in Barcelona gemacht werden und ein weiteres Vorgehen von dem Erfolg an diesem Platz abhängig gemacht werden.

9.3.1910: Ärztemuster/China. Die von Herrn Stempel zur Verteilung an Missionsärzte verlangten je 200 Ärztemuster Helmitol, Heroin hydrochl. und Veronal sollen, wofern deren Wert 300 Mark nicht übersteigt, gesandt werden.

8.5.1912: Der Vorsitzende des Ärztlichen Bezirksvereins in Magdeburg benachrichtigt uns, daß er in genannter Gesellschaft in einem Vortrag über Asthma cardiale speziell Heroin empfehlen und an die Anwesenden Muster verteilen werde.

Gemäß der *Bundesratsverordnung betr. den Handel mit Opium und anderen Betäubungsmitteln* vom 22.3.1917 war von dieser Zeit an die Abgabe von Ärztemustern, die Morphinderivate enthielten, nicht mehr statthaft, sofern nicht ein spezieller, von der Reichsmedizinalbehörde ausgestellter Bezugsschein auf den Namen des Beziehers vorlag. Dennoch suchten mindestens bis 1927 zahlreiche Ärzte bei den Farbenfabriken um die kostenlose Abgabe von Heroinmustern nach.[157] Das Unternehmen wies in ausführlichen Antwortschreiben immer wieder auf die einschlägige Gesetzeslage hin und beschied derartige Bitten stets abschlägig.[158]

---

156 Protokolle der Pharmazeutischen Konferenzen vom 15.7.1908, 24.3.1909, 9.3.1910 und 8.5.1912, Bayer-Archiv 169/3
157 Nach Untersuchungen von K. Pohlisch waren 1930 ca. 1 Prozent aller Ärzte und Zahnärzte in Deutschland opiatabhängig, dagegen nur 0,01 Prozent der Gesamtbevölkerung. (Pohlisch, K., Zur Verbreitung des chronischen Opiatmißbrauchs in Deutschland, Monatsschr. Psych. u. Neur. (1931) S. 27
158 Vgl. hierzu: diverse Antwortschreiben der Farbenfabriken auf Anfragen niedergelassener Ärzte, Bayer-Archiv 166/8

Produktion, Umsätze, Preise

Der hohe therapeutische Wert, den etliche wissenschaftliche Publikationen aus aller Welt dem neuen Arzneimittel bescheinigten, eine effektive Propaganda und die Aktivitäten der zahlreichen Auslandsvertretungen der Farbenfabriken machten *Heroin* in kurzer Zeit zu einem international gefragten, umsatzstarken und gewinnträchtigen pharmazeutischen Produkt, dem einzigen von den Farbenfabriken hergestellten Morphinderivat. Schon 1899, ein Jahr nach seiner Markteinfürung, exportierte das Unternehmen Heroin in mehr als 20 Länder.

Zwischen 1898 und 1913 erzielten die Farbenfabriken im In- und Ausland folgende Kiloabsätze Heroin:[159]

1898	...........45 kg	1906	.........790 kg
1899	.........215 kg	1907	.........920 kg
1900	.........468 kg	1908	.........783 kg
1901	..............? kg	1909	.........875 kg
1902	.........699 kg	1910	.........894 kg
1903	.........876 kg	1911	............? kg
1904	.........799 kg	1912	.... 828 kg
1905	.........770 kg	1913	.........970 kg

Von den Heroinumsätzen dieser Jahre entfielen durchschnittlich 85 Prozent auf die folgenden Länder:

Vereinigte Staaten	..........................58,4%
Rußland	................................7,1%
Deutschland	...............................6,8%
England	................................5,1%
Italien	................................3,1%
Österreich	...............................2,3%
Spanien	................................1,5%

---

159 Allen im folgenden aufgeführten Umsatz-, Verkaufs- und Gewinnangaben liegt das Zahlenmaterial des Statistischen Büros der Farbenfabriken zugrunde. Bayer-Archiv 15 D5.4 und 166/8

1906 betrug der Großhandelspreis 615,-- Reichsmark pro Kilogramm Heroin. Bis 1917 stieg er auf 1.205,-- Reichsmark.

Für das Jahr 1902 läßt sich die wirtschaftliche Bedeutung des Heroinumsatzes für die Farbenfabriken zu den Umsätzen anderer Arzneimittel in Beziehung setzen. Das Unternehmen erwirtschaftete in diesem Jahr mit insgesamt 48 Arzneimitteln einen Nettogewinn von 2.220.915,51 Reichsmark. Für Heroin ergab sich ein Nettogewinn von 109.655,26 Reichsmark, entsprechend etwa 5 Prozent des Gesamtgewinns in der Sparte Phamazeutika. Gemessen am Gewinn belegte Heroin den achten Rang nach den Arzneimitteln *Somatose, Trional, Phenacetin, Antinonnin, Aspirin, Protargol* und *Salophen.*

Für die Jahre 1915 bis 1925 liegen Produktions- und Umsatzstatistiken nicht mehr vor. Aus den Protokollen der Pharmazeutischen Konferenzen und Direktionsbesprechungen ergibt sich aber eine rückläufige Entwicklung des Umsatzes, da diverse andere pharmazeutische Firmen das den Farbenfabriken patentrechtlich nicht geschützte Mittel ebenfalls als Heroin, Diacetylmorphin oder unter einem anderen Warenzeichen, zum Teil zu bedeutend günstigeren Konditionen, auf den Markt gebracht hatten.

Daß die Farbenfabriken sich ihrerseits mit mehr als fragwürdigen Verkaufspraktiken der zum Teil unlauteren Konkurrenz zu erwehren suchten geht aus einem internen Bericht über das pharmazeutische Geschäft in Südamerika während des ErstenWeltkrieges hervor:[160]

„Heroin- und Protargolgeschäft: Ein gewinnbringendes Geschäft machten wir auch in diesen beiden Produkten. Wir kauften die beiden Produkte von den ‚Heyden-Chemical-Works' in großen Mengen, füllten sie in Gläser um und versahen diese mit den auf unseren geschützten Namen lautenden Etiketten. Das Heroin kauften wir zu ungefähr 16 Dollar die Unze und verkauften es umettiketiert zu 24 Dollar weiter. Das Heroin blühte namentlich im Handel mit Japan."

Hinzu kam, daß die Produktion und therapeutische Verwendung von Heroin nach dem Internationalen Opiumabkommen von 1912 (Haager Abkommen), besonders aber nach den Internationalen Genfer Opiumabkommen von 1925 immer mehr unter Druck geriet. 1924 untersagten die Vereinigten Staaten den Import von Diacetylmorphin / Heroin, so daß der bei weitem wichtigste Abnehmer von Heroin für die Farbenfabriken entfiel. Der Heroinumsatz des Unternehmens fiel daher 1926 auf 63 Kilogramm.

---

160 Das Pharmaceutische Geschäft während des Krieges. In: Diverse Berichte über das Pharma-Geschäft 1905-1907, Bayer-Archiv 166/15

In einem 1926 verfaßten Schreiben der Farbenfabriken an ihre dänische Vertretung in Kopenhagen beklagte man „das allgemeine Kesseltreiben gegen unser Heroin". Weiter hieß es:[161]

„... Vor dem Kriege hatten wir ein recht schönes Geschäft mit Heroin gemacht, an dem die verschiedensten Länder mit normal entsprechenden Mengen beteiligt waren; das hat sich nach dem Kriege aber völlig verschoben. Wir stellen jetzt nur noch etliche Dutzend Kilo Heroin her, während man die Fabrikation von Diacetylmorphin auf 10.000 kg schätzt. Unser kaufmännisches Interesse an Heroin ist daher nur noch gering."

Nach 1930 setzte sich international immer stärker die Auffassung durch, daß dem Heroin ein außergewöhnlich hohes Mißbrauchs- und Abhängigkeitspotential innewohne und es medizinisch entbehrlich sei. Der Druck der Opiumkommission des Völkerbundes auf die Länder mit einer legalen Heroinfabrikation ließ in Deutschland die Heroinfabrikation und -umsätze nach 1934 nahezu versiegen. In den Jahren zwischen 1934 und 1944 lag der Heroinabsatz der Farbenfabriken bei nur noch einem Kilogramm jährlich.

1940 exportierten das Unternehmen Heroin nur noch nach Dänemark. Am 22.5.1940 verfügte die Direktion die endgültige Einstellung der Heroinfabrikation und den Ausverkauf der Restbestände.[162] Die Umsatzstatistiken dokumentierten 1944 letztmalig den Verkauf von 0,77 kg Heroinhydrochloricum-Pulver und 39 Gläsern Heroin-Tabletten.

Präparate anderer Hersteller

Zwischen 1898 und 1937 brachten zahlreiche deutsche und ausländische pharmazeutische Firmen Arzneimittel auf den Markt, die Diacetylmorphin entweder allein oder in Kombination mit anderen Wirkstoffen enthielten. Zum Teil handelte es sich um Produkte, die nur regional oder für kurze Zeit Bedeutung erlangten oder eher den Geheimmitteln zuzuordnen sind. Die schon zu Anfang des Jahrhunderts einsetzende Überschwemmung des Arzneimittelmarktes mit meist unseriösen oder wertlosen Mischungen bekannter Arzneimittel und mit Ersatzmitteln erfaßte auch und gerade die Morphinderivate, so daß die große Zahl der Diacetylmorphin enthaltenden

---

161 Schreiben der Farbenfabriken an Dr. Helbig, Kopenhagen, vom 4.3.1924, Bayer-Archiv 166/8
162 Protokoll der Direktionsbesprechung vom 22.5.1940, Bayer-Archiv 166/8

Arzneimittel nur auf den ersten Blick überrascht.[163] Zu den in Deutschland vertriebenen Präparaten gehörten:[164]

Beatin: auch *Sirup Famel*, enthielt Codein und Diacetylmorphin, (H.P. Famel, Paris)

Calmin: Gemisch von Antipyrin und Diacetylmorphin, (Chem. Laboratorium Gropengießer, Osterode/Harz)

Diacetylmorphin hydrochl. ‚Ingelheim': Diacetylmorphin-Tabletten (C.H. Boehringer Sohn AG, Ingelheim)

Elixier Eupalin: Gemisch von Diacetylmorphin, Terpinhydrat und verschiedenen ätherischen Ölen, (Schieffelien & Co. New York)

Glyco-Heroin-Smith: Diacetylmorphin-Sirup, (Martin Smith Company, New York)

Habitina: Lösung von Diacetylmorphin und Morphinsulfat zur Morphinentwöhnung, (Delta Chemical Co. St. Louis / USA)

Hemypnon: Mischung aus barbitursaurem Diacetylmorphin und Alkoholen, (Gesellschaft für Chemische Industrie, CIBA, Basel)

Herolan Dr. Heissler: Diacetylmorphin-Tabletten, (Dr. ing. Robert Heissler, Chem. Fabrik, Chrast / C.S.R.)

Heroline: Emulsion von Calcium- und Natriumhypophosphit mit Diacetylmorphin, (Karplus und Herzberger, Berlin)

Heromal: flüssiger Malzextrakt, versetzt mit Diacetylmorphin, (Schieffelien & Co., New York)

Herophosphites: enthielt Hypophosphit und Diacetylmorphin, (Hersteller nicht genannt)

Heroterpin: mit Diacetylmorphin versetztes Terpinhydrat, (Hersteller nicht genannt)

Joalgin-Cachets I und II Dr. M. Heiner: Mischung aus Diacetylmorphin, Pyrazolon, Xanthin und Acetphenetidin in Form oblater Kapseln (Cachets), (Chem.-Pharm. Laboratorium Ph. Mag. Hugo Zulauf, St. Joachimstal)

---

163 Vgl. hierzu auch: Eichengrün, A., Die Überproduction an neuen Arzneimitteln, Zeitschr. f. angew. Chem. (1898) S. 892-897. Ders.: Angebliche Curpfuscherei seitens der Chemischen Industrie. Eine Abwehr. Zeitschr.angew.Chem. (1900) S. 55-60. Eichengrün kritisiert hier besonders, daß viele der neuen Arzneimittel, so auch das Heroin enthaltende Calmin, ein „Specialmittel gegen Neurosen", lediglich Mischungen bekannter Präparate darstellten, deren Reinheit und quantitative Zusammensetzung meist unbekannt sei; dadurch verwische sich allmählich der Unterschied zwischen Spezialitäten und Geheimmitteln, was nicht hingenommen werden könne.

164 *Gehes Codex* der Bezeichnung von Arzneimitteln, kosmetischen Präparaten und wichtigen technischen Produkten (1. - 7. Auflage). Die erste Auflage erschien 1894 und enthielt 400 Präparate, die 7. Auflage (1937) verzeichnet mehr als 20.000 Artikel. Auch das Handbuch der praktischen und wissenschaftlichen Pharmazie von H. Thoms (1927-1929) enthält einen Großteil der genannten Spezialitäten. Ergänzend hierzu auch: Anselmino. O. u. Hamburger, A., Kommentar zu den Gesetzen über den Verkehr mit Betäubungsmitteln, (1931) S. 37 ff

Im internationalen Handel befanden sich außerdem mindestens 18 Präparate, die Diacetylmorphin enthielten, in Deutschland jedoch nicht verfügbar waren. Sitz der Herstellerfirmen waren hauptsächlich Großbritannien und die skandinavischen Länder.

Heroin in Klinik und Praxis zu Beginn des 20. Jahrhunderts

Die Bedeutung und Verbreitung des Arzneimittels Heroin für die Humanmedizin zu Beginn dieses Jahrhunderts erweist sich in einer kaum übersehbaren Anzahl medizinischer Fachpublikationen, die überwiegend zwischen 1898 und 1910 erschienen. Innerhalb dieses Zeitraums lassen sich in der internationalen Fachpresse mehr als 150 von klinisch tätigen oder niedergelassenen Ärzten verfaßte Aufsätze und Mitteilungen nachweisen, die sich mit den verschiedenen Aspekten der therapeutischen Anwendung des Heroins befassen. Von ihnen entfallen etwa 80 auf die Therapie von Atemwegserkrankungen. 28 Autoren, die sich mit der Anwendung von Heroin bei diesem Krankheitskomplex befaßten, gaben ihre Fallzahlen an. Sie allein addieren sich zu nahezu 3.600 Behandlungsfällen. Die übrigen Untersucher sprechen nicht selten summarisch von „großen Fallzahlen". Bezieht man nun nicht nur die Anzahl dokumentierter Anwendungen des Heroins bei Erkrankungen der Atemwege, sondern auch bei allen anderen Krankheitsbildern mit ein, so läßt sich abschätzen, daß bis 1910 international die therapeutischen Erfahrungen mit Heroin bei etwa 10.000 Patienten in Fachzeitschriften veröffentlicht waren.

Ferner lassen sich zwischen 1899 und 1903 dreizehn medizinische Dissertationen nachweisen, die die Heroinwirkung beim Menschen mit überwiegend positiven Resultaten untersuchten. Sechs von ihnen entstanden in Frankreich, vier in Deutschland, je eine in Italien, Rußland und der Schweiz.

Der therapeutische Indikationsbereich für Heroin/Diacetylmorphin bezog sich anfänglich nur auf Atemwegserkrankungen. Obwohl dieser Indikationsbereich immer der vorherrschende blieb, erschloß sich mit zunehmender Verordnung und Erprobung des Mittels innerhalb weniger Monate ein

Indikationsspektrum, das nur wenige der damals bekannten Erkrankungen ausschloß.

1905 nennt eine von den Farbenfabriken an die Ärzteschaft verschickte Informationsschrift über Heroin folgende Indikationen:[165]

Atemwegserkrankungen: Bronchitis, Pharyngitis, Laryngitis, Tracheitis, Pneumothorax, Lungenemphysem, Hämoptoe Asthma bronchiale, Phthisis, Spitzenkatarrhe, Pleuritis.

Kardiale Erkrankungen mit Dyspnoe: Asthma cardiale.

Dysphagie: Kehlkopftuberkulose (lokale Applikation).

Analgesie: Uteruscarcinom, gonorrhoische Erkrankungen des Beckens, Magencarcinom, Enterocolitis, Orchitis, Ischias, Multiple Sklerose, gastrische Krisen der Tabiker, Aneurysma der Aorta.

Erkrankungen der Sexualsphäre: schmerzhafte Erektionen bei Gonorrhoe, operative Eingriffe am Penis, Epididymitis, Prostatitis, Blasenkatarrh, nächtliche Pollutionen, krankhaft gesteigerte Libido, sexuelle Neurasthenie.

Psychiatrische Erkrankungen: Depressionen, Dementia senilis, akute Verwirrtheit.

Praemedikation bei Narkosen.

Morphinentzug.

Dieser Indikationenkatalog der Farbenfabriken erschien, mit Ausnahme der Indikation „Morphinentzug", letztmalig 1926.[166]

Lungenerkrankungen: „Digitalis der Atmung"

Die Wirkung des Heroins auf die Atmung bei Lungenerkrankungen wurde von der Ärzteschaft weltweit, mit seltenen Ausnahmen, in allen zwischen 1898 und 1910 erfaßten Veröffentlichungen als positiv, vielfach sogar als überragend beurteilt.

„Mit Heroin besitzen wir ein äußerst wertvolles therapeutisches Mittel", urteilte der New Yorker Arzt M. Einhorn[167], und sein in Baltimore tätiger Kollege G.W. Mitchell[168] nannte es „das schätzenswerteste Hustenseda-

---

165 „Heroin hydrochloricum". Firmeninformationsschrift der Farbenfabriken (1905), Bayer-Archiv 166/8
166 Pharmazeutische Praeparate. I.G. Farbenindustrie AG (1926), Bayer-Archiv 166/6.1
167 Einhorn, M., Some Remarks on the Therapeutic Efficacy of Heroin, Clin. Exc. (1899) S. 155
168 Mitchell, G.W., Some Remarks on the Use of Heroin in Phthisis, Virg. Med. Sem. Month. (1900), zit. nach Bayer-Archiv 166/8

tivum". L. Lewis[169] aus Montreal resümierte: „Alle anderen Mittel erübrigen sich." Seine verglichen mit Morphin überlegene Wirkung betonten die Österreicher J. Weiß[170] und L. Geiringer[171] sowie der Kandier B.D. Gillies.[172] E. Hönigschmied[173] aus Steyr, den die Farbenfabriken in einer internen Aktennotiz „einen begeisterten Anhänger unseres Heroin" nannten, bezeichnete es als „das sicherste und excellenteste aller Hustenmittel". Geradezu enthusiastisch äußerte sich K. Helbich aus Graslitz:[174]

„Das Heroin ist für die symptomatische Behandlung des Hustens und durch denselben bedingter Schmerzen ein unschätzbares Mittel, dessen Wert durch seine absolute Ungiftigkeit noch gehoben wird... Man kann also, wenn man alles rekapituliert, Heroin als ein vorzügliches Hustenmittel und ein vorzügliches Sedativum bezeichnen, dessen Anwendung eine allgemeine sein sollte."

„Ein Heilmittel ohnegleichen" nannte es begeistert der neapolitanische Mediziner C. Basile.[175] Der Bonner Kliniker Professor Leo berauschte sich geradezu an der „zauberhaften Wirkung", die Heroin entfaltete. Auf Leo geht auch der später weit verbreitete Terminus von Heroin als dem „Digitalis der Atmung" zurück:[176]

„Man kann diese Wirkung des Heroins auf die Respirationsthätigkeit also, wie mir scheint, sehr wohl in Parallele stellen mit der Wirkung der Digitalis auf die Thätigkeit des Herzens. Wie dieses Medicament eine bessere Ausnutzung der insufficienten Herzarbeit durch Verlangsamung der Pulsationen und gleichzeitiger Steigerung der Herzkraft bewirkt, so durfte auch vom Heroin ein entsprechend günstiger, regulierender und kräftigender Einfluß auf eine insufficiente Lungenthätigkeit erwartet werden."

Auch in die Kinderheilkunde hielt Heroin Einzug. Der Amerikaner Thayer[177] behandelte mit Heroin in Massachussets 1902 während einer Keuchhustenepidemie 107 Patienten, vorwiegend Kleinkinder. Mit keinem der von ihm eingesetzten Mittel sah er so „durchschlagende Erfolge". Der

169 Lewis, L., in: The Medical Brief (1901), zit. nach Bayer-Archiv 166/8
170 Weiß, J., Heroin, ein neues Substituens des Morphins, Heilkd. (1898) S. 12-15
171 Geiringer, J., Therapeutische Erfahrungen mit Heroin, Wien. Med. Presse (1901) Nr. 43
172 Gillies, G.B., Notes on the Action of Heroin, Montr. Med. J. (1901), zit. nach Bayer-Archiv 166/8
173 Hönigschmied, E., Praktische Erfahrungen mit Heroin, Allg. Wien. Med. Ztg. (1909), zit. nach Bayer-Archiv 166/8
174 Helbich, K., Über Heroin als Hustenmittel, Heilkde. (1902) S. 209
175 Basile, C., Sul valoro terapeutico dell'eroina, Arch. Int. Med. Chir. (1900) S. 600
176 Leo, H., Über den therapeutischen Wert des Heroins, DMW (1899) S. 185
177 Thayer, Some Remarks on the Treatment of Whooping Cough (1902), zit. nach Bayer-Archiv 166/8

Bonner Arzt J. Runkel verordnete Heroin 45 Kindern, namentlich Säuglingen mit Atemwegserkrankungen. Runkel empfahl Heroin gleichfalls für die Kinderpraxis und erstellte für die verschiedenen Altersstufen ein Dosierungsschema.[178]

Allein H. Rosin von der Universitätspoliklinik in Berlin kam zu einer negativen Bewertung. In nur 6 von 48 Fällen sah er eine positive Wirkung der Heroinverordnung bei Patienten mit Lungenaffektionen. In allen anderen Fällen versagte das Mittel, wirkte nicht besser als Morphin oder Codein oder zeigte „üble Nebenwirkungen" wie Schwindel und Erbrechen.[179]

Erkrankungen des Herzens und des Kreislaufs: „Vortreffliche Wirkung"

Da Luftnot nicht nur ein Leitsymptom bei Erkrankungen der Lunge ist, sondern auch viele Herz-Kreislauferkrankungen mit diesem Symptom einhergehen, lag es nahe, Heroin auch bei diesen Erkrankungen einzusetzen. So zeigte die Heroinbehandlung des Asthma cardiale, das durch einen Blutstau innerhalb des Lungenkreislaufs bei verschiedenen Formen der Herzinsuffizienz (Herzsmuskelschwäche) hervorgerufen wird, nach Berichten von L. Levy[180] und R. Bloch[181] „eine vortreffliche Wirkung". „Mit sehr günstigen Effekten" verordneten P. Pawinski[182] und Z. Adelt Heroin bei Herzklappenfehlern, Herzbeutelentzündung und arteriosklerotischer Herzerkrankung. Der italienische Mediziner Zavaldi[183] lobte den „sehr guten blutdrucksenkenden Effekt" des Heroins.

178 Runkel, J., Über die Verwertung des Heroins in der Kinderpraxis, Diss. (1900)
179 Rosin, H., Erfahrungen mit Heroin, Therap. d. Gegenw. (1899) S. 248
180 Levy, L., Anwendung des Heroins bei Herzkranken, Heilkd. (1901) S. 198
181 Bloch, R., Wirkung und praktische Verwendung der zwei neuen Morphinderivate Heroin und Dionin, Heilkd. (1899) S. 455
182 Pawinski, J. u. Adelt, Z., Über die Anwendung des Heroins bei Circulationsstörungen, Heilkd. (1901) S. 9-12
183 Zavaldi, Azzione dell'eroina sulla pressione arteriosa, Gazetta degli Ospedali (1902), zit. nach Schmidt's Jahrbücher (1904) S. 45

Demenz, Melancholie, Libidostörungen: „Andauernde Beruhigung"

Die heute kurios anmutende, aus der Perspektive des damaligen medizinischen Wissensstandes jedoch erklärliche Verwendung des Heroins in der Behandlung von Patienten mit psychiatrischen Erkrankungen oder neurotischen Störungen läßt sich auf die allgemein sedierende und euphorisierende Wirkung, die Heroin mit allen anderen Opiaten teilt, zurückführen. Zahlreiche Aufsätze und Mitteilungen in der zeitgenössischen Fachliteratur befaßten sich mit diesem Indikationsbereich.

Über ihre positiven Erfahrungen mit Heroin bei schlafgestörten Patienten berichten J. Wiesner[184], K. Helbich und A. Holtkamp[185], der „in Fällen von allgemeiner Nervosität und Schlaflosigkeit sehr bald eine körperliche und geistige Ruhe, bessere Stimmung und einen tiefen, gleichmäßigen und erquickenden Schlaf eintreten" sah.

Vermutlich führte der italienische Arzt A. Pastena Heroin in die psychiatrische Praxis ein. Er prüfte 1900 über sechs Monate die Heroinwirkung an „erregten, lärm- und tobsüchtigen Patienten" der Psychiatrischen Klinik San Francesco Salis in Neapel. Es handelte sich hauptsächlich um „Irrsinnige, Idioten, maniakalische Halluzinanten, Epileptiker, Paralytiker und Delirante". Pastena sah „andauernde Beruhigung, Nachlassen der Schlaflosigkeit, in einigen Fällen sogar Heilung". Ausdrücklich zog er Heroin dem Morphin wegen fehlender Nebenwirkungen bei Langzeitbehandlung vor.[186]

Der Psychiater J. Becker behandelte 1902 in der Provinzial-, Heil- und Pflegeanstalt Bonn 66 demente, katatone, manische, hypochondrische und depressive Patienten erfolgreich mit Heroin. Wochenlang, so Becker, könne man Heroin verabreichen, ohne daß die Wirkung sich abschwäche oder Angewöhnung einträte.[187] Gleichsinnig äußerte sich der russische Psychiater Artemow, der mit Heroin vielen Patienten mit „seelischem Schmerz" und „schwermütigen Zuständen" helfen konnte.[188]

---

184 Wiesner, J., Mitteilungen über Heroin, Dtsch. Ärzte-Ztg. (1900) S. 49

185 Holtkamp, A., Weitere Mittheilungen über therapeutische Versuche mit Heroin, DMW (1899), Nr. 14 (Therap. Beilage) S. 25

186 Pastena, A., L'idroclorato di eroina nelle malati mentali, L'arte medica (1900), zit. nach Bayer-Archiv 166/8

187 Becker, J., Über Heroin als Sedativum und Narkotikum, Dissertation (1902)

188 Artemow, Über die Anwendung der Heroinpraeparate in der psychiatrischen Praxis (1901), zit. nach Bayer-Archiv 166/8

Besondere ärztliche Aufmerksamkeit erfuhren um die Jahrhundertwende Störungen und Erkrankungen der Sexualsphäre. Auch bei ihnen verordnete man Heroin. Die früheste Mitteilung stammt von dem in Paris praktizierenden Arzt Heins, der die Libido und Potenz schwächende Wirkung des Heroins bei Verordnung des Mittels an Lungenkranken beobachtet hatte und nicht ohne Humor schrieb:[189]

„Bei den Kranken handelt es sich immer um Männer, die trotz ihrer Bronchialaffektionen Venus nichts abschlugen. Nach kurzer Zeit der Behandlung beklagten sie sich über eine ungewöhnliche Impotenz, erstaunt darüber, daß die Krankheit eine derart unheilvolle Wirkung hatte, und sie fragten uns, ob das Medikament nicht Schuld sein könne. Nach Absetzen des Heroins wurde Don Juan wiedergeboren."

Seine umfangreichen Erfahrungen mit Heroin bei Männern mit „sexuellen Erregungszuständen" und „Pollutiones nimiae" veröffentlichte 1902 auch A. Strauss, Arzt für Haut- und Geschlechtskrankheiten in Barmen:[190]

„Eine zweite Gruppe von Fällen erstreckte sich auf jene Formen sexueller Neurasthenie, in denen es infolge geschlechtlicher Ausschweifungen zu physischer Impotenz, zu Samenfluss und nervösen Beschwerden gekommen war, die meist die Folge von Onanie sind... Hier wirkte in vielen Fällen Heroin nicht so prompt, wie in den Fällen gesteigerter Pollutionen. Dagegen hatte es in einem anderen Fall eine schnelle und nachhaltige Wirkung. Auch hier war namentlich die infolge exzessiver Onanie aufgetretene Spermatorrhoe zu bekämpfen, die so stark war, daß sogar bei Hustenstößen und beim Springen Entleerungen von Samen erfolgten. Hier trat schon nach drei Suppositorien Heroin à 0.010, abendlich eingenommen, eine bedeutende Besserung ein. Der betreffende junge Mann ist im Verlauf einiger Wochen völlig geheilt worden."

Auch der polnische Arzt H. Higier[191], der Österreicher Neusser[192] und der Düsseldorfer Nervenarzt Engelen[193] machten mit Heroin bei „extremen Masturbanten", „krankhaft gesteigerter Geschlechtslust" sowie „schmerzhaften Erektionen" sehr befriedigende Erfahrungen. C. Mirtl, Gynäkologe am Wiener Maria Theresia Frauenhospital, teilte schon 1899 einen Fall von „Nymphomanie" mit, bei dem sich Morphin als nicht ausreichend erwiesen hatte: „Erst nach Heroin trat die erwünschte Besserung ein." Mirtl, der Heroin auch bei anderen gynäkologischen Affektionen verordnete, wählte

---

189 Zit. nach Becker, F., Notiz über die Bedeutung des Heroins als Anaphrodisiacum, BKW (1903) S. 1076
190 Strauss, A., Das Heroinum hydrochloricum als Anaphrodisiacum, MMW (1902) S. 1494
191 Higier, H., Zur Therapie der Neurasthenia sexualis, Neurolog. Zentralbl. (1904) S. 256
192 Zit. nach: Kleine therapeutische Mitteilungen, DMW (1910) S. 480
193 Engelen, Heroin bei sexueller Neurasthenie, Ärztl. Rundsch. (1903) S. 161

als Trägersubstanz für das Heroin Kakaobutter, die in Form eines Vaginalglobulus verabreicht wurde.[194]

Neuralgien, Koliken, Tumor- und Wehenschmerz: „Prompter und andauernder Erfolg"

Eine zunächst durchaus kontroverse Bewertung erfuhr Heroin als Schmerzmittel. Zu sehr positiven Urteilen gelangten namentlich französische Mediziner wie J. Artaud[195] und M. Guinard[196], der Heroin auf dem Internationalen Medizinischen Kongreß 1900 hervorragende analgetische Qualitäten bei Koliken und Neuralgien bescheinigte. Auch E. Gantin[197] billigte ihm in seiner 1901 erschienenen hundertseitigen Heroin-Monographie eine außerordentliche, den Morphineffekten überlegene schmerzstillende Wirkung zu. „Prompten und andauernden Erfolg" nach Heroin sahen Combemale und Huriez[198] bei Magenkarzinom, Appendizits und Bleikoliken. A. da Veiga[199] und N. Geis[200] lobten seine gute Wirkung und Verträglichkeit bei Tumorschmerzen. F. Floeckinger[201] und H. Witthauer[202] beurteilten Heroin als gut und schnell wirkendes Mittel bei Glieder- und Rückenschmerzen, Erkältungen und Influenza.

Der Bonner Professor H. Leo[203] sprach indes, ebenso wie S. Wierzbicki, von einer schlechten analgetischen Wirkung. Ähnlich äußerte sich in seiner Dissertation Y. Ossovetsky, sowie B.D. Gillies, für die Morphin das

---

194 Mirtl, C., Mittheilungen über therapeutische Versuche mit Heroin, Wien. Klin. Rundsch. (1899) S. 406-407
195 Artaud, J., Quelques observations cliniques sur l'emploi de l'ether diacetique de la morphine, Lyon Med. (1901) S. 353
196 Guinard, M., La diacetylmorphine dans le traitement de la douleur (1900), zit. nach Bayer-Archiv 166/8
197 Gantin, E., Contribution a l'étude de l'èther diacetique de la morphine (héroine), (1901)
198 Combemale, F., u. Huriez, G., Quelques observations clinique sur la valeur therapeutique de l'heroine (1902), zit nach Bayer-Archiv 166/8
199 Da Veiga, A., in: Tribuna med. (1900), zit. nach Bayer-Archiv 166/8
200 Geis, N., Heroin as an Analgesic, New York Med. J. (1900), zit. nach Bayer-Archiv 166/8
201 Floeckinger, F., Clinical Observations on Heroin, New Orleans Med. Surg. J. (1900) zit. nach Bayer-Archiv 166/8
202 Witthauer, H., Therapeutische Notizen, MMW (1901) S. 955
203 Leo, H., Über den therapeutischen Wert des Heroins, DMW (1899) S. 863

überlegene Schmerzmittel blieb. I. Griniwetsch[204] und A. Crha[205] sahen nur mäßige Erfolge bei Ischias und Gelenkschmerzen.

Der Primarius der Poliklinik für Hals- und Nasenerkrankungen in Berlin, A. Rosenberg[206] führte 1901 die lokale Heroinapplikation in die Behandlung der Kehlkopftuberkulose ein. Der Amerikaner L. Hatch[207] verfuhr nach der von Rosenberg angegebenen Methode und berichtete über gute Erfolge bei Schluckbeschwerden infolge Kehlkopferkrankungen.

J. Elischer[208], leitender Arzt der geburtshilflich-gynäkologischen Abteilung des St. Rochus-Krankenhauses in Budapest, verabreichte Heroin getränkte Tampons in zwanzig Fällen entzündlicher oder tumoröser Erkrankungen der weiblichen Beckenorgane. Besonders bei finalen karzinomatösen Erkrankungen hielt Elischer Heroin für ein sehr geeignetes Schmerzmittel.

Als gutes Mittel zur Erleichterung des Wehenschmerzes unter der Geburt wurde Heroin 1914 von dem amerikanischen Mediziner M.W. Kapp[209] beschrieben. In Europa waren es neben anderen die in Basel praktizierenden Gynäkologen E. Baumann[210] und P. Hüssy[211], die die Methode der Geburtsanalgesie mit einer Kombination von Barbitursäure und Heroin zu verbessern suchten, da ihrer Auffassung nach der bis dahin übliche Morphium-Scopolamin-Dämmerschlaf nicht ganz ungefährlich war. Unter dem Markennamen *Hemypnon* (CIBA) war ein Heroin und Barbitursäure enthaltendes Präparat bis in die dreißiger Jahre zur Erleichterung der Geburt auf dem Markt.[212]

204 Grinewitsch, I., Beobachtungen über die Wirkung des Heroins, (1902), zit. nach Bayer-Archiv 166/8

205 Crha, A., Beiträge zur Beurteilung des therapeutischen Wertes des Heroins, Heilkd. (1903) S. 204

206 Rosenberg, A., Die lokale Applikation des Heroins, Heilke. (1901) S. 569

207 Hatch, L., in: American Medicine (1902), zit. nach Bayer-Archiv 166/8

208 Elischer, J., Über die Anwendung des Heroinum hydrochlr. in der Gynäkologie, Heilkd. (1902) S. 62-65

209 Kapp, M.W., Schmerzloses Gebären, Zentralbl. f. Gynäkol. (1915) S. 336

210 Baumann, E., Untersuchungen über eine neue Methode zur Erleichterung der Geburt, Monatsschr. Gynäkol. Geburtsh. (1916) S. 138-156

211 Hüssy, P., Eine neue ungefährliche Form des Dämmerschlafs, Zentralbl. f. Gynäkol. (1916) S. 409-424

212 *Gehes Codex* (1929) S. 596

Schließlich erlangte Heroin auch in der Anästhesiologie eine gewisse Bedeutung. G. Maurino[213] und Teuner[214] hielten es zur Prämedikation vor Narkosen für gut geeignet, nach E. Barten[215] ließ sich postnarkotisches Erbrechen durch kleine Heroingaben vermeiden. Der italienische Narkosearzt P. Volta[216] teilte mit, daß die durch Heroin induzierte Vertiefung der Atemzüge die Chloroformdämpfe rascher in die Lungen eindringen ließ, was sich auf die Tiefe der Narkose und ihren Verlauf günstig auswirke.

Unerwünschte Wirkungen: „Große Dosen ohne eklatante Zwischenfälle"

Abgesehen von frühen Warnungen sehr weniger Ärzte über das Gewöhnungspotential des Heroins wurden nach Heroineinnahme auch unerwünschte Wirkungen wie Benommenheit, Schwindel, Verstopfung, Übelkeit und Erbrechen mitgeteilt. Nur vereinzelt waren derartige Begleiterscheinungen so gravierend, daß der Arzt das Mittel absetzen mußte. Wenn auch manche Ärzte bei der Verordnung zu einer gewissen Vorsicht rieten oder eine niedrige Einstiegsdosis empfahlen, änderte dies doch nichts an der mehrheitlichen Auffassung der Ärzteschaft, daß die Nebenwirkungen des Heroins die Patienten weniger beeinträchtigten als die des Morphins.

Aus Rußland teilte L. Waincier[217] 1899 den Fall einer 19-jährigen Bäuerin mit, die nach der Einnahme von zwei Heroinpulvern (0,010 g) in einen 52-stündigen, komaähnlichen Schlaf fiel. Er deutete diesen Zwischenfall als Idiosynkrasie gegen Heroin, auf die man gefaßt sein müsse.

Carbonell und Soles[218] berichteten aus Barcelona, daß eine junge Asthmatikerin, die durch den Irrtum eines Apothekengehilfen 0,170 g Heroin eingenommen hatte, „an hochgradigem Kräfteverfall, Miosis und fadenförmigem Puls" litt. Nach Coffeininjektionen trat rasche Besserung ein. Diese Kasuistik, über die in der Toxikologischen Rundschau berichtet

---

213 Zit. nach Bayer-Archiv 166/8
214 Teuner, Zur Äthernarkose, Wien. Klin. Wo.-Schr. (1905), zit. nach Bayer-Arch. 166/8
215 Barten, E., Zur Äthertropfnarkose, MMW (1904) S. 424
216 Volta, P., Chloroformnarkose mit Heroin. Gazetta degli Ospedali (1907), zit. nach Bayer-Archiv 166/8
217 Waincier, L., in: Therap. Gegenw. (1899) S. 117
218 Carbonell y Soles, in: Apothekerztg. (1899) S. 736

wurde, war für E. Frey[219] der Beweis für die „Ungiftigkeit dieses modernen Hustenmittels", das von Harnack so heftig kritisiert hatte.

„Große Heroindosen ohne Intoxikationserscheinungen"[220] lautete der Titel eines Aufsatzes, in dem zwei Patienten vorgestellt wurden, denen über fünf Tage eine Dosis von 0,150 g Heroin „ohne jede schädliche Nebenwirkung" verabreicht worden war. Für den Arzt Kropil[221] war die Beobachtung, daß ein Kind die versehentliche Einnahme von 0,010 g Heroin ohne bedeutsame Vergiftungserscheinungen überstanden hatte, „ein eclatanter Fall, der beweist, daß Heroin, selbst in großen Dosen genommen, keine bedenklichen Folgen nach sich zieht".

Heroinomanie, Euphorie: „Kein krankhaftes Gelüste"

Nahezu alle Mediziner, die zwischen 1898 und 1910 ihre therapeutischen Erfahrungen mit Heroin veröffentlichten, sprachen ihm einen gewöhnungs- oder suchtbildenden Effekt entweder völlig ab oder hielten diesen für entschieden weniger ausgeprägt, ungefährlicher oder leichter beherrschbar als den des Morphins. Die in manchen Publikationen geradezu spürbare Begeisterung der Ärzteschaft für das neue Mittel wurzelte nicht zuletzt in ihrer Beobachtung, daß ein dem Morphinismus vergleichbarer Heroinismus nicht zu befürchten sei.

L. Bougrier, G. Krebs, J. Wiesner, J. Pollak und K. Helbich beobachteten bei ihren zum Teil recht großen Patientenzahlen keine Angewöhnung an Heroin und hielten sie für ausgeschlossen. Helbich[222] allein bezog seine Angaben auf 100 Patienten und einen zweijährigen Beobachtungszeitraum. Pollak[223] erwähnte ausdrücklich, daß ein Abstinenzsyndrom nicht auftritt.

Dezidiert äußerte sich E. Gantin: „Das Fehlen einer Angewöhnung, verbunden mit dem Mangel an Euphorie, bildet eine Garantie gegen chronischen Heroinismus."[224] Blümel sah bei „Tausenden von Verordnungen

---

219 Frey, E., Kurzmitteilung, in: Heilkde. (1901) S. 146
220 Klink, W., MMW (1899) S. 1376
221 Kropil, Über die Unschädlichkeit des Heroins, Allg. Med. Central-Ztg. (1900) S. 461
222 Helbich, K., Erfahrungen mit Heroin, Heilkde. (1902) S. 209-211
223 Pollak, J., Einige neue Medikamente in der Phthiseotherapie, Wien. Klin. Wo.-Schr. (1900) S. 61
224 Gantin, E., (1901) S. 85

niemals unangenehme Nebenwirkungen oder Angewöhnung."[225] L. Levy verordnete einem Patienten über sieben Monate dreimal täglich Dosen von 0,004 g:[226]

„Seit jener Zeit - es sind fast sieben Monate - gebraucht der Patient neben Jodnatrium die Heroinpulver, drei Pulver täglich, ohne daß die Wirkung ausgeblieben wäre, was ein Vortheil im Verhältnis zu Morphium ist... eine Gewöhnung an das Mittel ist nicht zu befürchten."

Kennzeichnend für die Bewertung des Abhängigkeitspotentials von Heroin durch die Ärzteschaft war das Resümee I. Grinewitschs, das sich auf die Behandlung von 2000 Patienten bezog:[227]

„Das Heroin ist auch aus dem Grunde besser als das Morphium, weil die Gewöhnung an das erstere viel langsamer eintritt... Bei der Anwendung des Heroins stellt sich ein krankhaftes Gelüste nach dem Mittel, wie beim Morphinismus, nicht ein."

Die euphorisierende Wirkung des Heroins hielten manche Ärzte, gerade bei zu Tode Erkrankten, für geradezu erwünscht. A. Crha äußerte sehr befriedigt, „daß in manchen Fällen terminaler Phthise Heroin dem Kranken schnell und zuverlässig Euphorie verschaffte". J. Elischer war „in Fällen inkurabler carcinomatöser Erkrankungen und fortwährend zunehmender Schmerzen jedes Mittel recht, um in solch desparaten Fällen noch irgendeine Euphorie hervorzurufen".

1900 unternahm Hofrat E. Stadelmann, Abteilungsleiter im Krankenhaus Am Urban in Berlin und Herausgeber der *Deutschen Ärztezeitung* eine klinische Studie, die gezielt das Abhängigkeitspotential des Heroins untersuchte. Stadelmann verabreichte 0,003 g Heroin dreimal täglich, eine Dosierung, die geringfügig unterhalb der Empfehlung der Farbenfabriken lag:[228]

„Entzog man den mit solchen Dosen behandelten Patienten das Heroin, klagten die Kranken über hochgradige Dyspnoe, allgemeine Müdigkeit und Hinfälligkeit, aber auch stärkere Erregung, kurz, über alle diejenigen Symptome, welche wir bei Morphinismus leichten Grades und plötzlicher Entziehung dieses Narkotikums kennen. Irgendwelche neuen Erscheinungen, sodaß man nach dem Bilde des ‚Morphinismus' oder ‚Kokainismus'

---

225 Blümel, Die medikamentöse Therapie der Lungentuberkulose, Fortschr. d. Med. (1912), zit nach Bayer-Archiv 166/8
226 Levy, L., Die Anwendung des Heroins bei Herzkranken, Heilkde. (1901) S. 198
227 Grinewitsch, I.I., Beobachtungen über die Wirkung des Heroins, (1902), zit. nach Bayer-Archiv 166/8
228 Stadelmann, Weitere Erfahrung bei Behandlung mit Heroin, Dtsch. Ärzte-Ztg. (1900) S. 401-404

hier von einem ‚Heroinismus' sprechen könnte, kamen nicht zur Beobachtung. ... Es ist also unzweifelhaft, daß bei längerer Verwendung des Heroins, wie das von vorneherein nach der Zusammensetzung desselben zu erwarten war, ein Zustand von ‚leichtem Morphinismus' auftritt. Nur ist zugunsten des Heroins aufzuführen, daß erstens die Gewöhnung an das Mittel langsamer als an Morphium auftrat, zweitens die Dosen, welche zur Anwendung kamen, zweifellos sehr viel geringer waren als sie bei entsprechender Verwendung von Morphium gewesen wären, und drittens die Steigerung bei diesem Medikament in den Dosen langsamer notwendig zu sein scheint als bei Morphium."

Stadelmann machte zwei entscheidende Beobachtungen, die von der zeitgenössischen Ärzteschaft unterbewertet oder übersehen wurden. Zum einen konstatierte er als erster und ausdrücklich, daß nach abruptem Absetzen von Heroin ein Entzugssyndrom auftritt, das mit dem Morphinentzugssyndrom qualitativ identisch ist, nur „leichter" verläuft. Zum anderen führte er den Unterschied zwischen den beiden Entzugssyndromen auch auf die beträchtlichen Unterschiede in der Dosierung zurück, die für Morphin und Heroin damals üblich waren. Morphin wurde etwa zehnfach höher dosiert als Heroin und zudem wesentlich häufiger injiziert als oral verabreicht; zwei Umstände, die für das Entstehen einer „Gewöhnung" oder Abhängigkeit von zentraler Bedeutung sind.

Die vorwiegend *orale* Einnahme einer meist *niedrigen* Heroindosis, die unterhalb der Abhängigkeitsschwelle lag, erklärt auch, warum in der einschlägigen zeitgenössischen Fachliteratur Mitteilungen über Fälle von iatrogener „Heroinomanie" oder „Heroinismus" nur vereinzelt auftauchten.[229] 1904 erschien eine derartige Fallbeschreibung in Belgien, 1905 erörterte der französische Arzt P. Sollier[230] und 1914 der Russe S. Suchanow[231] das Problem der Heroinomanie. Ihre Kasuistiken bezogen sich aber nicht auf Patienten, denen wegen eines Lungen- oder Herzleidens oder einer anderen körperlichen Erkrankung Heroin verordnet worden war, sondern auf solche Heroinabhängigen, die entweder zuvor Morphinisten waren oder mittels Heroin von ihrer Morphinabhängigkeit kuriert werden sollten.

229 iatrogen (griech.): durch ärztliche Verordnung oder ärztliches Handeln induziert
230 Sollier, P., Héroine et Héroinomanie, Presse Médicale (1905) S. 716-717
231 Suchanow, S., Über Heroinomanie, Wratsch (1913), in: MMW (1914) S. 497

Morphinismus - Heilung durch Heroin?

Dem „Morphiumtaumel", in den eine unwissende und leichtfertige Medizin manchen Patienten um die Jahrhundertwende versetzt hatte, stand sie selbst ratlos und hilflos gegenüber. So erschien manchen Ärzten Heroin, das jüngste und vorläufig letzte Morphinderivat, in zahllosen Fachpublikationen überschwenglich gepriesen, als neuer Hoffnungsträger und Alternative zu den immer zahlreicher werdenden, in der Laienpresse beworbenen dubiosen „Kuren" und obskuren Mitteln, die allesamt den Morphinismus in kurzer Zeit und bar jeder Unanehmlichkeiten zu heilen zwar versprachen, jedoch ausnahmslos versagten.

Die frühesten, diese Indikation des Heroins betreffenden Überlegungen, stammen nicht aus Kreisen der Ärzteschaft, sondern von dem Prokuristen der Farbenfabriken, Carl Duisberg. Bereits am 29.11.1898, drei Monate nach Markteinführung des Heroins, vermerkt das Protokoll der Pharmazeutischen Konferenz die Frage Duisbergs an den Werkspharmakologen Dreser, „ob man das Produkt nicht vielleicht als Entwöhnungsmittel bei Morphinisten gebrauchen könne", eine Frage, deren Antwort Dreser offenließ.[232] Ein dreiviertel Jahr später publizierte der Leiter des Berliner Verkaufskontors der Farbenfabriken, F. Goldmann, in der *Allgemeinen Medicinischen Central-Zeitung* einen Artikel, der die bis dahin vorliegenden Fachpublikationen über Heroin zusammenfaßt. Obwohl zu diesem Zeitpunkt erst eine einzige Mitteilung vorlag, die sich der Frage der Verwendbarkeit des Heroins bei Morphinismus gewidmet hatte und diesbezüglich aufgrund der Erfahrungen an nur zwei Patienten zu einer sehr zurückhaltenden Bewertung gekommen war, vertrat Goldmann die Auffassung, daß Heroin besonders in Form subkutaner Injektionen als ein brauchbares Entwöhnungsmittel bei Morphinismus anzusehen sei. Doch auch er äußerte sich zurückhaltend:[233]

„Derartige Erfahrungen sind natürlich noch viel zu geringwerthig an Zahl und Dauer, sie eröffnen aber immerhin die Perspective, dass das Heroin vielleicht als Ersatz- und eventuelles Abgewöhnungsmittel für Morphium eine Rolle wird spielen können, und müssen jedenfalls zunächst zu weiteren Versuchen in dieser Richtung auffordern."

---

232 Pharmazeutische Konferenz vom 29./30.11.1898. Bayer-Archiv 169/3
233 Goldmann, F., Über das Heroin, Allg. Medic. Central-Ztg. (1899), zit. nach Bayer-Archiv 166/8

Differenzierte Empfehlungen für die Verwendung des Heroins zum Zweck der Morphinentwöhnung, die durchaus modern anmuten, gab zwischen 1900 und 1902 mehrfach der französische Arzt Morel-Lavalée.[234] Voraussetzung für eine erfolgreiche Therapie sei die vollständige Kontrolle des Arztes über seinen Patienten und dessen unbedingtes Vertrauen. Zunächst sei die „Luxusdosis" - die tägliche Morphinmenge, auf die der Patient ohne Auftreten von Abstinenzerscheinungen verzichten kann - zu bestimmen und bis zur notwendigen Erhaltungsdosis zu reduzieren. An diesem Punkt solle die zunächst partielle, später vollständige Substitution des Morphins durch das weniger euphorisierende Heroin beginnen. Ist das Morphin schließlich gänzlich durch Heroin ersetzt, seien die Injektions-intervalle und -dosen allmählich herabzusetzen, bis schließlich nur noch Wasser injiziert werde.

Über ermutigende Erfolge berichteten auch andere französische Ärzte und die Amerikaner H.A. Moody[235] und B. Ahlborn[236], der die Kranken-geschichte eines Morphinisten mitteilte, der seit acht Jahren an Morphin-dosen von 12 grain (0,8 g) gewöhnt war. Nach zweieinhalb Monaten Behandlung mit absteigenden Heroindosen konnte die Substitution beendet werden, die rückfallfreie Nachbeobachtungszeit betrug sieben Monate.

Den Befürwortern der Methode des Morphinentzugs mittels Heroin standen energische Warner und Kritiker gegenüber. Heroin sei nicht weniger suchtbildend als Morphin, legte der Spanier J. Leynia de la Jarrige dar.[237] Auch P. Sollier und P. Duhem[238], zwei in Entziehungsfragen erfah-rene Ärzte am Krankenhaus Boulogne sur Seine in Paris, beurteilten die Heroinsubstitution von Morphinisten als unsinnig und gefährlich.

In Deutschland und Europa erlangte dieser Therapieansatz wegen letztlich nicht überzeugender Erfolge nur eine marginale und kurzfristige Bedeutung. In den Vereinigten Staaten dagegen war um 1920 die verbreitete ärztliche Verordnung von Heroin an Opiatabhängige zu einem Argument derjenigen geworden, die über den Weg seiner Dämonisierung eine Politik

---

234 Morel-Lavallée, A., La Morphine reemplacée par l'héroine, Revue de médecine (1900) S. 872-890

235 Moody, H.A., Notes of Some of the Newer Remedies, Alab. Med. J. (1900), zit. nach Bayer-Archiv 166/8

236 Ahlborn, B., Heroine in the Morphine Habit, New York Med. J. (1901) S. 235-236

237 Leynia de la Jarrige, J., Héroine, héroinomanie. Thèse (1902)

238 Duhem, P., L'héroine et les héroinomanes, Progres Medicale (1907) S. 113-117

einläuteten und durchsetzten, die auf Prohibition basierte und als Herzstück der Drogenpolitik der westlichen Staatengemeinschaft bis heute Bestand hat.

Militärpharmazie

Die in der deutschsprachigen populärwissenschaftlichen Drogenliteratur immer wieder auftauchende Behauptung, Heroin sei im Ersten Weltkrieg häufig und bedenkenlos als Schmerzmittel und Sedativum verwendet worden, läßt sich nicht belegen.[239] Weder war es im „Heeresarzneiheft"[240] aufgeführt noch im „Handbuch der ärztlichen Erfahrungen im Weltkriege". Letzteres nennt zur Behandlung von Schmerzen und Lungenerkrankungen neben nicht alkaloidhaltigen Mitteln nur Morphin und Codein, nicht aber Heroin.[241]

Unzweifelhaft ist dagegen, daß Ärzte an der Front Morphin großzügig zur Schmerzbehandlung bei Kriegsverletzten einsetzten, ein Umstand, der wesentlich dazu beitrug, daß die Zahl der Morphinabhängigen in Deutschland nach dem Ersten Weltkrieg in die Höhe schnellte. Der sogenannte Kriegsbeschädigtenmorphinismus war während der zwanziger Jahre ein in der Fachpresse häufig diskutiertes Problem, weil keine Einhelligkeit darüber zu erzielen war, ob, in welchem Ausmaß und zu

---

239 So behauptet H.-G. Behr in seinem Buch *Weltmacht Droge* (1984) unzutreffenderweise u.a.: „Heroin spielte an der Front eine gewichtige Rolle. Ein Generalstäbler von damals erzählte mir, die Soldaten hätten in den Schützengräben regelmäßig Heroin erhalten, um ‚nervlich dem Trommelfeuer gewachsen zu sein'." Behrs Buch enthält zahlreiche weitere unzutreffende Darstellungen, wie beispielsweise die, daß ein junger Arzt namens Levi Levinstein, der sich später Louis Lewin nannte, den Begriff „Morphinismus" geprägt habe. Richtig ist, daß die beiden Namen nicht dieselbe Person bezeichnen. Eduard Levinstein war 1875 Königl. Sanitätsrat und Chefarzt der Maison de Santé in Berlin-Schöneberg und hatte im gleichen Jahr über Morphiumsucht publiziert und diesen Begriff geprägt (BKW, 1875, S. 646-649). Louis Lewin, später ein bedeutender Toxikologe, war 1874 Candidat der Medizin in Berlin und hatte im gleichen Jahr ebenfalls einen Beitrag „Über Morphiumintoxikationen" veröffentlicht (Dtsch.Zeitschr. f. Prakt. Med., 1874, Nr. 27, S. 240-241).

240 Nach Devin, G., Die deutschen Militärapotheker im Weltkriege (1920) S. 23-45, war Heroin im Heeresarzneiheft nicht aufgeführt.

241 Von. Schjerning, O., Handbuch der ärztlichen Erfahrungen im Weltkriege, (1922) S. 388

wessen finanziellen Lasten diesem Personenkreis Opiate weiter verordnet werden sollten und durften.

Nach Dansauer waren 1931 bei den Hauptversorgungsämtern des Deutschen Reiches 904.706 Kriegsbeschädigte gemeldet, von denen 918 (1%) als opiatabhängig erfaßt waren. Die überwältigende Mehrheit von ihnen war morphinabhängig, bei nur sieben Personen (<1 Prozent) lag Heroinabhängigkeit vor.[242]

Nicht nur die Prävalenz der Abhängigkeit von Heroin unter Kriegsbeschädigten war in Deutschland äußerst niedrig, sondern Heroinabhängigkeit überhaupt. Um 1920 war der suchtmäßige Gebrauch dieser Substanz, im Unterschied zu Morphin und Kokain, so selten, daß er den Medizinalbehörden des Reiches und der Länder nicht einmal bekannt war.[243] Beispielsweise fanden sich unter den zwischen 1913 und 1930 in der Kuranstalt Obernigk behandelten 349 Alkaloidabhängigen nur drei Heroinisten.[244] Von den 1925 in der Heil- und Pflegeanstalt Düsseldorf-Grafenberg aufgenommenen 39 Suchtkranken war ein einziger heroinabhängig.[245] Aus der Frühzeit der Heroingeschichte existieren überhaupt nur aus den Vereinigten Staaten Mitteilungen, die dem ärztlich verordneten oder mißbräuchlichen Konsum von Heroin durch Militärangehörige nachging. So ermittelte 1913 der amerikanische Militärarzt Captain R.M. Blanchard, daß das Schnupfen pulverisierter Heerointabletten unter den Soldaten einer Einheit in Fort Strong/Massachussets eine gewisse Verbreitung gefunden hatte.[246] Nach 1915 indes nahm in den Vereinigten Staaten der Heroinmißbrauch in der Armee, wie auch unter der jugendlichen Bevölkerung der Ostküste, erheblich zu.

Ein Dopingmittel für Mensch und Tier

Leistungssteigernde Mittel besaßen, zumal in gebirgigen Gegenden und den Alpenländern, zu Beginn dieses Jahrhunderts schon eine lange Tradition. In

---

242 Dansauer u. Rieth, Über Morphinismus bei Kriegsbeschädigten, (1931) S. 23-45
243 In: Anselmino u. Hamburger (1931) S. 9
244 Sprengel, C., 350 Entziehungskuren von Morfium und anderen Opiumalkaloiden, Psych.-Neur. Wo.-Schr. (1931) S. 89-94
245 Sioli, F., Der Stand des Morphinismus, Klin. Wo.-Schr. (1926) S. 1797-1800
246 Blanchard, R.M., Heroin and Soldiers, Military Surgeon (1913) S. 140-143

Salzburg, der Steiermark und Tirol war das Arsenikessen trotz seiner bereits bekannten Giftigkeit weit verbreitet.[247] Als Brotbelag in kleinen Dosen genossen, verminderte Arsenik die Atemnot beim Aufstieg ins Gebirge und erleichterte das Tragen schwerer Lasten. Neben alkoholischen Getränken und in Pastillenform käuflichen Kolapräparaten war den Alpinisten jener Zeit auch Kokain als Stimulans nicht unbekannt. 1886 berichtete ein Schweizer Apotheker begeistert über seine im Selbstversuch beim Bergsteigen gewonnenen Erfahrungen mit dieser Droge.[248]

Da atmungsphysiologische Untersuchungen unter Höhenbedingungen verschiedener Mediziner um die Jahrhundertwende zu dem Ergebnis gekommen waren, daß der menschliche Körper in großer Höhe mehr unter Sauerstoffverarmung als unter verstärkter Kohlendioxidabgabe litt, hatte der Arzt und Physiologe H. von Schroetter 1899 die bewußte Vertiefung der Atemzüge während des Bergsteigens empfohlen.[249] Gerade sie hatte sich ein Jahr zuvor in Dresers Studien über Heroin als seine wichtigste und wertvollste Wirkeigenschaft erwiesen. Es erscheint daher nicht abwegig, daß um die Jahrhundertwende die Alpenclubs ihren Mitgliedern vor Hochgebirgstouren die Einnahme von Heroin empfahlen. Daß dies tatsächlich der Fall war, belegt eine Bemerkung des Pharmakologen von Harnack 1899 in seiner vehementen Stellungnahme gegen die Einführung des Heroins in die Humanmedizin:[250]

„Gerade in Betreff des Heroins möchte ich zur höchsten Vorsicht mahnen: man hat nämlich das Mittel schon in die Hände der Laien gebracht und in Alpenclubs empfohlen, es zur Linderung bei Atembeschwerden in Anwendung zu bringen. Mir scheint diese Empfehlung in hohem Grade bedenklich zu sein."

Auch die Verabreichung leistungssteigernder Mittel an Tiere, zumal an Pferde, war seit Jahrhunderten eine geläufige Praxis. Schon zu Zeiten der römischen Kaiser dopte man Pferde vor Wagenrennen mittels Hydromel, einer Mischung aus Wasser und Honig. Im 17. Jahrhundert war Pferdedoping mit Cherry, Champagner und anderen Alkoholika ein normaler und erlaubter Vorgang.[251] Alkaloide tauchen im Pferderennsport erstmals 1896

247 Das Arsenikessen der Bergsteiger, Dtsch. Alpenzeitung (1904/05), Nr. 7, S. 199
248 Kraft, E., Mit und ohne Cocain, Pharmaz. Ztg. (1886) S. 443-444
249 Von Schrötter, H., Zur Kenntnis der Bergkrankheit, zit. nach: Jahrbuch des Schweizer Alpenclubs (1898/99) S. 353-354
250 Von Harnack, E., Über die Giftigkeit des Diacetylmorphins, MMW (1899) S. 884
251 Ditz, W., Doping im Pferderennsport (1986)

in den Vereinigten Staaten auf und amerikanische Trainer machten sie wenige Jahre später auf europäischen Rennplätzen heimisch.[252]

Zum Zwecke des Dopens nutzte man in französischen, deutschen und österreichischen Rennställen zahllose aus der Humanmedizin bekannte Arzneimittel in unterschiedlichsten Rezepturen: Kokain, Heroin, Strychnin, Koffein, Theobromin, Digitalis Kola-Nuß und Nitroglycerin waren ihre wichtigsten Komponenten. Man verabreichte sie den Tieren entweder in Oblatenform eine Stunde vor dem Rennen oder als Injektion unmittelbar vor dem Start. Die bekannteste Mixtur, die noch bis in die dreißiger Jahre in den Vereinigten Staaten verwendet wurde, bestand aus Heroin, Strychnin, Nitroglycerin, Digitalis und Kola-Nuß. Der Heroinanteil sollte den Tieren während des Rennens die Schmerzen nehmen, der Stimulantienanteil (Strychnin, Kola-Nuß) in Verbindung mit den Herzmedikamenten Digitalis und Nitroglycerin ihre Ausdauer und Leistungsfähigkeit erhöhen.[253]

Schwerer Zwischenfälle wegen waren derartige Mittel ab 1904 im Deutschen Reich verboten. Wie wenig Beachtung dieses Verbot fand, zeigt eine Notiz in der *Sportwelt* von 1911:[254]

„Heroin' wird uns als das hauptsächlichste Doping-Mittel bezeichnet, dessen Anwendung in Österreich-Ungarn auf wissenschaftlichem Wege festgestellt werden konnte...Es wird behauptet, dass wenige Tropfen, auf Zucker gereicht, auf Pferde ganz ungewöhnlich stimulierend wirken... Vielleicht finden sich in unserem Leserkreis Fachleute, die nähere Einzelheiten über dieses ‚Heroin' und seinen geheimnisvollen Einfluss geben können. Bei dieser Gelegenheit mag übrigens festgestellt werden, daß sämtliche Doping-Proben, die in Deutschland entnommen wurden, auch bei Icy Wind nach dem Grossen Preis von Berlin, ein vollständiges Freisein von allen jenen Mitteln ergaben, nach denen gefahndet wurde...“

Durchaus nicht nur als Dopingmittel im Pferderennsport, auch als reguläres Arzneimittel in der Tierheilkunde trat Heroin in Erscheinung. In dem 1900 herausgegebenen Standardwerk *Arzneimittellehre für Tierärzte*[255] wird es als gutes Narkotikum für Hunde erwähnt und noch 1954 empfahl G. Übele im *Handlexikon der tierärztlichen Praxis* Heroin „gegen Reizzustände in den Luftwegen, namentlich bei pleuritischen Hunden, besonders bei Staupe-Bronchopneumonie“.[256]

---

252 Ebenda, S. 22
253 vgl. hierzu: Schick, Das Dopen der Pferde, Zeitschr.Veterinärkde. (1933), S. 241-250
254 *Sportwelt* vom 24.10.1911
255 Fröhner, E. u. Reinhardt, R., Arzneimittellehre für Tierärzte, (1900) S. 99
256 Übele, G., Handlexikon der tierärztlichen Praxis (1954) S. 262-263

Heroin in Pharmakopöen und medizinischen Standardwerken

Bald nach seiner Einführung als Arzneimittel in die Humanmedizin fand Heroin - auch als Diacetylmorphin oder Diamorphin - Aufnahme in die offiziellen Arzneibücher (Pharmakopöen) vieler Länder. Unter ihnen war Österreich das erste, das Heroin 1906 in der *Pharmacopoeia Austriaca* registrierte, das Deutsche Reich folgte erst 1910 (DAB 5), im gleichen Jahr die Vereinigten Staaten, die es 1920 jedoch wieder strichen. Nur wenige Länder wie China, Norwegen und Mexico verzichteten auf seine Aufnahme in ihr offizielles Arzneibuch.[257]

Nach einer Erhebung der Vereinten Nationen aus dem Jahr 1953 war Heroin zu diesem Zeitpunkt noch in 17 nationalen Arzneibüchern aufgeführt, darunter den Arzneibüchern Deutschlands, Belgiens, Frankreichs, Großbritanniens, Italiens, der Niederlande, Österreichs, der Schweiz und der Sowjetunion.

In der offiziellen deutschen Pharmakopöe, dem *Deutschen Arzneibuch* (DAB), war Heroin letztmalig in der 1951 erschienenen Neuauflage des DAB 6 von 1926 registriert. Das 1968 aufgelegte DAB 7 enthielt Heroin nicht mehr.

Nach 1953 strichen nahezu alle Länder Heroin/Diacetylmorphin aus ihren Pharmakopöen. Als gegenwärtig vermutlich einzige führt es die britische Pharmakopöe als *Diamorphine Injection* und *Diamorphine Hydrochloride*.

Zahllos sind die medizinischen Lehrbücher, Standardwerke und Arzneimittelkompendien, in denen Heroin seinen Platz hatte und von denen hier nur wenige deutschsprachige genannt seien. In A. Fraenkels Lehrbuch *Spezielle Pathologie und Therapie der Lungenkrankheiten* aus dem Jahre 1904 ist unter anderem nachzulesen, daß „Heroin sich mehr und mehr eingebürgert" habe und wegen seiner geringeren Nebenwirkungen dem Codein und Dionin vorzuziehen sei. „Sparsam und mit der steten Berücksichtigung der Gefahr der Angewöhnung" sei es zu verordnen, hieß es jedoch schon 1911 im *Lehrbuch für Innere Krankheiten* von P. Krause und C. Garré. Wiederum bedenkenlos empfahl es A. Bacmeister 1931 in seinem *Lehrbuch der Lungenkrankheiten* bei andauerndem Reizhusten und starken Schmerzen. In dem zwischen 1912 und 1937 fünfmal aufgelegten *Lehrbuch*

---

257 Heroin in the Official Pharmacopoeia, Bull. Narc. (1953), Nr. 2, S. 19

der Pharmakologie von E. Poulsson wird durchgängig zwar erwähnt, daß Heroin zur Angewöhnung führen könne, doch sei im Gegensatz zu Morphin „die chronische Vergiftung minder bösartig und die Abgewöhnung leichter". 1946 bezeichnet es G. Banzers *Arzneitherapie des praktischen Arztes* erstmals als ein „ausgesprochenes Rauschgift", das in der Therapie entbehrlich sei. W. Stoekel wiederum, ein früher und energischer Befürworter einer ausreichenden Schmerztherapie, empfahl 1947 in seinem *Lehrbuch der Gynäkologie* Heroin als Alternative zu Morphin bei inoperablen gynäkologischen Karzinomen unter anderem mit der Bemerkung: „Man darf sie bewußt zu Morphinistinnen machen!" Letztmalig wurde Heroin ausführlich 1959 in der 15. Auflage von R. Francks Standardwerk *Moderne Therapie* besprochen und bei Husten und Schmerzen, unter ausreichenden Vorsichtsmaßnahmen auch Kindern, empfohlen.

Indikationen und Stellenwert des Heroins in der Medizin zu Beginn des 20. Jahrhunderts: Eine kritische Rückschau

Die breite, oftmals bedenkenlos erscheinende therapeutische Verwendung des Morphins und später seines halbsynthetischen Derivates Diacetylmorphin / Heroin kann nur ermessen, wer sich die Bedeutung ihrer Muttersubstanz Opium - seit Jahrhunderten das Panazee schlechthin - für die Medizin vergegenwärtigt. Sein überragender therapeutischer Wert war seit altersher unbestritten und von namhaften und einflußreichen ärztlichen Autoritäten wie Galen, Paracelsus, Thomas Sydenham, Herman Boerhaave, John Brown und vielen anderen sanktioniert. Kein anderes Mittel unterbrach so schnell, tiefgreifend und nachhaltig den Schmerz in der Krankheit und und ließ die vielfältigen Leiden und Nöte des Lebens erträglich erscheinen, ein Faktum, das auch die skeptischsten zeitgenössischen Ärzte nicht in Frage stellten. Stellvertretend für die vielen unvergleichlichen Worte des Lobes, ja der Verklärung, die das Heilmittel Opium im Lauf der Jahrhunderte erfuhr, sei hier eine berühmt gewordene Bemerkung des amerikanischen Schriftstellers und Physiologen Oliver Wendell Holmes wiedergegeben: „Ich bin sicher, man könnte die ganze Materia Medica auf den Grund des Meeres versenken, es wäre gut für die Menschen, wenn auch schlecht für die Fische." Allein Opium nahm er aus, „ein Heilmittel, das der Schöpfer selbst scheint verordnet zu haben".[258]

Am Ende des 20. Jahrhunderts verfügt die Medizin zwar über ein höchst differenziertes Arsenal *ursächlich* wirkender Arzneimittel; dennoch sind *symptomatische,* Schmerzen und Angst mildernde Mittel heute nicht weniger verzichtbar als zu Sydenhams Zeiten. Immer noch gelten Opiate als der Goldstandard jeder Schmerztherapie und immer noch vermögen sie wie

---

258 Holmes, O.W., Medical Essays: 1842-1882, (1891) S. 202-203

kein anderes Arzneimittel Todesangst zu lindern und das Sterben zu erleichtern.

Über Pharmaka und andere medizinische Maßnahmen, die, besonders in der Inneren Medizin, wirksam in Krankheitsprozesse eingreifen konnten und zu tatsächlicher Heilung führten, verfügte die Medizin bis weit in dieses Jahrundert hinein nach heutigen Kriterien nur in Ansätzen, da Einsichten in die Krankheitsursachen und erst recht eine auf sie gerichtete therapeutische Forschung kaum existierten. Faktisch bestand die Medizin daher aus palliativer Behandlung, Symptomlinderung und Krankenpflege.

Auf diesem Stand der Entwicklung der Medizin wird nachvollziehbar, daß Opium und sein wichtigster Abkömmling Morphin sich ihrer überragenden Effekte wegen sowohl bei Patienten wie bei Ärzten größter Beliebtheit erfreuten: Äußerst zufrieden, weil beschwerdefrei, fühlte sich der Patient, nicht weniger zufrieden und stolz der Arzt, der eine erfolgreiche Therapie verordnet hatte. Und doch wuchsen mit der Zeit die Zweifel an der Güte dieses Panazees, weil die Ärzteschaft zunehmend begriff, daß seine unerwünschten Wirkungen, zumal sein Suchtpotential, die erwünschten gravierend konterkarierten. Es war also höchst plausibel, daß das neue Mittel Diacetylmorphin/Heroin, dem der Ruf eines durch Acetylierung „entgifteten" und daher nebenwirkungsfreien und nicht süchtig machenden Ersatzmittels des Morphins vorauseilte, von vielen Ärzten zunächst wie eine Offenbarung angenommen und bei vielen Krankheiten verordnet wurde, bis man schließlich enttäuscht erkennen mußte, daß seine Wirkungen sich nur in Nuancen von denen des Morphins unterschied.

Als gesichert gilt heute die Erkenntnis, daß Morphin und seine Derivate auf alle menschlichen Organsysteme, insbesondere auf das Zentralnervensystem, *qualitativ* gleichartig wirken. Sie alle erzeugen Euphorie und Analgesie durch ein verändertes Schmerzerleben (Distanzierung vom Schmerz), verflachen die Atemtiefe und mindern die Atemfrequenz, lindern Luftnot (ein Schmerzäquivalent!), dämpfen Husten und bergen ein Abhängigkeitspotential. Sie differieren untereinander *quantitativ*, das heißt, daß unterschiedliche Dosierungen zur Erzielung eines qualitativ gleichen Effektes notwendig sind. Heroin wirkt bereits in geringerer Dosis als Morphin und dieses wiederum in geringerer Dosis als Codein oder Dionin. Im wesentlichen liegt dieser Differenz zugrunde, daß der in ihnen enthaltene und in unterschiedlichem Ausmaß im Körper freigesetzte Grundkörper

Morphin, das eigentlich wirksame Agens, seine Wirkorte im Gehirn (Atemzentrum, Hustenzentrum u.a.) unterschiedlich schnell erreicht.

Es mag verwundern, daß durch ärztliche Verordnung von Heroin induzierte Abhängigkeit tatsächlich selten auftrat und unterschwellig blieb und nicht etwa von der Ärzteschaft überhaupt verkannt wurde. Abhängigkeit im Sinne der Sucht, des überwältigenden Verlangens nach einer Substanz (Droge), ist niemals durch ihre bloße Einnahme bestimmt, sondern gehorcht einem komplexen Bedingungsgefüge, innerhalb dessen die Persönlichkeit und ihre psychische Verfassung sowie der äußere Kontext der Drogeneinnahme eine nicht minder wichtige Rolle einnehmen als die pharmakologischen Eigenschaften der Droge. Zudem ist die Drogenwirkung auch immer eine Funktion der Höhe der zugeführten Dosis und der Weise ihrer Applikation. Intravenös verabreichtes Heroin wirkt ungemein intensiver als subkutan verabreichtes, und dieses wiederum wirkt stärker als ein oral eingenommenes Heroinpulver, das vergleichsweise langsam über den Verdauungstrakt resorbiert wird. Üblicherweise verordneten Ärzte zu Anfang des Jahrhunderts Heroin *auf oralem, seltener auf subkutanem Weg, und, ganz im Gegensatz zum eher hochdosiert verordneten Morphin, in niedriger Dosis an Patienten, die sie wegen eines krankhaften Leidens, in einem therapeutischen Kontext also, aufsuchten.* Dieses Bedingungsgefüge der Heroineinahme bewahrte sie weitestgehend vor der Induktion süchtigen Verhaltens. Es begründet im übrigen die heute geläufige Erkenntnis, daß bei opiatpflichtigen Schmerzpatienten aufgrund der den Opiaten eigentümlichen Toleranzentwicklung im Lauf der Zeit zwar eine Steigerung der Dosis zur Aufrechterhaltung einer ausreichenden Analgesie notwendig werden kann, nicht aber, weil sie Euphorie suchen. Das unterscheidet Schmerzpatienten fundamental von Suchtkranken. Ein Heroingebraucher wird zum klassischen Süchtigen („Junkie") erst durch das Zustandekommen einer fatalen Trias: *Er konsumiert Heroin intravenös (oder inhalativ) und in hoher Dosis auf dem Hintergrund einer psychischen Stressituation oder eines Euphorie suchenden Appetenzverhaltens innerhalb einer regelhaft desolaten sozialen Umgebung.*[259]

Indes sind die Gründe für die erfolgreiche Verwendung des Heroins bei manchen Erkrankungen nicht allein einem für die Patienten euphorisch veränderten Erleben ihrer Symptome oder einer unspezifischen Sedierung,

---

259 Vgl. hierzu: Zinberg, N.E., Drug, Set and Setting, (1984)

namentlich bei Schmerzen und Luftnot, zuzuschreiben, sondern auch anderen *spezifischen* Opiatwirkungen.

Zweifellos bestand die positive Wirkung des Heroins bei Lungenkrankheiten im Gegensatz zu den Behauptungen Dresers vorwiegend darin, daß die Kranken die Atemnot nicht oder in geringerem Maße als solche erlebten. Unabhängig davon aber war sein hustenstillender Effekt, der, wie die jüngere Opiatpharmakologie nachweisen konnte, durch den gezielten Angriff der Opiate am Hustenzentrum des verlängerten Rückenmarks zustande kommt. Neuere Studien bestätigen überdies die schon vor einhundert Jahren in den Alpenklubs mit Heroin gewonnene Erfahrung, daß in niedriger Dosis eingenommene Opiate die Belastbarkeit unter Höhenbedingungen verbessern und der Bergkrankheit vorbeugen.

Ebenso beruht die vorteilhafte Wirkung bei Herzerkrankungen nicht allein auf der euphorisierend-sedierenden Wirkung des Heroins. Morphin und seine Derivate führen infolge Umverteilung des Blutes vom Lungenkreislauf in die Gefäße des Magen-Darmbereichs zu einer Entlastung des insuffizienten Herzens, einem Effekt, den die Medizin sich auch heute bei der Akutbehandlung schwerer Herzerkrankungen zunutze macht.

Auch der kurios anmutende Befund damaliger Ärzte, daß Heroineinnahme zu Libidoverlust führt und „sexuelle Übererregbarkeit" sich umgekehrt mit Heroin behandeln läßt, findet heute eine wissenschaftliche Erklärung. Opiate vermindern über die Ebene des Zwischenhirns die Ausschüttung derjenigen Hormone, die das Sexualleben steuern. Von männlichen Langzeit-Opiatabhängigen ist bekannt, daß ihre Libido erheblich gemindert ist, bei heroinabhängigen Frauen bleibt die Regelblutung meist aus.[260]

So verschränken sich - rückschauend - in der Herstellung und Verbreitung des Arzneimittels Heroin mehrere Gegebenheiten. Einem schon damals führenden Unternehmen der chemischen Industrie (Farbenfabriken), das eine intensive, methodisch-wissenschaftlich noch in den Anfängen steckende pharmazeutische Forschung betrieb, gelang es mit offensiven und wirkungsvollen Vermarktungsstrategien, eine noch weitgehend uneffektive und daher hilflose Medizin von der Güte des neuen Morphinderivates

---

260 Vgl. hierzu: Jaffe, J., Opioid Analgesics, in: Gilman, A.G. u. Goodman, L.S., The Pharmacological Basis of Therapeutics (1980) S. 485 ff

Heroin zu überzeugen. Dies fiel um so leichter, als die bis dahin bekannten Alkaloide des Opiums und seiner Abkömmlinge (Morphin, Codein, Dionin, Peronin) in der Arzneimitteltherapie unverzichtbar waren, diese jedoch die in sie gesetzten hohen therapeutischen Erwartungen nach Auffassung der Mehrheit der Ärzteschaft nicht mehr erfüllten. Es dauerte nahezu zwei Jahrzehnte, bis ihre Urteilskraft ausreichte, zu erkennen, daß Heroin zwar unstrittig wertvolle therapeutische Eigenschaften aufwies, jedoch nicht das Mittel darstellte, nach dem die pharmazeutische Forschung auch heute noch fahndet, einem potenten Analgetikum ohne Mißbrauchspotential.

So ging ab 1915 der Stellenwert des Heroins wie auch anderer stark wirkender Opiate in der Pharmakotherapie zurück. Die nun zunehmend in der Fachpresse publizierten kritischen Darstellungen, die das beachtliche Intoxikations-, Mißbrauchs- und Abhängigkeitspotential der Morphingruppe hervorhoben und bei ihrer Verordnung zur Zurückhaltung rieten, hatten zur Folge, daß besser beleumundete Schmerzmittel wie Salicylate (*Aspirin*) und Schlafmittel häufiger verordnet wurden. Bezüglich des Heroins dürfte die schließliche Widerlegung des entscheidenden Befundes Dresers, Heroin ökonomisiere die Atemarbeit, in Medizinerkreisen nicht unbeachtet geblieben sein. Von epochaler Bedeutung aber waren die mit der Internationalen Opiumkonferenz von Shanghai 1909 einsetzenden und von den Vereinigten Staaten initiierten Bemühungen der internationalen Staatengemeinschaft, die Fabrikation und den Verkehr mit Betäubungsmitteln national und international zu regeln und zu kontrollieren. Auf die Ärzteschaft hatte die Opiumgesetzgebung eine fatale Auswirkung. An die Stelle einer sorglosen Verschreibung und Abgabe von Opiaten trat in nahezu allen Ländern eine äußerst restriktive Opiatverschreibungspraxis, die dazu führte, daß heute weltweit Millionen Schmerzpatienten und Sterbenden diese unersetzlichen Arzneimittel vorenthalten werden.[261]

---

261 Nach Aussage des Präsidenten des Schmerztherapeutischen Kolloquiums e.V., Dr. G. Müller-Schwefe, erhalten in der Bundesrepublik von den 550.000 Patienten, die stark wirksame Opioide brauchen, nur 3,6 Prozent die erforderlichen Mittel. (Dtsch-Ärztebl. 1999, Heft 14, S. 688)

Vom Arzneimittel zum Staatsfeind: Die Geburt der Prohibition in den Vereinigten Staaten

Zwischen 1850 und 1930 ist auf dem europäischen Kontinent, ganz im Gegensatz zu den Vereinigten Staaten, ein signifikantes, das heißt die Aufmerksamkeit von Politik und Öffentlichkeit nachhaltig auf sich ziehendes „Drogenproblem" nicht nachweisbar. Kriegsbeschädigtenmorphinismus, iatrogene Opiatabhängigkeit, sowie illegaler Opiat- und Kokainkonsum beispielsweise in Künstler- oder Intellektuellenkreisen blieben gesellschaftliche Randphänomene, die die zuständigen Behörden zwar schon im 19. Jahrhundert regulierten, sich aber weder zu einer wirklichen noch vermeintlichen gesamtgesellschaftlichen Bedrohung auswuchsen.

Die Vereinigten Staaten erlebten mit Beginn der zweiten Hälfte des 19. Jahrhunderts eine Phase tiefgreifender gesellschaftlicher Veränderungen und Umwälzungen. Europäische und asiatische Einwanderer ließen die Bevölkerung, insbesondere die städtische, rapide anwachsen und eine nach Sprache, Religionszugehörigkeit und Lebensgewohnheiten überaus heterogene Gesellschaft entstehen. Die industrielle Revolution führte in kurzer Zeit zur Entstehung mächtiger Großunternehmen. In einer gigantischen Anstrengung wurde der Westen des Kontinents durch den Eisenbahnbau erschlossen, inneramerikanische Siedlungs- und Wanderungsbewegungen erschütterten traditionelle soziale Gemeinschaften. Im politischen Raum zog dieser Wandel das Ende der Hegemonie der von protestantischen Nordeuropäern beherrschten Führungsschicht des Landes nach sich.[262]

Begleitet war dieser Wandel von einer Vielzahl von „Übeln", die die Angst der amerikanischen Mittel- und Oberklasse vor gesellschaftlicher Destabilisierung und der Erosion ihres Wertesystems weckte, eine Angst,

---

262 Dieses Kapitel fußt auf den grundlegenden Arbeiten der amerikanischen Opiathistoriker David F. Musto, The American Disease (1987) und David T. Courtwright, Dark Paradise (1982).

die weit ins 20. Jahrhundert hineinwirkte. Um ihr entgegenzuwirken, entstanden um 1850 verschiedenartige Reformbewegungen. Manche traten für eine Begrenzung des Zuzugs von Immigranten ein, andere warnten vor gefährlichen Ideologien, besonders der kommunistischen, wieder andere forderten die Beteiligung von Frauen und Unterprivilegierten an der Gestaltung der Politik. Die Temperenzlerbewegung predigte Mäßigung oder Abstinenz im Umgang mit Alkohol, dessen Konsum, so die Botschaft, Gewalttätigkeit, moralische Zerrüttung und den Niedergang der allgemeinen Prosperität besonders befördere.

Gegen Ende des 19. Jahrhunderts schien reformeifrigen Politiken, Teilen der Ärzteschaft und der Öffentlichkeit auch der Umgang der amerikanischen Gesellschaft mit Opium und anderen Drogen zum Niedergang amerikanischer Tugenden und Werte beizutragen. Die in den verschiedenen Bundesstaaten existierenden Gesetze zur Regulierung des Verkehrs mit diesen Substanzen hatten sich als inadäquat und wenig effektiv erwiesen und der Ruf, die Bundesregierung möge die Gesetze der einzelnen Bundesstaaten harmonisieren und wirksame Maßnahmen gegen den Narkotikamißbrauch einleiten, war unüberhörbar geworden.

Seit den Zeiten der ersten europäischen Siedler wurde Opium nach Nordamerika importiert und war Bestandteil zahlloser Arzneimittel und wichtigstes Mittel ärztlicher Hilfeleistung. Genußzwecken dienendes Rauchopium war zudem nach 1850 unter den chinesischen Einwanderen an der Westküste des Landes weit verbreitet.

Vielgestaltige Umstände trugen dazu bei, daß der Gebrauch von Opium und Morphin eine beträchtliche Anzahl suchtkranker Opiatkonsumenten nach sich zog. Deren Zahl wird aufgrund valider Berechnungen in den Vereinigten Staaten um 1890 mit etwa 300.000 Personen angegeben, unter ihnen 90.000 Konsumenten von Rauchopium, zumeist chinesischstämmige Einwanderer. Dies entsprach einer Rate von vier suchtkranken Opiatgebrauchern auf 1.000 Einwohner.

Eindeutig war die großzügige und anfänglich vollkommen unkontrollierte Verschreibung und Abgabe derartiger Mittel durch die Ärzteschaft die Hauptquelle süchtigen Verhaltens, das, zumal nach Bekanntwerden der subkutanen Injektionstechnik um 1860, hauptsächlich einheimische weiße Frauen mittleren Alters betraf, die der Mittel- und Oberschicht angehörten und in ländlichen und kleinstädtischen Gegenden des amerikanischen

Südens zuhause waren. Warum gerade die weiße amerikanische „Mittelschichtmatrone", die schlechthin den Typus einer opiatabhängigen Person des 19. Jahrhundert verkörpert, dem ärztlich verordneten Opiat anheimfiel, findet nur eine unvollkomme Erklärung: Im mittleren weiblichen Lebensalter gehäuft auftretende Menstruations- und Menopausenbeschwerden sowie andere „weibliche Leiden" dürften eine männliche Ärzteschaft häufig zur Verordnung eines Narkotikums bewogen haben, vermutet der amerikanische Opiathistoriker David Courtwright.[263]

Andere Gegebenheiten, die während jener Zeit der Ausweitung des Opiatgebrauchs Vorschub leisteten, waren der amerikanische Bürgerkrieg und mehrere große Cholera- und Dysenterieepidemien zwischen 1832 und 1854, die besonders die Südstaaten heimsuchten. In ländlichen Gegenden mußten amerikanische Ärzte, um zu ihren Patienten zu gelangen, nicht selten weite Strecken zurücklegen, häufig überließen sie daher die Morphinspritze den Patienten oder ihren Angehörigen. Für die Ausbreitung der „amerikanischen Krankheit" kaum zu überschätzen war neben dem Gewinnstreben mancher Ärzte ihre im Vergleich zu europäischen Medizinern schlechte Ausbildung, die sie oft zu blinder symptomatischer Behandlung verleitete: „Opium is often the lazy physician's remedy."[264] Dies machte nicht nur die skrupellosesten unter ihnen - wenigstens zehn Prozent der amerikanischen Ärzte waren selbst opiatabhängig! - zu Trägern einer „Infektion", die sie an ihre Patienten weiterreichten.

In den ärmeren Schichten war die Selbstmedikation mittels freiverkäuflicher „Patentmedizinen" üblich. Nahezu immer enthielten sie ein oder mehrere Opiate auf alkoholischer Basis. Bis 1906, als der *Pure Food and Drug Act* in Kraft trat, durften sie ohne Angabe ihrer Komponenten abgegeben werden. Verbreitet war zum Beispiel die als Tonikum verkaufte *Scotch Oats Essence*, eine Mixtur aus Whiskey und Opiaten. Unruhigen Kindern verabreichte man einen opiathaltigen *Soothing Syrup*. Andere „Patentmedizinen", die den in Europa gebräuchlichen Geheimmitteln entsprachen, enthielten gerade die Drogen, von deren chronischem Gebrauch sie ihre Konsumenten zu kurieren versprachen: Wenn auch *Opacura* und *Denarco* keine neuen Süchtigen schufen, so stellten sie doch einen

---

263 Mrs. Henry Lafayette Dubose in Harper Lee's Roman „To Kill a Mockingbird" personifiziert die weiße Südstaaten-Morphinistin des 19. Jahrhunderts: wohlhabend, verwitwet und abhängig geworden durch ihren Arzt.

264 Zitiert nach Courtwright, D., Dark Paradise (1982), S. 50

folgenreichen Betrug dar, dem manch ein entzugsgswilliger Abhängiger über Jahre verfiel.

Bereits seit 1895, noch lange vor den ersten gesetzlichen Maßnahmen der Bundesregierung, ging die iatrogene Opiatabhängigkeit innerhalb der amerikanischen Bevölkerung allmählich zurück. Die Bakteriologie als eine wichtige Theorie der Krankheitsursachen gewann zusehends die Oberhand über die Miasmatheorie[265], was bedeutsame Folgen für medizinisches Handeln und Krankheitsprävention hatte: Verbesserte Hygienemaßnahmen drängten infektiöse Magen-Darmerkrankungen zurück, bei denen so oft Opium oder Morphin verordnet worden waren. Erste Impfungen, beispielsweise gegen Typhus, waren verfügbar, die Syphilis erschloß sich der Behandlung durch Chemotherapeutika. Mildere, dabei äußerst effektive Schmerz- und Fiebermittel wie *Aspirin* und *Phenacetin* fanden als Alternative zu Morphin Eingang in die Therapie. Die Erfindung der Röntgenstrahlen verbesserte entscheidend die diagnostischen Möglichkeiten. Ungezieltes Kurieren von Symptomen wich zunehmend der Praxis, zuvor ihren Ursachen auf den Grund zu gehen. Das Niveau der medizinischen Ausbildung stieg und nicht zuletzt mehrten sich auch in der Ärzteschaft die Stimmen, die die laxe Abgabepraxis von Opiaten anprangerten und ihre restriktivere Verordnung forderten.

In jene letzten Jahre des ausgehenden 19. Jahrhunderts, die in den Vereinigten Staaten von einer beginnenden Schärfung des ärztlichen Blicks für die Probleme und Gefahren des Gebrauchs von Opiaten und von einer gewissen Zurückhaltung bei ihrer Verordnung gekennzeichnet waren, fielen die ersten Importe des neuen Arzneimittels *Heroin* durch die Elberfelder Farbenfabriken. Sein zunächst durchschlagender Erfolg beruhte vor allem auf der entwickelten Marktstrategie und dem effektiven Distributionssystem der Farbenfabriken, die als geachtetes Unternehmen der deutschen pharmazeutischen Industrie seit 1865 eine eigene Niederlassung in New York innehatten und den amerikanischen Arzneimittelmarkt seit 1890 mit ihren Präparaten belieferten. Schon 1899, ein Jahr nach Einführung des Heroins, importierten die Farbenfabriken 220 kg Heroin, die 60 Prozent ihrer Jahresproduktion entsprachen, in die Vereinigten Staaten. Innerhalb

---

265 Die vorwissenschaftliche Miasmatheorie sah atmosphärische Stoffe und natürliche Ausdünstungen als Ursache der Erkrankungen an.

weniger Jahre steigerten sich die Heroineinfuhren auf circa 500 kg jährlich und blieben für mehr als ein Jahrzehnt auf diesem Niveau.

Der Einzug des Heroins in die amerikanische Medizin kam wegen seiner vorgeblich nicht süchtig machenden Eigenschaften einer gebrannten amerikanischen Ärzteschaft nicht ungelegen. Wie verbreitet sein therapeutischer Einsatz und die ihm häufig folgende Abhängigkeit zwischen 1900 und 1910 tatsächlich war, ist strittig. Charles Terry und Mildred Pellens unterstreichen in ihrem 1928 erschienenen Standardwerk *The Opium Problem*[266] nachdrücklich die hohe Prävalenz iatrogener Heroinabhängigkeit, die nach David Courtwrights Untersuchungen jedoch entschieden bezweifelt werden muß. Es wäre kaum zu erklären, warum nach 1910 die Masse der Heroinabhängigen männliche Jugendliche waren, die weißen, sozial depravierten städtischen Minoritäten angehörten und zudem Heroin lange Zeit nicht oral einnahmen oder subkutan spritzten, sondern als Puder snieften. Außerdem wurde Heroin in den Vereinigten Staaten medizinisch allein als oral einzunehmendes Hustenmittel beworben und eingesetzt und kaum als Schmerzmittel oder Sedativum (Abb. 15). Die Wahrscheinlichkeit für einen rheumakranken oder an Durchfall leidenden Patienten mit Heroin behandelt zu werden, war daher relativ gering. Auch mag Heroin als Morphinersatzmittel von manchem älteren Opiatabhängigen genutzt worden sein. Neue Opiatkonsumenten sind dieser Praxis, die nach kurzer Zeit von der Bildfläche wieder verschwand, sicher nicht entwachsen.

Welche Umstände, wenn nicht ärztliche Verordnung, waren es dann, die in den beiden ersten Jahrzehnten des 20. Jahrhunderts in den Vereinigten Staaten Heroin vom Arzneimittel zu einem primären Suchtstoff, zur Droge also, mutieren ließen?

Die Transformation dieses Opiats vom Arzneimittel zur „demon drug" nimmt ihren Anfang mit der Verknappung und Verteuerung zweier anderer, um die Jahrhundertwende in den Vereinigten Staaten gebräuchlicher euphorisierender und anregender Mittel: Kokain und Rauchopium.

Kokain war von Schwarzen, Arbeitern, Studenten und Sportlern seiner stimulierenden und tonisierenden Wirkungen wegen geschätzt und seit etwa 1850 besonders in den Südstaaten verbreitet. Man trank einen alkoholischen Extrakt der Blätter des Kokastrauchs, der als *Wine of Coca* verkauft wurde, meist aber sniefte man es als Puder durch die Nase. Auch die in Europa

---

266 Terry, Ch. u. Pellens, M., The Opium Problem (1927), S. 53-156

entdeckten anästhesierenden und schmerzhemmenden Eigenschaften des Kokains trugen zu seiner Popularisierung bei. Zwischen 1895 und 1915 geriet es in den Ruf einer typischen „negro drug", die mit den Spannungen zwischen Schwarzen und Weißen und der von jenen an letzteren begangenen Verbrechen in engen Zusammenhang gebracht wurde und den Einfluß sozialer Konflikte und rassistischer Stereotypen auf die Genese des Drogenproblems illustriert. Der Druck der Weißen auf Schwarze und andere Kokain konsumierende „Parasiten" und „Degenerierte" wie Prostituierte und Spieler führte zu wachsenden, seine Verfügbarkeit in den meisten Bundesstaaten einschränkenden Restriktionen und schließlich zu Gesetzen, die den legalen Erwerb der Droge nach 1910 praktisch unmöglich machten und ihren Schwarzmarktpreis in astronomische Höhen trieb.

Ein ähnliches Schicksal traf das Rauchopium. Sein Konsum war untrennbar mit den Lebensgewohnheiten der chinesischen Einwanderer an der amerikanischen Westküste verknüpft, aber auch Angehörige bestimmter weißer sozialer Randgruppen, in denen Kokainkonsum verbreitet war, genossen Rauchopium, das als einziges Narkotikum keinen medizinischen Wert besaß. Die „Opiumhöhle", nicht selten auch von Weißen betrieben und besucht, war der bevorzugte Ort, wo man dieser Art des Opiumgenusses nachging. Ihm versuchten seit 1880 die Behörden verschiedener Bundesstaaten durch höhere Steuern auf den Opiumimport sowie die heimische Rauchopiumherstellung mit wenig Erfolg entgegenzuwirken. Die ruinösen Folgen, besonders unter jungen Menschen, so wurde behauptet, traten immer offener zutage, auch drohte sich eine nicht erwünschte Durchmischung weißer Amerikaner mit der chinesischen Minderheit anzubahnen. Zwar sanken wegen des deutlichen Rückgangs des chinesischen Bevölkerungsanteils infolge restriktiverer Immigrationsgesetze die Opiumimporte schon vor 1900, doch erst der *Smoking Opium Exclusion Act* im Jahre 1909 führte zu einer drastischen Verknappung von Rauchopium, so daß Süchtige auf preislich erschwingliche, nicht zuletzt auch potentere Alternativen auszuweichen gezwungen waren.

Heroin erschien den in arge Bedrängnis geratenen Kokainkonsumenten und Opiumrauchern doppelt attraktiv: Es war billig und ließ sich, was besonders den Kokaingebrauchern entgegenkam, auf herkömmliche Weise durch Sniefen seines Pulvers konsumieren und bedurfte nicht des für das Opiumrauchen aufwendigen und auffälligen Zubehörs. Zu Zentren des Heroingebrauchs, nicht nur für ehemals von anderen Drogen Abhängige, sondern auch für Jugendgangs und Bürger ärmerer Schichten wurde neben Philadelphia besonders New York. Hier waren die bedeutenden Hersteller und Distributoren pharmazeutischen Heroins, die Farbenfabriken, E. Merck, Schieffelien & Co. und Martin H. Smith ansässig. Hier bestanden die günstigsten Bedingungen für die Verschiebung von Heroin auf den illegalen Markt. Für die Dealer des Schwarzmarktes und den damals aufkommenden Schmuggel wies Heroin geradezu ideale Eigenschaften auf: Es war eine äußerst wirkungsvolle Substanz, die nur wenig Masse beanspruchte und leicht auf das doppelte oder vierfache ihrer ursprünglichen Menge verschnitten werden konnte.

Die Popularität von Heroin unter den Jugendlichen New Yorks untersuchte 1915/16 einer der führenden amerikanischen Ärzte, der Neuropsychiater Dr. Pearce Bailey.[267] Seiner Schätzung nach waren dreiviertel der Angehörigen der jugendlichen Drogenszene Heroinsniefer, deren typischer Vertreter ein männlicher Zwanzigjähriger war, der dem Nachahmungsdruck oder der Anregung bereits abhängiger Altersgenossen nachgegeben hatte. Er war wegen Eigentumsdelikten zwecks Beschaffung der Droge auffällig geworden und verspürte wenig Neigung zum Beginn einer Behandlung, die, wenn überhaupt, nur auf Druck der Behörden zustande kam.

„The heroin habit is essentially a matter of city life... It would seem that heroin taking is closely allied with the factors which make inebriety in some form inevitable in the poorer classes in large cities. Boys and young men seem to want something to make life gayer and more enjoyable and the particular ‚fillip‘ they hit upon depends on their personal temperament and their surroundings. Often one choice excludes others. The heroin addicts are rarely given to drink, and under the use of the drug their sexual appetites dwindle rapidly so they are not often offenders in sexual matters... Few are married. They are generally healthy and able to work and are fairly intelligent. Many are of engaging personality but, as often happens with personalities who are engaging, they are all unstable, suggestible and easy to led.“

Bailey spricht hier eher mit Bedauern und einer gewissen Empathie von den untersuchten Drogenkonsumenten. In seinen Worten ist noch nichts zu spüren von der übertriebenen Angst und dem Schrecken, den die Droge und ihre Gebraucher nur wenige Jahre später in Politik und Gesellschaft der Vereinigten Staaten auslösen sollte.

---

267 Bailey, P., The Heroin Habit, New Republic (1916) S. 314, zit. nach Musto (1972)

Zu einer ähnlich undramatischen Sicht des Heroinproblems gelangte der Marinearzt Dr. W.A. Bloedorn[268], der sich auch mit dem Drogenkonsum innerhalb der Streikräfte befaßt hatte. Seine zusammen mit einem Arzt des New Yorker Bellevue Hospitals vorgelegten statistischen Erhebungen der Krankenhausaufnahmen von Abhängigen sind von besonderem Wert, weil sie zu den wenigen Untersuchungen der damaligen Zeit gehören, die quantitativer Natur sind und Rückschlüsse auf Beginn und Ausmaß des Heroinproblems in New York zulassen:

Krankenhausaufnahmen Opiatabhängiger im Bellevue Hospital zwischen 1907 und 1916:[269]

Jahr	Heroinaufnahmen	Morphinaufnahmen
1907	0	2
1908	0	3
1909	0	2
1910	1	25
1911	3	59
1912	9	83
1913	21	393
1914	149	398
1915	425	265
1916	649	129

Ebenso wie eine Untersuchung aus einem Krankenhaus in Philadelphia belegt Bloedorns Zahlenmaterial, daß das Heroinproblem vor 1910 keinerlei Signifikanz besaß, da Krankenhausaufnahmen seinetwegen nicht stattfanden. Ab 1915 aber lag die Zahl der aufgenommenen Heroinabhängigen höher als die der Morphinabhängigen, die seitdem kontinuierlich seltener wurden. Bloedorn erhob seine Zahlen vor und nach dem 1914 in Kraft gesetzten *Boylan Act*, der die ambulante, mengenmäßig nicht begrenzte Abgabe von Heroin und anderen Narkotika an Süchtige ausschließlich an

---

268 Bloedorn, W.A., Studies of Drug Addicts, U.S. Nav. Med. Bull. (1917) S. 305-318, zit nach Musto, D., Early History of Heroin in the United States, in: Bourne, P.G., Addiction (1972), S. 178
269 Ebenda, S. 178

die Verordnung eines niedergelassenen Arztes knüpfte und die zwangsweise Überstellung von Abhängigen durch die Behörden in Krankenhäuser zwecks Behandlung gestattete. Der *Boylan Act* setzte eine Dynamik in Gang, der zur „Auslieferung" der Abhängigen an die niedergelassene Ärzteschaft führte, da sie ohne ärztliches Rezept einer klinischen Zwangsbehandlung entgegensahen.

Die ab 1910 wachsende Beliebtheit von Heroin war 1913 auch Thema eines Beitrags im *Journal of the American Pharmaceutical Association*:[270]

„Dope users who found that police surveillance made it very difficult to secure opium, morphine and cocaine, soon learned that heroin could be easily obtained. No prescription is necessary. As a result they began using this drug, and the habit grew by leaps and bounds. It started in the poorer districts, but soon spread into the better portions of the city."

Der *Smoking Opium Exclusion Act* (1909), der den Import von Opium in die Vereinigten Staaten für ungesetzlich erklärt hatte und noch während der Sitzungen der in Shanghai tagenden Internationalen Opiumkommission in Kraft trat, sollte den Teilnehmerstaaten auch die Ernsthaftigkeit und Entschiedenheit signalisieren, die die Vereinigten Staaten als angehende Weltmacht aufzubringen gewillt waren, um den internationalen Opiumhandel einzuschränken und zu überwachen. Indes war der *Smoking Opium Exclusion Act* in den Augen amerikanischer Anti-Opiumaktivisten, besonders des Opiumkommissars im Außenministerium Dr. Hamilton Wright, nur ein erster Schritt auf dem Weg, Amerika, das nach Wrights übertriebenen und propagandistischen Äußerungen mehr Opium konsumierte als China, vor dem Untergang zu bewahren. Umfassendere und effektivere Gesetze standen auf der Tagesordung der amerikanischen Politik, um die unbeschränkte Abgabe von opiathaltigen Arzneien, ihre leichtsinnige und exzessive Verschreibung durch manche Ärzte sowie Schmuggel und Schwarzmarkt besser kontrollieren zu können. Doch die inneramerikanischen Hürden, die derartige Gesetze auf Bundesebene zu nehmen hatten, waren hoch: Bislang war den einzelnen Bundesstaaten die Gesetzgebungshoheit in Fragen des Opiumverkehrs vorbehalten. Die Opposition der betroffenen Arzneimittelhersteller, des Groß- und Einzelhandels, die um ihre Umsätze bangten, war zu überwinden. Manche Kongreßmitglieder befürchteten, gesetzliche Restriktionen gegen Opium und Kokain könnten später auch auf Alkohol ausgedehnt werden und Teile der Ärzteschaft

---

270 Growing of the Heroin Habit, J. Amer. Pharm. Ass. (1913) S. 627

schließlich wollten nicht zulassen, daß der Staat ihre Therapiefreiheit einengte. So fand der Kampf der amerikanischen Zentralregierung für eine Verschärfung der Opiumgesetzgebung an zwei Fronten statt, an der heimischen und der internationalen.

Die Shanghai-Kommission war nicht ermächtigt, verbindliche internationale Verträge auszuarbeiten, sie konnte lediglich Empfehlungen abgeben. Die Vereinigten Staaten drangen daher auf eine zweite internationale Konferenz, denn sie waren überzeugt davon, daß die eigentliche Lösung ihres heimischen Opiumproblems im Ausland, insbesondere den Staaten lag, die Opium anbauten, wie beispielsweise China, und Opium im großen Stil verarbeiteten, wie beispielsweise Deutschland und die Schweiz. Nach langem Zögern und vielerlei Rückschlägen trat auf heftiges Drängen der Vereinigten Staaten in den Niederlanden 1911 die Haager Opiumkonferenz zusammen. Ihre Teilnehmerstaaten unterzeichneten im Januar 1912 die Haager Opiumkonvention.

Artikel 14 der Konvention lautete:

Die Vertragsmächte werden die auf die Herstellung, die Einfuhr, den Verkauf oder die Ausfuhr von Morphin, Kokain und deren Salzen bezüglichen Gesetze und Verordnungen in Anwendung bringen:

a) auf das Opium für medizinische Zwecke,

b) auf alle pharmazeutischen Zubereitungen (offizinelle und nicht offizinelle, einschließlich der sogenannten Antiopiummittel), welche mehr als 0,2% Morphin oder mehr als 0,1% Kokain enthalten;

c) auf Heroin, seine Salze und seine Zubereitungen, welche mehr als 0,1% Heroin enthalten;

d) auf jeden neuen Abkömmling des Morphins, Kokains oder ihrer Salze oder auf jedes andere Alkaloid des Opiums, die nach dem Ergebnis allgemein anerkannter wissenschaftlicher Untersuchungen zu ähnlichem Mißbrauch Anlaß geben und die gleichen schädlichen Wirkungen zur Folge haben können.

Die Vertragsstaaten (Deutschland, Vereinigte Staaten, China, Frankreich, Großbritannien, Japan, Niederlande, Persien, Portugal, Rußland, Siam) verpflichtete die Konvention zu größtmöglichen Anstrengungen, Herstellung, Verkauf und Anwendung dieser Stoffe auf *medizinische* und andere legitime, *gesetzlich geregelte Zwecke* zu beschränken.

Obwohl die Haager Opiumkonvention wegen der geringen Zahl der sie ratifizierenden Staaten faktisch Makulatur blieb, stärkte sie die Befürworter effektiver Gesetze zur Eindämmung des Narkotikamißbrauchs in den

Vereinigten Staaten deutlich. Schließlich setzten sie durch, daß der sogenannte *Harrison Act* im Dezember 1914 den Kongreß passierte und am 1. März 1915 in Kraft trat: Jeder, dem der Handel mit oder die Abgabe von Narkotika erlaubt war, mußte sich bei den Finanzämtern registrieren lassen, hatte eine Gebühr zu zahlen, erhielt eine Steuermarke und verpflichtete sich zu penibler Buchführung. Die ärztliche Verordnung von Narkotika durfte nur legitimen medizinischen Zwecken dienen - „in good faith" - und der legale Besitz von Narkotika war an eine ärztliche Verschreibung gebunden.

Faktisch war der *Harrison Act* ein geschickter Versuch der Staatsmacht, mittels einer Steuermaßnahme die Nation, zumal die Ärzteschaft, moralisch zu disziplinieren. Die von ihr weithin geübte und bis 1915 akzeptierte Praxis, Süchtigen Narkotika zu verschreiben, geriet zusehends unter heftigen Beschuß. Der Staat schickte sich an, Art und Umfang der ärztlichen Behandlung einzuschränken, ein beispielloser Eingriff, der den entschiedenen Widerstand eines Teils der Ärzteschaft provozierte. In mehreren Prozessen gegen sogenannte „dope doctors" urteilten höchste Gerichte unter Zustimmung des Justizministeriums, daß die durch Verordnung von Narkotika unterhaltene Sucht mit der legitimen ärztlichen Praxis - „in good faith"- unvereinbar war. 1919 traf der Supreme Court eine Grundsatzentscheidung, die fortan die Verschreibung von Narkotika an einen Abhängigen untersagte, wenn er außer seiner Abhängigkeit kein anderes Problem aufwies, das eine Verschreibung hätte rechtfertigen können. Damit orientierte sich die Gesetzgebung allein an einer *verschwindenden Minderheit* unter den Ärzten, die in unverantwortlicher Weise und getrieben von Gewinnstreben große Mengen Narkotika an Süchtige verordnet hatte. Daß die übergroße Mehrheit der Ärzte aus der Abhängigkeit kein Kapital schlug, vielmehr mangels überzeugender therapeutischer Alternativen ihre Patienten verantwortungsvoll und überlegt substituierte und sie dennoch im Sinne einer Überwindung der Sucht beriet, das heißt *behandelte*, erschien in einer Zeit, die das Phänomen Sucht zunehmend als antisozialen Akt und individuelle Degenration begriff, weder der Politik glaubhaft, noch war dies der Öffentlichkeit zu vermitteln. Die Umarmung, ja geradezu die Erpressung der Medizin durch die Politik ging so weit, daß führende Vertreter der amerikanischen Medizin zu Beginn der zwanziger Jahre ihr Krankheitskonzept der Sucht schließlich zugunsten einer Sichtweise aufgaben aufgaben, die für die Genese der Sucht einen lasterhaften („vice") und degenerierten Charakter verantwortlich machten.[271] Der einflußreiche Arzt Alfred C. Prentice, Mitglied des *Committee on Narcotic Drugs* der *American Medical Association*, scheute sich 1921 nicht, Ärzte, die Narkotika verschrieben, auf infame Weise zu diskreditieren:[272]

„... It may be that he himself is addicted to the drug and has thus become a victim of its power to produce such profound moral perversion. For such there can be but one verdict. Suspend or revoke his license to practice medicine, by all means. Let him suffer the penalty of the law, and may god have mercy on his soul!"

Einen Süchtigen mit Opiaten zu behandeln galt fortan als eine Art medizinischer Kunstfehler, der lasterhaftes und kriminelles Verhalten perpetuierte und deshalb gleichzusetzen war mit einer Gefährdung der gesellschaftlichen Ordnung und Moral.

Die Beförderung des Heroins zum gefährlichsten aller Suchtmittel und bedrohlichsten, die Gesellschaft durchsetzenden Übel begann nach 1917. Der Prozeß seiner in den Vereinigten Staaten einzigartigen Stigmatisierung fußte weniger auf der tatsächlichen Häufigkeit des Heroinkonsums, als vielmehr auf dem Kontext, in dem er interpretiert wurde. Untrennbar war er mit einem gesellschaftlichen Klima verknüpft, das durch die Folgen der stürmischen Urbanisierung, des Kriegseintritts der Vereinigten Staaten, die vermeintliche Bedrohung durch Bolschewisten und Anarchisten („Rote Seuche") sowie einen aggressiven Nationalismus gekennzeichnet war. Intoleranz und Konformitätszwang durchsetzten alle Bereiche des gesellschaftlichen Lebens. Drogenabhängige, unter ihnen besonders diejenigen, die der „Heroinseuche" erlegen waren, dienten der Politik als bevorzugte Objekte dafür, die Ursachen gesellschaftlicher Mißstände jedweder Art, insbesondere kriminelles Verhalten, zu benennen und dingfest zu machen.

Die Zahl der Süchtigen wurde maßlos übertrieben. Dr. Royal S. Copeland, Leiter der Gesundheitsbehörde der Stadt New York, bezifferte sie 1918 für die Stadt auf 200.000 - unter ihnen 140.000 Heroinabhängige - obwohl nur 7.000 Süchtige registriert waren und seriösen Schätzungen

---

271 Das Krankheitskonzept fußte auf der immunchemische Theorie der Suchtentstehung: Ihr lag die Vorstellung zugrunde, daß die Einnahme von Morphin zur Antikörperbildung führte, die allein durch Gabe eines Opiats neutralisiert werden konnte, andernfalls Entzugserscheinungen aufträten.
272 Prentice, A.C., The Problem of the Narcotic Drug Addict, JAMA (1921) S. 1551-1556

zufolge ihre Zahl in allen fünf Bezirken New Yorks maximal bei etwa 20.000 lag. Der Abgeordnete und spätere Leiter des Committee on the Narcotics Traffic des Finanzministeriums, Henry Rainey, behauptete, daß allein 80.000 Wehrpflichtige wegen einer bestehenden Heroinabhängigkeit nicht eingezogen werden konnten. Tatsächlich betrug ihre Gesamtzahl einschließlich der in der gesamten Armee erfaßten abhängigen Soldaten 3.000.[273]

Die öffentliche Verbreitung derartiger gefälschter Zahlen ging Hand in Hand mit der Propagierung der Behauptung, Drogen, unter ihnen besonders Heroin, seien Erklärung und Angelpunkt jeglicher Verbrechen und sozialer Verwerfungen. Zweifellos ging auch damals schon, wie nicht anders zu erwarten, ein beträchtlicher Teil von Eigentumsdelikten zu Lasten der Beschaffungskriminalität Heroinabhängiger. Entscheidend für die Stigmatisierung des Heroins war jedoch eine andersartige Verknüpfung von Heroin und Kriminalität. Repräsentanten staatlicher Institutionen und in ihrem Gefolge die Presse verbreiteten die Gewißheit, Heroin stimuliere kraft seiner *physiologischen* Effekte direkt Gewalttätigkeit und kriminelles Verhalten, eine damals wie heute ebenso unhaltbare wie perfide Behauptung, die nicht desto weniger zum stärksten Argument derjenigen wurde, die nach schlichten Erklärungen und durchgreifenden Lösungen für komplexe soziale Erschütterungen suchten. So erklärte beispielsweise der Direktor des New Yorker Reformgefängnisses Hart's Island, Sidney W. Brewster, anläßlich eines Hearings zu einem umfassenden Herstellungsverbot für Heroin 1924 vor dem amerikanischen Repräsentantenhaus:[274]

„I would say this, that users of morphine, while they do commit crimes, they are not usually crimes against the person; they are not usually crimes of violence. They are such crimes as theft, forgery, or something along that line. The man who uses heroin is a potential murderer, the same as the cocaine user; he loses all consciousness of moral responsibility, also fear of consequences."

Zu einem kaum weniger einleuchtenden und unwiderstehlichen Argument derjenigen, die die Öffentlichkeit davon zu überzeugen suchten, daß Drogen das Böse schlechthin verkörperten und der Bestand der amerikanischen Gesellschaft ihretwegen wie niemals zuvor gefährdet war, wurde die öffentliche Darstellung des Heroinproblems als einer kontagiösen

---

273 Musto, D., Early History of Heroin in the United States, in: Bourne, P.G., Addiction (1974) S. 180
274 The United States Bars the Manufacture of Heroin, in: Bull. Narc. (1953), Nr. 2, S. 23

Erkrankung. Jede Schutzmaßnahme gegen die „Heroinseuche", zumal die Beendigung der Substitutionsprogramme in den staatlichen Kliniken und durch niedergelassene Ärzte, sowie eine Verschärfung der Gesetze erschien mit diesem Argument plausibel und ließ sich rechtfertigen. Aus der wachsenden Zahl inhaftierter Drogenkonsumenten erwuchsen zwei Schlüsse, die die bedingungslose Verknüpfung von Drogenkonsum und Kriminalität untermauern sollten: Zum einen waren nahezu alle Personen, die wegen eines Drogenvergehens unter Anklage gerieten, auch wegen anderer früherer Verbrechen straffällig geworden. Zum anderen suggerierte die steigende Zahl von Drogenkonsumenten, daß das Drogenproblem insgesamt zunahm. Die Tatsache, daß die Zahl der Verhaftungen wegen eines Drogendelikts aus Gründen gerade in Kraft gesetzter oder verschärfter Drogengesetze stieg, fand kaum Beachtung.

In vorderster Linie der Agitatoren gegen den die amerikanische Gesellschaft vergiftenden und die zivilisierte Welt bedrohenden Drogenteufel stand Richmond P. Hobson, eine schillernde Figur. Als ehemaliger Kongreßabgeordneter, Held des spanisch-amerikanischen Krieges, bestbezahlter Sprecher der Anti-Saloon League und Initiator zahlreicher Bürgerbewegungen und Organisationen, die für Alkohol- und Drogenprohibition kämpften, genoß er immensen Einfluß auf die öffentliche Meinungsbildung. Charakteristisch für seine Panik schürende Anti-Drogenkampagne war eine 1928 landesweit ausgestrahlte, der Drogenerziehung geltende Radiosendung, in der er Heroinabhängige zu lebenden Toten („the living dead") erklärte und ihre „Infektiosität" mit der von Leprakranken auf eine Stufe stellte:[275]

„Heroin addiction can be linked to a contagion. Suppose it were announced that there were more than a million lepers among our people. Think what a shock the announcement would produce! Yet drug addiction is far more incurable than leprosy, far more tragic to its victims, and is spreading like a moral and physical scourge. There are symptoms breaking out all over our country and now breaking out in many parts of Europe which show that individual nations and the whole world is menaced by this appalling foe... marching to the capture and destruction of the whole world. Most of the daylight robberies, daring holdups, cruel murders and similar crimes of violence are now known to be committed chiefly by drug addicts, who constitute the primary cause of our alarming crime wave. Drug addiction is more communicable and less curable than leprosy. Drug addicts are the principal carriers of vice diseases, and with their lowered restistance are incubators and carriers of the streptococcus, pneumococcus, the germ of flue, of tuberculosis, and other diseases. Upon

---

275   Zit. nach Musto, The American Disease (1987) S. 191

116

this issue hangs the perpetuation of civilization, the destiny of the world and the future of human race."

Auch an anderen Fronten trugen haltlose Darstellungen dazu bei, der Dämonisierung der Droge Heroin Vorschub zu leisten. In Presseberichten jener Tage lancierte die regierungsamtliche Propaganda beispielsweise Berichte, die dem Kriegsgegner Deutschland, das nicht nur den Sozialismus, sondern auch Heroin, Morphin und Kokain „erfunden" hatte, unterstellten, Ordnung und Stabilität vieler Nationen unter anderem dadurch zu unterminieren, daß bestimmte Exportartikel, wie beispielsweise Zahnpasta und Kosmetika, mit Drogen versetzt wurden. So war in der New York Times 1918 zu lesen:[276]

„... that in a few years more Germany would have been irresistible in war, for she would have made drug fiends of all the other nations of the world. Into well-known German brands of tooth paste and patent medicines - naturally for export only - habit forming drugs were to be introduced; at first a little, then more, as the habit grew on the non-German victim and his system craved ever greater quantities... in a few years Germany would have fallen upon a world which cried for its German tooth paste and soothing syrup - a world of „cockeys" and „hop fiends" which would have been absolutly helpless when a German embargo shut of the supply of its pet poison... and when the proper moment arrived the German armies walked through Russia as through a nation of exhausted addicts... Its a rare poison that will not act on the system of its own inventor."

Die Wurzeln des Übels „Heroin" waren identifiziert. Nicht in Amerika selbst waren sie zu suchen; nicht im Unwillen seiner weißen Mittel- und Oberschicht, gesellschaftliche Minderheiten zu integrieren; nicht im Versagen der Politik vor urbaner Verelendung und Arbeitslosigkeit; nicht in einer Ärzteschaft, die sich einen moralischen Krankheitsbegriff zu eigen machte - vielmehr lagen sie in fremden Nationen, die auf heimtückische Weise die amerikanische Demokratie und ihr Wertesystem auszuhöhlen und zu schwächen trachteten. Wären manche Nationen weniger machtversessen und raffgierig und den Vereinigten Staaten nicht feindlich gesinnt, so die Position führender Politiker jener Jahre, erledigte sich das amerikanische Drogenproblem von selbst. Sie fand in der isolationistischen Atmosphäre der zwanziger Jahre in der amerikanischen Gesellschaft hohe Akzeptanz und bildete die Grundlage der amerikanischen Strategie während der Verhandlungen zu den internationalen Genfer Opiumabkommen von 1925 und 1931.

---

276 Strange Story, in: New York Times vom 18.12.1918

Vielleicht besteht, so der amerikanische Opiathistoriker David Musto, die düsterste Lektion der fatalen Transformation des Heroins von einem abhängigkeitsbildenden Arzneimittel in ein Agens, das für die Zerstörung der individuellen und gesellschaftliche Moral verantwortlich gemacht wurde, darin, daß in einer demokratisch verfaßten Gesellschaft die zuständigen sozialen Institutionen vor ihrer Verantwortung, auf Politik und gesellschaftliche Meinungsbildung korrigierend und deeskalierend Einfluß zu nehmen, versagten. Sie betrieben vielmehr selbst eine haltlose Anti-Heroinpropaganda, indem sie die Anzahl abhängiger Individuen maßlos übertrieben und absurde Darstellungen über die Wirkung der Droge verbreiteten. Damit trifft sie ein zentrales Mitverschulden an der Genese des Feindbildes Heroin. Dieses Feindbild, das dem weißen Amerika eine so willkommene Erklärung für die inneramerikanischen, schweren sozialen Erschütterungen jener Zeit lieferte und dessen Opfer aus seiner Sicht allein eine Minderheit von Parias war, entfaltete eine nachhaltige identitätsstiftende Macht, die die Drogenpolitik der Vereinigten Staaten und Westeuropas bis heute prägt.

Die Heroinfrage während der Genfer Opiumkonferenzen von 1925 und 1931

Die Resultate der mit der *Internationalen Opiumkonferenz von Shanghai* (1909) einsetzenden und im *Haager Opiumabkommen* (1912) vertieften Bemühungen der Staatengemeinschaft, den Verkehr mit Betäubungsmitteln international und national zu regeln und zu kontrollieren, bestanden kaum mehr als in bloßen Absichtserklärungen. Die Hauptschwäche dieser Abkommen lag darin, daß sie die Vertragsstaaten nicht dazu verpflichteten, rechtlich verbindliche Durchführungsbestimmungen zu erlassen und eine geeignete Administration zu schaffen, den Zweck der Abkommen auch durchzusetzen. Jedem Staat wurde zugestanden, eigene Wege zu gehen. Eine weitere Schwäche lag in der geringen Zahl der beteiligten Staaten. Zwar hatten bis 1914 von den 46 teilnehmenden Staaten Europas, Amerikas und Asiens alle bis auf die Türkei und Serbien das Haager Abkommen signiert, aber nicht einmal die Hälfte hatte es auch ratifiziert.

Ursächlich für die Unvollkommenheit und geringe Effektivität dieses und auch der späteren Abkommen waren mächtige industrielle und landwirtschaftliche Eigeninteressen der beteiligten Staaten. Deutschland suchte seine weltweit führende chemische Industrie zu schützen. Eine Begrenzung der deutschen Alkaloidproduktion hätte die nicht an der Konvention beteiligte Schweiz dazu veranlassen können, die Produktionslücke zu schließen. Portugal verteidigte seine gewinnbringende Opiumindustrie in Macao, Persien seine blühenden Opiumkulturen. Japan war in einträgliche Morphintransaktionen nach China verwickelt. Dennoch wurde das Haager Opiumabkommen zur Grundlage weiterer internationaler Abkommen und der späteren nationalen Gesetzgebung der meisten Staaten.

Zu Beginn der zwanziger Jahre stellte sich das Problem, ein international verbindliches und effektives Betäubungsmittelabkommen zustande zu bringen erneut und mit noch höherer Dringlichkeit, da die Alkaloidindustrie vieler Staaten enorm expandierte und offenkundig geworden war, daß die unkontrollierte und kriminelle Verschiebung beträchtlicher Mengen Heroin, Morphin, Kokain und ihrer Derivate riesige Drogenschwarzmärkte in verschiedenen Teilen der Welt hatte entstehen lassen.[277]

Unter anderem wurde auf den Konferenzen, die unter der Ägide des 1919 ins Leben gerufenen *Völkerbundes* den Genfer Abkommen von 1925 und 1931 vorausgingen, der Versuch unternommen, die Herstellung von Heroin und seinen Gebrauch als Arzneimittel international zu untersagen. Federführend bei diesem Bemühen waren die Vereinigten Staaten, die für ihr heimisches Drogenproblem vorrangig die unkontrollierte Alkaloid-produktion anderer Staaten, unter ihnen besonders die der Kolonialmächte, verantwortlich machten.[278]

Das Zweite Genfer Opiumabkommen (1925)

Im Vorfeld des *Zweiten Genfer Opiumabkommens*[279], während der am 23.11.1923 erstmals tagenden Genfer Opiumkommission, hatte die amerikanische Delegation unter Stephen G. Porter einen Vertragsentwurf vorgelegt, dessen Artikel 9a die Herstellung von Heroin international zu untersagen vorsah:[280]

„The contracting parties shall enact effective laws or regulations prohibiting the manufacture and distribution of heroin."

Parallel zu dem amerikanischen Vorschlag hatte die Konferenz auch eine Eingabe der portugiesischen Delegation aufgegriffen, die in Absprache mit den Regierungen der beteiligten Staaten eine einschneidende Produktions-einschränkung, gegebenenfalls sogar ein totales Produktionsverbot für

---

277 Vgl. hierzu: Bull. Narc. (1953), Nr. 2, S. 7-10
278 Die Vertragstexte der Internationalen Opiumkonferenz von Shanghai (1909), des Haager Opiumabkommens (1912) sowie des Ersten und Zweiten Genfer Opium-abkommens (1925) sind nachzulesen in: Anselmino u. Hambuger (1931) S. 349-408
279 Das *Erste Genfer Opiumabkommen* vom 11.2.1925 enthielt allein Ergänzungen zum Haager Opiumabkommen (1912). Es erklärte den Handel und Verkehr mit dem Rohstoff Opium zum Staatsmonopol und bezog sich nur auf Länder, in denen die Sitte des Opiumrauchens verbreitet war.
280 Bull. Narc. (1953), Nr. 2, S. 20-26 u. S. 55-57

Heroin vorsah. Der Vorschlag stützte sich auf die Meinung namhafter Mediziner, Heroin sei kein unverzichtbares Arzneimittel, sein Mißbrauchs- und Abhängigkeitspotential dagegen sei hoch.

Die amerikanische Delegation begründete ihren Vertragsentwurf damit, daß zur Bewältigung und Vorbeugung des Heroinmißbrauchs in den Vereinigten Staaten ein Produktionsverbot im eigenen Land nicht ausreichend sei. Solange Heroin von europäischen Staaten legal hergestellt werden könne, gelange es auch auf illegalen Wegen in die Vereinigten Staaten. Drogenabhängigkeit kenne keine Grenzen, und was heute das Problem der Amerikaner sei, sei morgen das der Europäer. Ein von allen Staaten gemeinsam getragenes Herstellungsverbot sei deshalb unabdingbar.

Die Konferenz entschied, den amerikanischen und portugiesischen Antrag einem Subkommitee zur Prüfung zu übergeben. Es erklärte im Januar 1924, daß es sich für nicht kompetent halte, für ein Heroinverbot zu plädieren, vielmehr könne eine solche Entscheidung nur nach Anhörung medizinischer Sachverständiger erfolgen. Das Subkommitee empfahl aber, die Heroin betreffenden Bestimmungen des künftigen Abkommens - im Gegensatz zum *Haager Abkommen* - auf *alle* Zubereitungen von Diacetyl-morphin (Heroin) auszudehnen, unabhängig von ihrem Mengengehalt an Diacetylmorphin. Hierdurch werde es praktisch unmöglich, ohne ärztliche Verschreibung in den Besitz auch nur der kleinsten Menge Heroin zu gelangen.

In einem Minderheitsvotum betonte die amerikanische Delegation noch einmal die günstige Gelegenheit, ein totales Heroinverbot durchzusetzen und damit die Heroingefahr zu bannen. Heroin sei toxischer als Morphin und berge das stärkste Abhängigkeitspotential aller bekannten Stoffe; zudem hielten es Pharmakologen und Kliniker für entbehrlich.

Die Empfehlungen des Subkommitees diskutierte die Konferenz am 12.2.1925. (Sechs Tage zuvor hatte die amerikanische Delegation die Genfer Konferenz wegen der sich abzeichnenden mangelnden Akzeptanz ihres Vertragsentwurfs verärgert verlassen.) Der französische Delegierte Perrot sah keine Veranlassung, Heroin restriktiver zu behandeln als Morphin und Kokain und verwarf sowohl den amerikanischen Antrag als auch die Empfehlung des Subkommitees. Der belgische Vertreter de Myttenaere und der Vertreter der Schweiz, Carriere, beharrten auf den Empfehlungen des Subkommitees und empfahlen ihrerseits, den französischen Vorschlag abzulehnen. Obwohl sie ein künftiges Heroinverbot favorisierten, akzeptierten die Vertreter Polens, Brasiliens und Kanadas die Empfehlungen des Subkommitees. Ein Kompromißvorschlag des Delegierten der Dominikanischen Republik sah vor, den Prozentgehalt der Heroinzubereitungen zu halbieren, sodaß im Unterschied zum Haager Abkommen die künftigen Bestimmungen auf alle Zubereitungen anzuwenden seien, die mehr als 0,05 Prozent Heroin enthielten.

Die Konferenz beschloß schließlich mit 21 gegen 6 Stimmen, den Empfehlungen des Subkommitees zu folgen: Entgegen den amerikanischen Forderungen blieben Herstellung, Verkauf, Import und Export von Heroin im Rahmen der übrigen Bestimmungen des *Zweiten Genfer Opiumabkommens* erlaubt. Der im Verlauf der Konferenz sichtbar gewordenen allgemeinen Tendenz, die Anwendung von Heroin vollkommen zu untersagen, wurde insoweit entsprochen, als jetzt *alle* Heroinzubereitungen, unabhängig von ihrem Mengengehalt, den Bestimmungen des Abkommens unterlagen. Für Morphin und Kokain galten weiter die Bestimmungen des *Haager Abkommens*, das heißt alle Zubereitungen, die weniger als 0,2 Prozent Morphin oder 0,1 Prozent Kokain enthielten, waren vom *Zweiten Genfer Opiumabkommen*, das am 28.9.1928 in Kraft trat, nicht betroffen.

Das Genfer Abkommen zur Begrenzung der Herstellung von Narkotika (1931)

Nach dem *Zweiten Genfer Opiumabkommen* gingen die international beschlagnahmten Betäubungsmittelmengen einschließlich Heroin zwar deutlich zurück, das Abkommen hatte aber nur ungenügenden Einfluß auf die international und legal hergestellten Mengen produzierten Heroins, Morphins und Kokains.[281] Obwohl die bedeutensten Herstellerländer (Schweiz, Frankreich, Japan, Deutschland) ihre Heroinfabrikation, die 1928 noch 7,4 Tonnen betragen hatte, bis 1929 um fast 50 Prozent auf 3,8 Tonnen reduziert hatten, lag allein der unkontrollierte Heroinexport der Türkei 1929 noch bei mehr als 8 Tonnen. Dies hing einerseits damit zusammen, daß die Türkei dem *Zweiten Genfer Opiumabkommen* erst 1933 beitreten sollte, andererseits war eine mengenmäßige Begrenzung der internationalen

---

281 Zentraler Bestandteil des Zweiten Genfer Opiumabkommens war das sogenannte Zertifikatsystem: Jeder Import oder Export von Opiumalkaloiden und Kokain bedurfte einer staatlichen Einfuhr- bzw. Ausfuhrgenehmigung.

Betäubungsmittelproduktion in diesem Abkommen nicht durchgesetzt worden.

Da also das Ergebnis des *Zweiten Genfer Opiumabkommens* bezüglich einer Reduktion der fabrizierten Alkaloidquantitäten sehr unbefriedigend geblieben war, berief der *Völkerbund* 1930 eine weitere Konferenz ein, die 1931 mit dem *Abkommen zur Begrenzung der Herstellung von Narkotika* schloß. Seine Bestimmungen beruhten auf einer jeweils das kommende Jahr betreffenden Betäubungsmittelbedarfsschätzung der einzelnen Vertragsstaaten allein für medizinische und wissenschaftliche Zwecke.

Während der Konferenz stand auf Antrag Österreichs und Polens erneut ein Herstellungsverbot von Heroin zur Diskussion. Die Debatte über den Antrag erstreckte sich über Wochen und verlief äußerst kontrovers. Die Konferenz hatte ein Expertengremium eingesetzt, dem W.E. Dixon (Großbritannien), E. von Knaffl-Lenz (Österreich), M. Tiffeneau (Frankreich) und P. Wolff (Deutsches Reich) angehörten. Es einigte sich schließlich auf folgende Empfehlung: Auf Heroin solle vollständig verzichtet werden, da die sozialen Folgen seines medizinischen Gebrauchs seinen Wert als Arzneimittel erheblich überschatteten. Als solches sei es in nahezu allen Fällen durch weniger gefährliche Stoffe ersetzbar. Es sei aber einzuräumen, daß sein therapeutischer Wert von Ärzten, sogar innerhalb eines Landes, unterschiedlich beurteilt werde.

Die Empfehlung wurde vom *Technischen Kommitee* der Konferenz ausführlichst diskutiert. Vor der Abstimmung legten die Delegierten ihre Positionen nochmals dar:[282]

Der Delegierte Schultz (Österreich) wies eindringlich darauf hin, daß die sozialen Folgen der Anwendung des Mittels, die im übrigen auch einer Modeströmung unterliege, seinen therapeutischen Wert gravierend schmälerten.

De Mytennaere (Belgien) bestand auf seiner hohen Meinung von Heroin, das nach Auffassung der belgischen Professoren Heymann, Ide und Lanz als Mittel bei Atemwegserkrankungen unentbehrlich sei. Weder Ärzten noch Patienten sei ein Verzicht auf das Mittel zuzumuten. Eine strenge Kontrolle des Heroinverkehrs sei ausreichend.

---

282 Die hier zusammengefaßt wiedergegebenen Stellungnahmen der Vertreter der einzelnen Nationen folgen den Konferenzprotokollen vom 11. u. 17.6.1931 (L.o.N.P. XI, 1931): Records of the Conference for the Limitation of the Manufacture of Narcotic Drugs, S. 93-100 u. S. 121-142)

Delevigne (Großbritannien) bestritt vehement die außergewöhnliche Ge-fährlichkeit von Heroin. *Acedicon* und *Eukodal* hätten gleiche Effekte und seien ebenso leicht zu mißbrauchen, außerdem sei Heroin leicht aus Morphin zu gewinnen, auch deshalb sei ein Heroinverbot ineffektiv. Er verwies darauf, daß das *Royal College of Physicians* und die *British Medical Association* Heroin als Arzneimittel unbedingt erhalten wollten.

Treadway (Vereinigte Staaten) legte noch einmal den bekannten amerikanischen Standpunkt dar. Ein uneingeschränktes Heroinverbot sei unumgänglich.

Die deutsche Haltung war uneinheitlich: Als Mitglied des Experten-gremiums hatte Wolff unter Berufung auf den Berliner Pharmakologen Professor Trendelenburg, die Kliniker Professor Zaugger und Flury sowie die Meinung der deutschen Arzneimittelkommission Heroin zu einer entbehrlichen Substanz erklärt. Zudem hatte Wolff darauf verwiesen, daß Heroin in Deutschland kaum mehr therapeutische Bedeutung habe und kein Arzt mehr als 0,03 g pro Person und Tag verschreiben dürfe.

Das deutsche Mitglied der Plenarkonferenz, Kahler, bestätigte zwar die Meinung Wolffs. Er erklärte aber, daß die Deutsche Reichsregierung ein vollständiges Verbot von Heroin nicht in Erwägung ziehe, da es immer noch von manchen deutschen Ärzten als nützlich und notwendig angesehen werde und dies sich auch in der 1930 verbrauchten Menge von 36 kg niederschlage. Außerdem halte er das Gremium nicht für ausreichend kompetent; die weitere Entwicklung der ärztlichen Meinungsbildung sei abzuwarten.

Kusanobu (Japan) erklärte, die japanischen Ärzte hielten Heroin für ein wertvolles Medikament, außerdem werde es in seinem Land unter Regie-rungsaufsicht auch zur Behandlung Drogenabhängiger eingesetzt.

Van Wettum (Niederlande) berichtete, daß niederländische Ärzte Heroin in bestimmten Fällen für unersetzlich hielten; er stimmte dem britischen Vorschlag zu, der eine weitere wissenschaftliche Evaluierung des Heroin-verbots vorsah.

Hrdlicka (Tschechoslowakei) betonte einerseits die ärztliche Verord-nungsfreiheit, andererseits jedoch favorisierten die medizinischen Fakul-täten seines Landes und das tschechische Gesundheitsministerium ein Heroinverbot, weswegen er für ein solches stimmen werde. Keineswegs aber wollte er dieses Votum als Ausdruck des Mißtrauens gegenüber den Ärzten verstanden wissen, die Heroin weiter zu verordnen wünschten.

Auch Carriere (Schweiz) lehnte ein Heroinverbot ab. In den großen Schweizer Tuberkulosezentren in Davos und Leysin hielt der weit überwiegende Teil der Ärzte Heroin für unverzichtbar. Auch andere namhafte Spezialisten seines Landes seien der Auffassung, daß in manchen Fällen von Husten Heroin das einzige Mittel sei, das Erleichterung verschaffe. Die Entscheidung über ein Verbot müsse der Zukunft vorbehalten bleiben. Er möchte aber feststellen, daß die Vebrauchszahlen aus Österreich und Deutschland klar belegten, daß Heroin ein notwendiges Arzneimittel sei.

Der Delegierte Wu Lien-Teh (China) nahm entschieden Partei für ein Heroinverbot. Der illegale Gebrauch des Mittels habe Tausende von Opfern gekostet. China, Indien und Ägypten würden tonnenweise mit Heroin überschwemmt. Dagegen werde kein Patient als Folge eines Heroinverbots sein Leben verlieren. Heroin sei das übelste aller Narkotika.

Im Hinblick darauf, daß die russischen Ärzte Heroin für ein nützliches, manche sogar für ein einzigartiges Medikament hielten, plädierte Weinberg (Rußland) gegen ein Heroinverbot. Er könne im übrigen versichern, daß Heroin in Rußland ausschließlich für medizinische und wissenschaftliche Zwecke Verwendung finde.

Auch die französische Position war, wie die deutsche, uneinheitlich. Im Unterschied zum Mitglied des Expertengremiums, Tiffeneau, der sich für ein Verbot ausgesprochen hatte, hielt das französische Mitglied der Plenarkonferenz, Bougault, ein pathetisches Plädoyer für die Beibehaltung des Heroins als Arzneimittel. Das Protokoll vermerkt:[283]

„... As regards tuberculosis cases, the result was clear. The answer ,none' would come cold and sharp as the guillotine knife to patients needing heroin. From the day the prohibition came into force, it would be impossible for the patient to procure a single milligramme of heroin, even though it costs a thousand francs a milligramme. Admittedly, the doctor in attendance could point out to his patient that he was unreasonable, that great nations did without heroin, and that he had deprived of his medicine for humanitarian reasons. It might be imagined what weight these considerations would have in consoling the patient, his family and friends, and what estimate they would put on the humanity of such a measure."

Nach dieser Debatte, die das ganze Spektrum der Argumente für und wider ein Heroinverbot in sich vereinigte, wurde der österreichische Antrag, die Herstellung von Heroin zu untersagen, bei Stimmengleichheit abgelehnt. Für ein Verbot stimmten: China, Costa Rica, Italien, Österreich, Polen, Spanien, Tschechoslowakei, Venezuela und die Vereinigten Staaten. Gegen

---

283   L.o.N.P. XI. (1931) S. 97

ein Verbot votierten: Belgien, Deutschland, Großbritannien, Frankreich, Japan, Niederlande, Rußland, Schweden und die Schweiz. Abwesend waren: Danzig, Guatemala, Litauen, Panama, Paraguay, Peru und Rumänien.

Den auf der Konferenz vorgetragenen widersprüchlichen Auffassungen trug der Artikel 10 des am 13.7.1931 geschlossenen *Abkommens zur Begrenzung der Herstellung von Narkotika* insofern Rechnung, als er festlegte, daß der Export von Heroin grundsätzlich verboten war. Eine Ausnahme war nur dann möglich, wenn ein Land, das selbst kein Heroin herstellte, unter Beachtung der Bestimmungen des im *Zweiten Genfer Abkommen* beschlossenen *Zertifikatsystems* bei einem Herstellerland um einen Heroinimport nachsuchte.

An die Stelle der *Opiumkommission* des Völkerbundes trat 1945 das *International Narcotics Control Board (INCB)* der *Vereinten Nationen (UN)*, dem seither die Aufsicht über den Internationalen Betäubungsmittelverkehr obliegt. 1955 befaßte sich dieses Kontrollorgan erneut (und letztmalig) mit einem Verbot der lizensierten Heroinfabrikation. Wegen der international kaum nennenswerten Produktionsmengen beließ es daß *INCB* jedoch bei einem Appell an die noch betroffenen Staaten, die Heroinfabrikation endgültig aufzugeben.

Bis 1956 hatten die meisten der noch betroffenen Staaten ihre Heroinherstellung aufgegeben. Zu diesem Zeitpunkt verfügten nur noch Großbritannien, Frankreich und Belgien über eine eigene Heroinfabrikation geringen Umfangs. Heute ist Großbritannien das einzige Herstellerland.

Die legale industrielle Heroinfabrikation von 1920 bis zur Gegenwart.

Nur wenige Jahre nach der Einführung des Arzneimittels Heroin durch die Farbenfabriken 1898 begannen auch andere in- und ausländische pharmazeutische Firmen mit der Herstellung des patentrechtlich ungeschützten Arzneimittels. Bis 1920 existieren zusammenfassende Angaben über die international von der pharmazeutischen Industrie fabrizierten Heroinquantitäten nicht, da die *Opiumkommission des Völkerbundes* erst ab 1920 im Rahmen ihrer Aufsicht über den internationalen Opiumverkehr damit begann, die produzierten Betäubungsmittel mengenmäßig zu registrieren. Allein für die Farbenfabriken liegen bis 1920 verläßliche quantitative Angaben über ihre Heroinproduktion vor.

Bis zum Beginn des Ersten Weltkriegs besaß das Deutsche Reich als Land mit der ältesten Alkaloidindustrie für die Fabrikation von Morphin, Heroin, Codein und Kokain eine unangefochtene, nahezu monopolartige Stellung.[284] Begünstigt durch ein von der Deutschen Reichsregierung verhängtes Ausfuhrverbot für alle Opiumalkaloide zur Sicherstellung des Heeres- und Zivilbedarfs, durch kriegsbedingten Rohstoffmangel und schließlich auch durch die Folgen des Friedensvertrags von Versailles (Beschlagnahme von Patenten, Ausschluß des Deutschen Reiches von den internationalen Märkten) erwuchs der deutschen Alkaloidindustrie nach 1914 eine mächtige internationale Konkurrenz, die auch die Heroinherstellung betraf.

Ihren Höhepunkt erreichte die internationale Alkaloidfabrikation zwischen 1925 und 1930. Die während dieses Zeitraums hergestellten immensen Mengen Morphin, Heroin und Kokain reflektieren allerdings eher das Ausmaß des illegalen Alkaoidgeschäfts jener Zeit als die medizinisch-

---

284 Redlich, F., Rauschgifte und Suchten, (1929) S. 70-71

therapeutische Bedeutung, die diesen Substanzen in den zwanziger Jahren zukam. (Siehe S. 136 ff.)

Zwischen 1925 bis 1930 bewegte sich die legale Morphinfabrikation weltweit jährlich zwischen 39 und 59 Tonnen. Insgesamt wurden in diesem Zeitraum 228,3 Tonnen Morphin produziert, davon entfielen auf das Deutsche Reich etwa 91 Tonnen, was einem 40 prozentigen Weltmarktanteil entsprach. Damit war das Deutsche Reich auch der größte Hersteller der Ausgangssubstanz für Heroin, dessen weltweite Fabrikation sich zwischen 1925 und 1930 auf insgesamt 32,2 Tonnen belief. Von dieser Menge entfielen auf die Schweiz als bedeutendstem Heroinhersteller 10,2 Tonnen, auf Frankreich 9,7 Tonnen, auf das Deutsche Reich 5,3 Tonnen und auf Japan 5,1 Tonnen.[285]

Heroinfabrikation 1925 bis 1929 (Angabe in Tonnen):

	1925	1926	1927	1928	1929	1925-1929
Deutsches Reich	1,100	1,800	0,750	1,300	0,387	5,337
Frankreich	1,230	1,840	1,840	3,450	1,343	9,703
Schweiz	1,900	3,973	3,310	0,952	0,068	10,203
Großbritannien	0,307	0,280	0,447	0,277	0,223	1,534
Japan	0,128	1,009	0,691	1,745	1,590	5,163
Italien	0,010	0,006	0,006	0,010	0,010	0,042
Rußland	-	-	0,076	0,031	0,117	0,224
Weltproduktion	4,675	8,908	7,120	7,765	3,738	32,206

Offizielle Heroin-Exportstatistiken der Hauptproduktionsländer existieren nicht mehr. Nach Redlich exportierte das Deutsche Reich 1926 1,587 Tonnen Heroin in mehr als 14 Länder, darunter Persien, China, Rumänien, Ungarn, Österreich und die Türkei. Die Schweiz exportierte im gleichen

---

285 L.o.N.P. XI. (1931): Analysis of the International Trade in Morphine and Cocaine for the Years 1925-1930, S. 18, 19, 23, 26

Abb. 1: Dr. Felix Hoffmann (1868–1946)

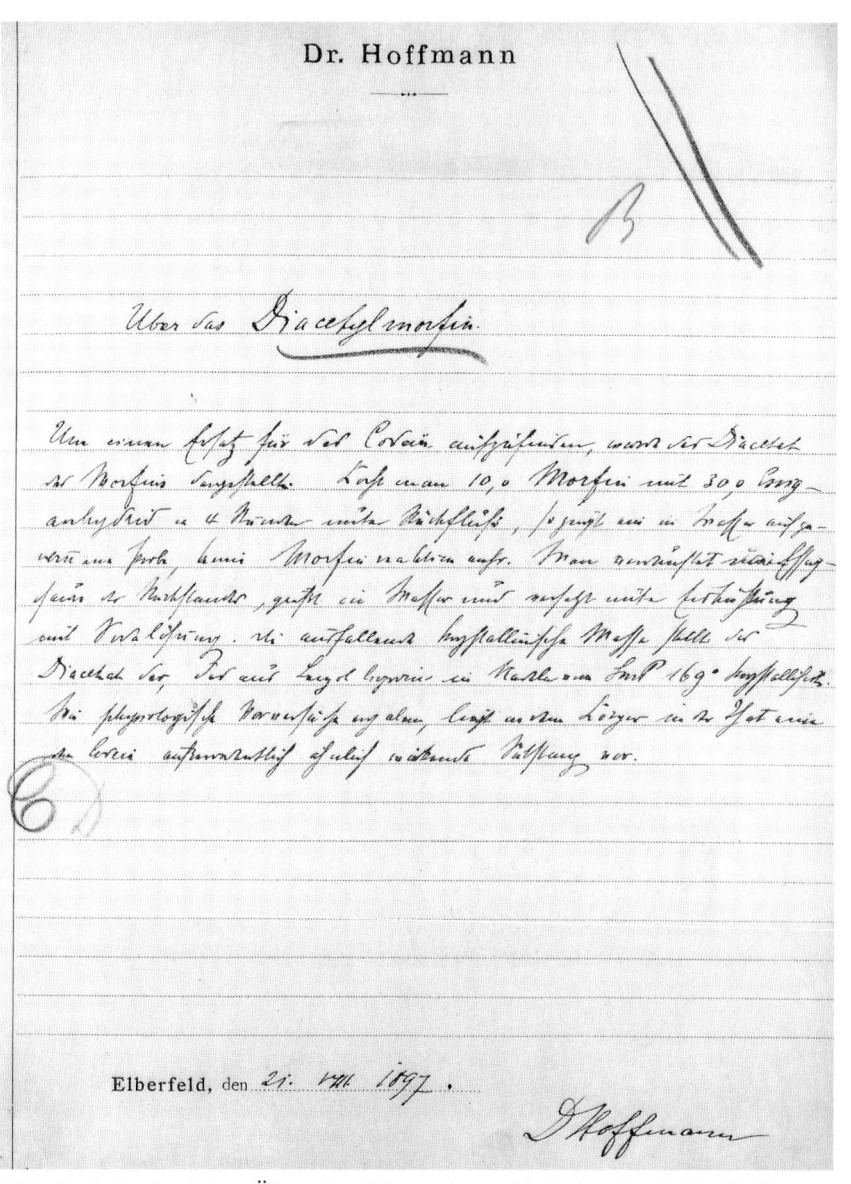

Abb. 2: Laborbericht „Über das Diacetylmorphin" des Dr. Felix Hoffmann vom 21. 8. 1897

„Um einen Ersatz für das Codein aufzufinden, wurde das Diacetat des Morfins dargestellt. Kocht man 10,0 Morfin mit 30,0 Essiganhydrid in 4 Stunden unter Rückfluss, so zeigt eine in Wasser aufge- *(Fortsetzung gegenüber)*

Abb. 3: Professor Dr. Heinrich Dreser (1860–1924)

(Forts.) nommene Probe keine Morfinreaktion mehr. Man verdunstet die Essigsäure des Rückstandes, gießt in Wasser und versetzt unter Erkühlung mit Sodalösung. Die ausfallende krystallinische Masse stellt das Diacetat dar, das aus Benzolligroin in Nadeln vom Smp 169° krystallisiert. Wie physiologische Versuche ergaben, liegt in dem Körper in der That eine dem Codein außerordentlich ähnlich wirkende Substanz vor."

Abb. 4: Das Pharmakologische Laboratorium der Farbenfabriken um 1900. 2. v. r.: Professor Dr. Heinrich Dreser

Abb. 5: Dr. Arthur Eichengrün (1867–1949)

Abb. 6 (nächste Seite): Anlage Nr. 4 der Anmeldung der Actiengesellschaft: Farbenfabriken vorm. Friedr. Bayer & Co. in Elberfeld vom 16. Mai 1898. Beschreibung des Warenzeichens „Heroin":

„Das als Warenzeichen zur Eintragung angemeldete Wort „Heroin" soll nicht bloß in seiner bildlichen Darstellung geschützt werden. Das pharmazeutische Produkt, zu dessen Kennzeichnung es dient, wird unter dieser sprachlichen Bezeichnung gekauft und verkauft. Die bildliche Gestalt der Marke tritt in ihrer Bedeutung für den Verkehr hinter den Laut und Klangwert des gesprochenen Wortes zurück. Deshalb soll der für die Marke in Anspruch genommene Schutz über die bildliche Darstellung hinaus sich auf ihre sprachliche Verwendung zur Bezeichnung der Waren mit erstrecken."

Anlage No 1

der Anmeldung

der Actiengesellschaft Farbenfabriken vorm.
Friedr. Bayer & Co in Elberfeld

vom 16. Mai 1898.

Beschreibung des Warenzeichens.

„Heroin"

Das als Warenzeichen zur Eintragung angemeldete Wort „Heroin"
soll nicht bloß in seiner bildlichen Darstellung geschützt werden. Das pharmaceutische
Product, zu dessen Kennzeichnung es
dient, wird unter dieser sprachlichen Bezeichnung gekauft und verkauft. Die
bildliche Gestalt der Marke tritt in
ihrer Bedeutung für den Verkehr hinter
dem Laut & Klangwerth des gesprochen-
en Wortes zurück. Deshalb soll der
für die Marke in Anspruch genommene
Schutz über die bildliche Darstellung hinaus sich auch ihre sprachliche Wirkun,
dung zur Bezeichnung der Waaren
mit erstrecken.

Farbenfabriken
vorm. Friedr. Bayer & Co.

Bayer Dueisberg

3. R. 316.58

Auszug

aus der vom Deutschen Patentamt weitergeführten

Zeichenrolle

des Reichspatentamts

Darstellung des Zeichens	
	Laufende Nr. 31650 **Klasse** 2 **Eingetragen am** 27.6.1898 **Aktenzeichen** F 2456

Heroin

Name und Wohnort des Zeicheninhabers und des Vertreters ausländischer Zeicheninhaber.
Geschäftsbetrieb, in welchem das Zeichen verwendet werden soll.
Beanspruchte Priorität: (Land, Zeit, bzw. Bezeichnung, Ort und Eröffnungstag der Ausstellung).
Tag der Anmeldung.
Waren, für welche das Zeichen bestimmt ist.

Actiengesellschaft Farbenfabriken vorm. Friedr. Bayer & Co., Elberfeld.

Verkauf von chemischen Produkten.

18.5.1898

Ein pharmazeutisches Produkt.

Der Anmeldung ist eine Beschreibung beigefügt.

Zeicheninhaberin ist: Farbenfabriken vorm. Friedr. Bayer & Co.,

Elberfeld. (14.2.1905).

Erneuert am 12.10.1907

Leverkusen bei Cöln a.Rh.

Erneuert am 5.10.1916

Umgeschrieben auf: I.G. Farbenindustrie Aktiengesellschaft,

Frankfurt a.M. (16.2.1926).

Erneuert am 18.9.1926

Erneuert am 18.9.1936

International registriert unter Nr. 111122 (15.1.1943).

Eintragungen des Deutschen Patentamts:

Das Zeichen kann mit Ablauf des
30.9.1950 im Bundesgebiet nicht
mehr geltend gemacht werden.

V 1951
Wz. Rol. 3 (B)
11.72

Gefertigt am:

1 9. JUNI 1986

Su/ich

Abb. 7: Auszug aus der vom Deutschen Patentamt weitergeführten Zeichenrolle des Reichspatentamtes.

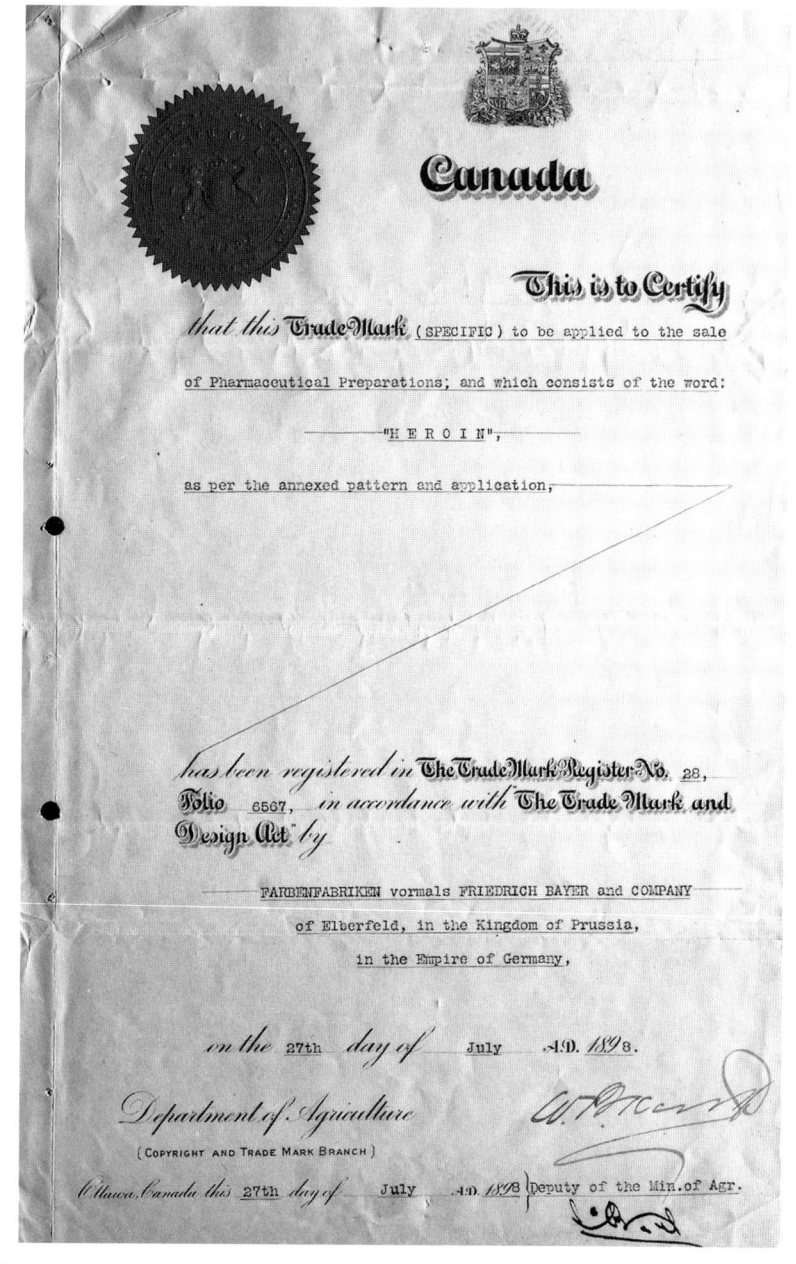

Canada

This is to Certify

that this **Trade Mark** (SPECIFIC) to be applied to the sale

of Pharmaceutical Preparations; and which consists of the word:

———— "H E R O I N", ————

as per the annexed pattern and application,

has been registered in The Trade Mark Register No. 28, Folio 6567, in accordance with The Trade Mark and Design Act by

———— FARBENFABRIKEN vormals FRIEDRICH BAYER and COMPANY ————

of Elberfeld, in the Kingdom of Prussia,

in the Empire of Germany,

on the 27th day of July A.D. 1898.

Department of Agriculture

(COPYRIGHT AND TRADE MARK BRANCH)

Ottawa, Canada this 27th day of July A.D. 1898   Deputy of the Min. of Agr.

Abb. 8: Registrierungsurkunde der Trade Mark „Heroin" durch das kanadische Department of Agriculture vom 27. Juli 1898

Abb. 9: Heroin-Flacon der Farbenfabriken vorm. Friedr. Bayer & Co. (um 1915). Inhalt: 25 Tabletten Heroin hydrochloricum à 2,5 mg.

Farbenfabriken vorm. Friedr. Bayer & Co.

Sección de Productos Farmacéuticos.

Dirección telegráfica:
Farbfabrik Leverkusen.

Leverkusen, Julio 1910.
bei Mülheim (Rhein).
(Alemania.)

Muy distinguido Sr. nuestro : Nos es muy grato comunicarle por la presente, que ponemos á la venta nuestra „Heroína" en una nueva forma muy agradable de tomar, bajo el nombre

Jarabe Bayer de Heroína.

Tanto por la condición que acabamos de citar como por la elegante y cómoda presentación, esperamos que este nuevo producto tendrá un éxito grandioso y estamos convencidos de que la propaganda iniciada entre los Sres. médicos se verá igualmente coronada por el éxito.

Ofrecemos á Vd el

Jarabe Bayer de Heroína

al precio de . . . . M. 2.20 el frasco
y concedemos las siguientes rebajas, tomando de una vez
de 50 á 100 frascos . . . . 2%.
„ 100 „ 250 „ . . . . 3%.
„ 250 „ 500 „ . . . . 5%.

Entrega: Mercancia puesta en un puerto alemán, belga ú holandés, embalage gratis.
Condiciones de pago: las de costumbre.

La reventa y la introducción de este producto en los Estados Unidos del Norte de América están prohibidas.

Quedamos en espera de sus apreciables encargos y nos repetimos suyos affmos S. S.

Farbenfabriken
vorm. **Friedr. Bayer & Co.**

Abb. 10: „Jarabe Bayer de Heroina". Heroin-Sirup für den spanischen Markt (1910)

Abb. 11: Beilage zur Wiener Klinischen Wochenschrift (1903)

Abb. 12: Beilage zur Revue de Medecine (1899)

Abb. 13: Werbeanzeige für pharmazeutische Produkte der Farbenfabriken in der Deutschen Ärztezeitung (1900). Mitte oben: Heroin.

HEROIN
hydrochloricum
(Chlorhydrat des Morphindiessigsäureesters)

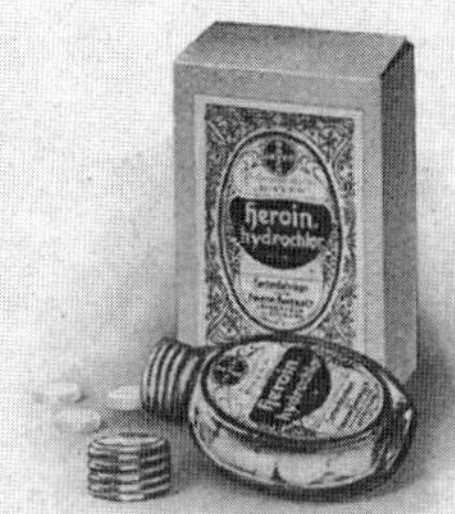

Analgeticum

und

Sedativum

besonders bei Erkrankungen der Atmungsorgane.

Zu Gunsten des Heroins wurde mehrfach angeführt, daß es die Atemnot mehr als das Morphium erleichtert und daß die schlafmachende Wirkung nach Heroin länger angedauert habe. Es würden also der Dosis von 10 mg Morphium etwa 5–6 mg. Heroin entsprechen.
Dr. E. Stadelmann, Städt. Krankenhaus am Urban in Berlin.
(Deutsche Ärztezeitung 1900 H. 18.)

I. G. FARBENINDUSTRIE AKTIENGESELLSCHAFT
Pharmazeutische Abteilung   „*Bayer-Meister Lucius*"

Abb. 14: Titelblatt einer für Ärzte bestimmten Firmeninformation zu Heroin (nach 1925)

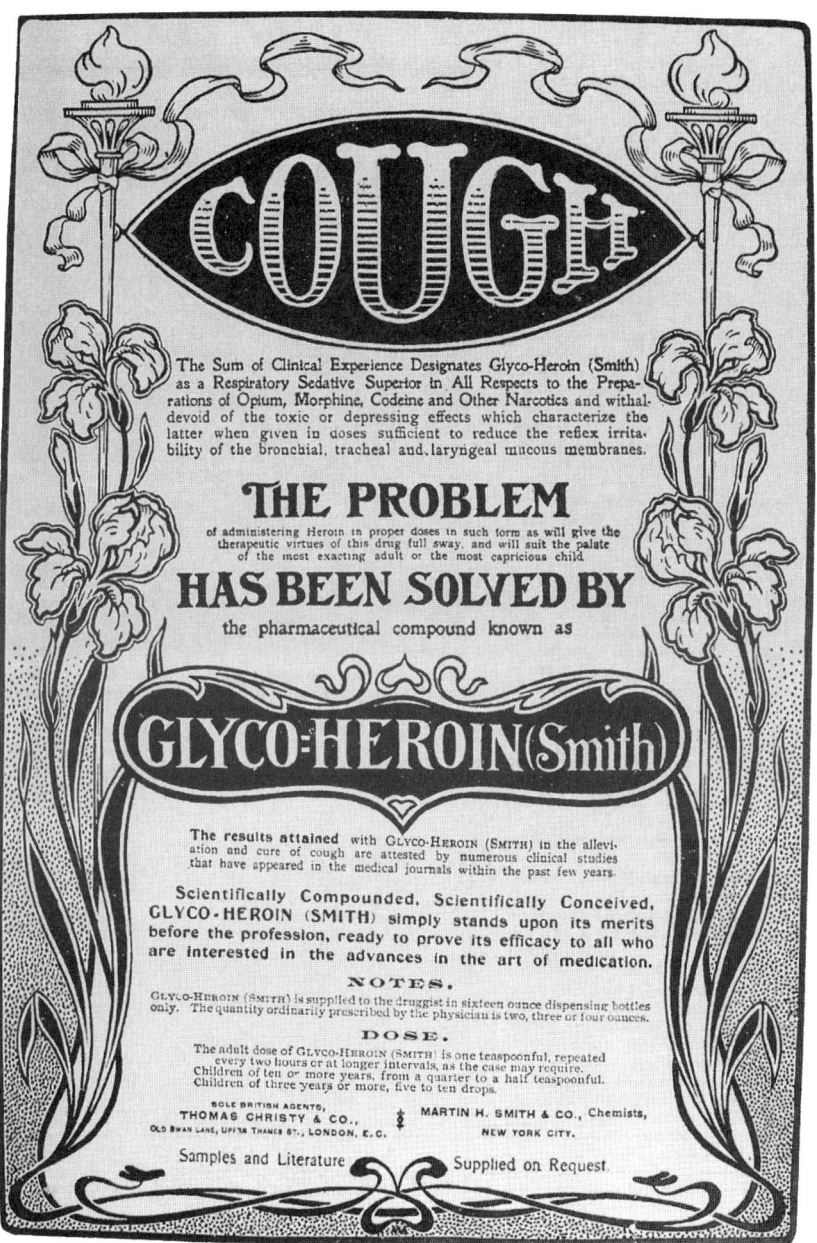

Abb. 15: „Glyco-Heroin (Smith)". Firmeninformation des amerikanischen Herstellers Martin H. Smith & Co., Chemists, New York City (um 1905).

Abbildungsnachweis

Jahr 4,454 Tonnen, darunter 1,757 Tonnen in die Türkei und 0,768 Tonnen in die Niederlande.[286]

Die Mitgliedsstaaten des *Völkerbundes* hatten sich zwar weder 1925 noch 1931 auf ein internationales Produktionsverbot für Heroin einigen können, doch hatte eine Expertenkommission während der Verhandlungen zum *Genfer Abkommen zur Begrenzung der Herstellung von Narkotika* (1931) in einer speziellen Resolution dargelegt, daß Heroin die gefährlichste und zerstörerischste aller Drogen sei und es medizinisch in nahezu allen Fällen durch weniger gefährliche und abhängigkeitsbildende Mittel zu ersetzen sei. Die Resolution hatte zur Annahme des Artikels 10 des Abkommens geführt, der den Import und Export von Heroin besonderen, für andere Betäubungsmittel nicht geltenden Restriktionen unterwarf und damit sehr erschwerte. Die Folge war, daß die lizensierte Heroinfabrikation nach 1931 deutlich und anhaltend zurückging.

Lag die weltweit produzierte Heroinmenge 1926 noch bei neun Tonnen, so überschritt sie von 1932 bis 1948 (839 kg) nicht mehr die Menge von einer Tonne. Nach 1948 war sie weiterhin stark rückläufig und sank bis 1956 auf 60 kg jährlich.[287]

Vor dem Zweiten Weltkrieg produzierten wenigstens 16 Staaten Heroin. Zu ihnen gehörten:[288]

Argentinien, Belgien, Deutsches Reich, Finnland, Frankreich, Großbritannien, Italien, Japan, Sowjetunion, Schweden, Schweiz, Ungarn.

Bis 1951 sank die Zahl der Herstellerländer auf sieben (in Klammern die 1951 produzierten Mengen in kg):

Argentinien (7 kg), Belgien (13 kg), Bundesrepublik Deutschland (6 kg), Frankreich (8 kg), Großbritannien (278 kg), Italien (19 kg), Schweden (19 kg)

Für das Jahr 1961 nennen die *Vereinten Nationen* nur noch drei Länder mit einer legalen Heroinherstellung[289]:

Belgien (5 kg), Frankreich (5 kg), Großbritannien (69 kg).

---

286 Redlich, F., Rauschgifte und Suchten (1929) S. 94. Vgl. hierzu auch: Wissler, A., Die Opiumfrage (1931), S. 137 u. S. 141
287 Die Produktionsziffern sind im Detail in den vierteljährlich publizierten Angaben der Vereinten Nationen enthalten, (Bull. Narc. 1949-1963)
288 Bull. Narc. (1953), Nr. 1, S. 52
289 Bull. Narc. (1963), Nr. 1, S. 47

Seit Beginn der siebziger Jahre zeigt die legale Herstellung von Heroin wieder eine leicht steigende Tendenz. 1986 wurden 323 kg fabriziert, davon 302 kg in Großbritannien, das nahezu die gesamte Menge auch medizinisch verbrauchte. Der medizinische Bedarf des Herstellerlandes Belgien lag Mitte der achtziger Jahre unter einem Kilogramm. Die Niederlande, die seit 1980 von den Vereinten Nationen wieder als Herstellerland geführt werden, benötigten wenige Kilogramm zur Herstellung des Opiatantagonisten Nalorphin. Gegenwärtig ist Großbritannien das einzige Herstellerland. 1996 produzierte es 420 kg Heroin, 1997 304 kg. Einen für medizinisch-therapeutische Zwecke relevanten Heroinverbrauch haben zur Zeit nur Großbritannien und die Schweiz, die seit 1997 Heroin unter bestimmten Voraussetzungen an Opiatabhängige abgibt.[290]

Die Heroinfabrikation einzelner pharmazeutischer Unternehmen zwischen 1898 und 1954

Im Deutschen Reich, der Schweiz, Frankreich, Großbritannien, Italien und Japan waren zwischen 1920 und 1930 nach Angaben der *Opiumkommission* 21 pharmazeutische Unternehmen, die zum Teil heute noch existieren, zur Herstellung von Heroin autorisiert:[291]

Deutsches Reich:	C.H. Boehringer Sohn, Ingelheim und Hamburg
	C.F. Boehringer & Söhne GmbH, Mannheim-Waldhof
	Deutsche Hoffmann La Roche AG, Grenzach (Baden)
	Gehe & Co., Dresden,
	Knoll AG, Ludwigshafen/Rhein
	Chemische Fabrik von Heyden, Radebeul
	E. Merck, Darmstadt
	I.G. Farbenindustrie AG, Leverkusen/Rheinland
Schweiz:	Dr. Hefti, Fabrique des produits chimiques, Altstetten
	Sandoz AG, Basel
	Hoffmann La Roche & Cie. S.A., Basel

---

290 INCB, Narcotic Drugs, Estimated World Requirements, (1999) S. 87
291 L.o.N.P. XI. (1930): Report to the Council on the Work of the 13th Session, App.6, List of Factories Authorised to Manufacture Drugs Covered by the Geneva Opium Convention

	Th. Mühletaler S.A., Basel
	Dr. Rauch, Fabrique d'Alcaloides, Vernier
Frankreich:	Girandeau, Lavirotte & Cie., Lyon
Großbritannien:	T. & H. Smith Ltd., Edinburgh
	I.F. McFarlan & Co., Edinburgh
	S.H. Travis & Co., London
Italien:	S.A. Carlo Erba, Mailand
	L. & C. Molteni, Florenz
Japan:	Hoshi Drug Manufacturing & Co., Tokio
	Dai Nijon Drug Manufacturing & Co., Osaka

Für die französischen, britischen, italienischen, japanischen und die Mehrzahl der schweizer Herstellerfirmen, von denen nachweislich verschiedene in illegale Heroingeschäfte verwickelt waren, sind Details ihrer lizensierten Heroinfabrikation nicht mehr zu ermitteln. Nur für einige der genannten deutschen Unternehmen und die schweizerische Sandoz AG geben Firmenarchive und Dokumente des Völkerbundes Aufschluß über Einzelheiten ihrer Heroinfabrikation.

C.H. Boehringer Sohn (Ingelheim und Hamburg)

Nach einem undatierten und unsignierten Bericht über die Geschichte des Opiatbetriebes des Unternehmens C.H. Boehringer Sohn begann die Fabrikation von Alkaloiden 1905. Produktionsziffern für Diacetylmorphin lassen sich erstmals 1915 nachweisen.[292] In diesem Jahr wird ein Lagerbestand von 20 kg Diacetylmorphin vorrätig gehalten.[293]

Während der folgenden Jahre erhöhte sich die Produktion rapide. Sie erreichte zu Beginn der zwanziger Jahre im Rahmen der weltweit steigenden Nachfrage nach Heroin ein immenses Ausmaß. Für 1922 und 1923 gibt ein Protokollbeschluß vom 11.1.1924 den Gesamtumsatz der wichtigsten von C.H. Boehringer hergestellten Alkaloide an, die sich für die Jahre 1922/23 auf nahezu 5,5 Tonnen belaufen. Die Diacetylmorphinumsätze ließen selbst die Morphinumsätze hinter sich:[294]

---

292 Lt. Protokollbeschluß vom 22.4.1915, Firmenarchiv C.H. Boehringer Sohn
293 Geschichte des Opiatbetriebs, Firmenarchiv C.H. Boehringer Sohn
294 Lt. Protokollbeschluß vom 11.1.1924, Firmenarchiv C.H. Boehringer Sohn

	Umsatz 1922	Umsatz 1923
Diacetylmorphin	3072,40 kg	2320,97kg
Morphin	2416,06 kg	1439,96kg
Codein	435,66 kg	697,68kg
Cocain	1193,11 kg	733,54kg

Anschaulich schildert ein kurzer Passus in der Firmendokumentation der Geschichte des Opiatbetriebs die Bemühungen des Unternehmens, die wachsende Nachfrage nach Diacetylmorphin zu befriedigen:[295]

„In Ingelheim lief die Produktion auf vollen Touren. Nach dem Ende des Ruhrkampfes stiegen die Anforderungen an Morphium und Derivate sehr stark an. Große Mengen von Diacetylmorphin wurden verlangt. Das alte Verfahren brauchte 3 Tage bis 9 kg Rohdiacetylmorphin entstanden waren. Es gelang Dr. Schenkenberger ein Verfahren zu entwickeln, das in 4 Stunden ein besseres Produkt von 30 kg mit höherer Ausbeute lieferte. Die Fertigwaren wurden nach Hamburg zum Versand gebracht. Die Kisten wurden am Nachmittag zum D-Zug nach Hamburg als Reisegepäck mit einem Begleiter gebracht und waren am anderen Morgen in Hamburg, um am gleichen Tag zum Schiff verladen zu werden."

Mit einem Jahresumsatz von mehreren Tonnen wurde C.H. Boehringer Sohn, wenn auch nur kurzfristig, in den zwanziger Jahren zu einem der bedeutendsten Heroinhersteller und -exporteure überhaupt.

1954 exportierte C.H. Boehringer letztmals 0,54 kg Heroin nach Dänemark und Paraguay. Zum Jahresende 1954 widerrief die Bundesopiumstelle die Herstellungs- und Exportlizenz.[296]

Deutsche Hoffmann La Roche AG (Grenzach, Baden)

Wie einer Protokollnotiz der Pharmazeutischen Konferenz der Farbenfabriken vom 28.7.1909 zu entnehmen ist, produzierte die Deutsche Hoffmann La Roche AG spätestens seit 1909 Diacetylmorphin.[297] Das

---

295 Geschichte des Opiatbetriebs, Firmenarchiv C.H. Boehringer Sohn
296 Bericht der Regierung der BRD für das Kalenderjahr 1954 über den Verkehr mit Opium und anderen Betäubungsmitteln an die Vereinten Nationen (1955), Archiv Bundesopiumstelle
297 Protokoll der kaufm. u. pharmaz. Mittwochskonferenz der Farbenfabriken vom 28.7.1909. Bayer-Archiv 169/3

Compendium Roche führte Diacetylmorphin noch 1948 als Mittel gegen Luftnot, Husten und Schmerzen.[298]

Über Produktionsmengen und Exporte liegen keine Zahlen vor. Dem Unternehmen wurde die Herstellungserlaubnis von der Bundesopiumstelle am 28.8.1953 entzogen.[299]

Knoll AG (Ludwigshafen)

Die heute zur BASF-Gruppe zählende, 1886 gegründete Knoll AG gehört zu den ältesten deutschen Alkaloidbetrieben. Zu welchem Zeitpunkt das Unternehmen die Fabrikation von Heroin aufnahm, läßt sich nicht mehr rekonstruieren. Daß die Knoll AG vor 1923 mit der Heroinherstellung begann, geht aus einem Aufsatz Carl Scribas hervor, der über Jahre die Alkaloidfabrikation bei E. Merck leitete:[300]

„Das Diacetylmorphin ist im Jahr 1923 zum erstenmal in der Fabrik (E. Merck, Anm. d. Verf.) in größeren Mengen hergestellt worden. Die Darstellung erfolgt in Anlehnung an das in Händen der Firma Knoll/Ludwigshafen befindlichen Verfahrens."

Produktionsziffern existieren nicht mehr. Die Knoll AG besaß eine Herstellungserlaubnis für Heroin bis zum 12.8.1953.[301]

Chemische Fabrik von Heyden (Radebeul)

Daß die pharmazeutische Firma von Heyden schon vor 1910 Heroin hergestellt und vertrieben hat, belegt das Protokoll der Pharmazeutischen Konferenz der Farbenfabriken vom 28.7.1909:[302]

---

298 Compendium Roche, Basel (1948), S. 607
299 Verzeichnis der Betäubungsmittelhersteller vom 15.12.1953, Archiv Bundesopium- stelle. Die dem Verfasser am 21.11.1986 von der Hoffmann La Roche AG schriftlich gegebene Auskunft: „... als wir hier in Grenzach-Wyhlen zu keiner Zeit uns direkt und aktiv mit diesem Stoff befaßt haben..." entspricht nicht den Tatsachen.
300 Scriba, C., Diacetylmorphin hydrochloricum (Heroin). Nachträge zur Opiumverar- beitung (handschriftlich, undatiert), Firmenarchiv Merck
301 Verzeichnis der Betäubungsmittelhersteller vom 15.12.1953, Archiv Bundesopiumst.
302 Protokoll der kaufm. u. pharmaz. Mittwochskonferenzen der Farbenfabriken vom 20.7.1909, Bayer-Archiv 169/3

„Laut Bericht unseres Pariser Hauses ist Famel ein ausgesprochener Gegner von Contrefacons und es ist ausschließlich darauf zurückzuführen, daß er trotz des viel billigeren, einwandfreien Diacetylmorphins von von Heyden oder Hoffmann La Roche unser Heroin bezieht."

Produktionsmengen und Zeitpunkt des Widerrufs der Herstellungslizenz sind nicht bekannt.

E. Merck (Darmstadt)

Das 1827 gegründete pharmazeutische Unternehmen E. Merck ist der weltweit älteste und traditionsreichste Alkaloidhersteller. Der Firmengründer Heinrich Emmanuel Merck hatte schon 1826 in der Darmstädter Engel-Apotheke reinstes Morphin in größeren Mengen gewonnen.

Aus dem Jahresbericht des Wissenschaftlichen Labors 1905/06 geht hervor, daß ein Verfahren zur Herstellung von Diacetylmorphin in der Entwicklung war.[303] Als Heroinum purum und Heroinum hydrochloricum erschien es 1911 zum erstenmal in einer Grosso-Preisliste des Unternehmens. Als Diacetylmorphinum purum und hydrochloricum ist es in den Preislisten bis 1942 enthalten. 1943 strich man den Artikel nach Ausverkauf der Lagerbestände aus dem Sortiment, vermutlich wegen mangelnder Nachfrage.[304] In größerem Umfang produzierte E. Merck Heroin während der zwanziger Jahre in Anlehnung an das Verfahren der Knoll AG:[305]

„Es gelang innerhalb von zwei Monaten nach Überwindung mancher Fabrikationsschwierigkeiten über 400 kg des salzsauren Diacetylmorphins zu liefern."

Sandoz AG (Basel)

Eine Produktionsstatistik für Pharmazeutika belegt die Herstellung von Diacetylmorphin erstmals für das Jahr 1904, ausgewiesen als „Heroin 5 kg". 1924 vermerkt eine Direktionssitzung unter „Diacetylmorphin":[306]

---

303 Jahresbericht des Wissenschaftl. Labors 1905/06, Firmenarchiv Merck
304 Grosso-Preisliste April 1911 und Anlage zur Preisliste Juni 1943, Firmenarchiv Merck
305 Scriba, C., Geschichte des Opiatbetriebs, Firmenarchiv Merck
306 Produktionsstatistik 1887-1918, Firmenarchiv Sandoz AG

„Von diesem Produkt sind etwa 30 kg am Lager und es kann sehr leicht in größeren Quantitäten aus Morphin hergestellt werden."

In einem weiteren Dokument des gleichen Jahres heißt es:[307]

„Es liegen größere Anfragen vor von ca. 500 kg Diacetylmorphin und Morphin-Hydrochloricum. Es wird in Aussicht genommen, ungefähr 200 kg Diacetylmorphin anzubieten, was ungefähr unserer Leistungsfähigkeit für die nächsten zwei Monate entspricht."

1926 vermerkt der Bericht über die laufenden Fabrikationen:[308]

„Bestellungen von ca. 370 kg Diacetylmorphin brachten es mit sich, dass die Fabrikation voll arbeitete und dass seit Ende Juli 4000 kg Opium in den Betrieb genommen wurden."

Eine Statistik der fabrizierten Opiumalkaloide wies 1951 noch einen Lagerbestand von 12 kg Diacetylmorphin aus. Die Produktion dürfte kurze Zeit später eingestellt worden sein.[309]

---

307 Protokoll der Direktionssitzung 1924, Firmenarchiv Sandoz AG
308 Bericht über die laufenden Fabrikationen 1926, Firmenarchiv Sandoz AG
309 Opiumalkaloide (Fabrikation, Verbrauch, Vorrat), 1951, Firmenarchiv Sandoz AG

Die pharmazeutische Industrie und das illegale Heroingeschäft zwischen den Weltkriegen

Den Analysen und Ermittlungen der Opiumkommission des Völkerbundes zufolge besteht kein Zweifel daran, daß besonders zwischen 1920 und 1930 exorbitante Betäubungsmittelmengen aus der legalen Produktion pharmazeutischer Unternehmen verschiedener Länder in illegale Kanäle gelangten. Die damaligen Drogenschwarzmärkte in den Vereinigten Staaten, den Ländern des Nahen und Fernen Ostens und, in geringerem Umfang, auch denen Europas konnten nur entstehen und sich entfalten, weil sie aus der Produktion der pharmazeutischen Industrien verschiedener Länder gespeist wurden, zum Teil auf deren aktives Betreiben hin.

Schon mit dem *Haager Abkommen* (1912) hatte die Staatengemeinschaft die ersten Schritte unternommen, Herstellung, Export, Import, Distribution und Abgabe von Betäubungsmitteln einer internationalen und nationalen Kontrolle zu unterwerfen und ihren Gebrauch allein auf medizinische und wissenschaftliche Zwecke einzuengen. Doch erst das am 17.7.1931 geschlossene *Abkommen zur Begrenzung der Herstellung von Narkotika* unterwarf Produktion, Import und Export von Betäubungsmitteln effektiven Kontrollen. Sie führten weltweit zu einer entscheidenden Minderung der Betäubungsmittelproduktion und erschwerten die Verschiebung legal hergestellter Narkotika erheblich.

Nach Auffassung der *Opiumkommission des Völkerbundes* ist die Differenz zwischen der ihr gegenüber angezeigten Weltproduktion und dem weltweit legitimen Bedarf an Morphin als Minimum der Quantität anzusehen, die als pures Morphin, Heroin oder andere Morphinabkömmlinge aus der lizensierten pharmazeutischen Fabrikation zwischen 1925 und 1930 in illegale Kanäle abfloß.

Die Opiumkommission kam aufgrund minutiöser Bedarfsberechnungen und Analysen 1931 zu dem Schluß, daß der legitime jährliche Weltbedarf an Morphin, welches auch die Ausgangssubstanz aller damals bekannten und gebräuchlichen Opiate darstellte, maximal 32,5 Tonnen Morphin betrug. Diese Quantität beinhaltet Morphin selbst und die Menge, die zur Herstellung seine Derivate erforderlich ist:

Morphin als solches 9,5
Morphin zur Herstellung von Heroin 2,0
Morphin zur Herstellung von Codein, Dionin u.a. 21,0

Morphin - Weltbedarf (gesamt, jährlich) 32,5

Morphin - Weltbedarf (gesamt, 1925 - 1930) 195,0

Dieser Ziffer steht die Summe der Morphinmengen gegenüber, die im gleichen Zeitraum jährlich von den Herstellerländern der Opiumkommission offiziell *gemeldet* wurden:

1925	39,107 t
1926	46,983 t
1927	36,960 t
1928	45,787 t
1929	59,466 t
1930	38,522 t
1925 - 1930	266,825 t

Die Differenz zwischen dieser der Opiumkommission des Völkerbundes gemeldeten - keineswegs also der tatsächlichen - Weltmorphinproduktion und dem Weltmorphinbedarf zwischen 1925 und 1930 betrug somit 72 Tonnen. Sie sind als das Mindestquantum Morphin zu betrachten, das dem illegalen Markt aus der pharmazeutischen Produktion in diesem Zeitraum zufloß:[310]

---

310 L.o.N.P. XI. (1931): Analysis of the International Trade in Morphine, Diacetylmorphine and Cocaine for the Years 1925-1930, Part II, S. 36. An anderer Stelle werden diese Angaben für zu niedrig gehalten und auf die Mindestmenge von 100 Tonnen Morphin korrigiert. L.o.N.P. XI. (1932): Records of the Conference for the Limitation of the Manufacture of Narcotic Drugs, Vol. I, S. 127

„The difference between these two totals is approximately 72 tons, which, if these deductions are valid, would rather represent the minimum than the maximum amounts of morphine in various forms, which have escaped into the illicit traffic in the last six years."

Eine entsprechende, ausschließlich die Heroinproduktion betreffende Berechnung ergibt folgendes Bild: Der Weltbedarf an Heroin für legitime medizinische und wissenschaftliche Zwecke wird von der *Opiumkommission* für die Zeit von 1925 bis 1929 mit 12 Tonnen Heroin (jährlich zwei Tonnen) angegeben. Die Weltproduktion in diesem Zeitraum betrug 32,5 Tonnen. Die Differenz der beiden Beträge, 20,5 Tonnen Heroin, die etwa zwei Drittel der damaligen pharmazeutischen Weltproduktion entsprachen, stellen das Quantum Heroin dar, das mit hoher Wahrscheinlichkeit dem illegalen Markt zufloß. Definitiv nachgewiesen werden konnte, daß 5,5 Tonnen pharmazeutisches Heroin ihren Weg auf Drogenschwarzmärkte fanden.[311]

Wenn auch, der Natur des illegalen Drogengeschäfts entsprechend, ein direkter Nachweis krimineller Transaktionen der pharmazeutischen Industrie durch die Aufsicht führenden Behörden des *Völkerbundes* im Einzelfall nur schwer zu führen war, so gelang doch in einer beachtlichen Zahl von Fällen der Beleg, daß beschlagnahmtes Morphin, Heroin oder Kokain aus der Fabrikation eines bestimmten pharmazeutischen Unternehmens stammen mußte. Mehrfach konnten sogar pharmazeutische Firmen als direkte Betreiber eines illegalen Narkotikageschäfts überführt werden.

Die nachfolgend genannten pharmazeutischen Unternehmen konnte die *Opiumkommission* als Produzenten konfiszierten Heroins ermitteln, aufgrund bedeutsamer Indizien mit dem illegalen Heroingeschäft in Verbindung bringen oder als direkte Betreiber illegaler Herointransaktionen überführen:

---

311 L.o.N.P. XI. (1930): Analysis of the International Trade in Morphine, Diacetylmorphine and Cocaine (1925-1930), Part II., General Analysis, S. 14-20

Bulgarien:	diverse pharmazeutische Firmen, darunter:

Bulgarien: diverse pharmazeutische Firmen, darunter:
Balkan Products Co., Radomir[312]
Pharmaceutical Products Factory (Mladenoff), Sofia[313]

Deutschland: C.H. Boehringer Sohn, Ingelheim/Hamburg[314]
Dr. Karl Thomae, Chemische Fabrik, Winnenden[315]

Frankreich: Roessler, fils & Cie., Mulhouse[316]
Société Industrielle de Chimique Organique
   de St. Geneviève
Gallix, Dubois, Muller & Cie.
Kaempf & Cie., Paris

Italien: Schiaparelli, Turin[317]

Japan: Hoshi Drug Manufacturing Co., Tokio[318]

Niederlande: Chemische Fabrik Naarden, Bussum[319]

Schweiz: Dr. Hefti, Fabrique de Produits Chimiques, Altstetten[320]
Dr. Müller, Basel[321]
Sandoz AG, Basel[322]
Hoffmann La Roche & Cie., S.A., Basel[323]

Türkei: Etkim Ltd., Eyoub[324]
Oriental Products Co., Gebrüder Sakan
Societe Anonyme des Produits Pharm. et Med.,
Kuzquncuk

---

312 L.o.N.P. XI. (1936): Summary of Annual Reports of Governments on the Traffic in Opium and Other Dangerous Drugs for the Year 1932, S. 238-240

313 Ebenda, S. 238-240

314 L.o.N.P. XI. (1930): Minutes of the 14th Session, Vol II, S. 189

315 Ebenda, S. 189

316 L.o.N.P. XI (1930): Minutes of the 13th Session, Vol II, S. 386. Hier werden auch die drei anderen franzöischen Unternehmen genannt.

317 Schiaparelli nennt die Opiumkommission noch nicht. Der Nachweis, daß dieses Unternehmen in kriminelle Herointransaktionen verstrickt war, gelang erst Ende der vierziger Jahre. (Vgl. hierzu: The Trail of the Poppy. By Charles Siragusa as told to Robert Wiedrich, 1986, S. 82-101)

318 L.o.N.P.XI. (1927): Minutes of the 9th Session, S. 317

319 L.o.N.P. XI: (1930): Minutes of the 13th Session, S. 120.

320 Ebenda, S. 70-76

321 Ebenda, S. 71

322 Ebenda, S. 120

323 L.o.N.P. XI. (1927): Minutes of the 10th (extraordinary) Session, Vol II, S. 189

324 L.o.N.P. XI. (1931): Minutes of the 14th Session, Vol II, S. 189. Auch die beiden anderen türkischen Hersteller werden hier genannt.

Genauere Angaben über die Verflechtung der pharmazeutischer Firmen Roessler, Fils &Co. (Frankreich), Hoffmann La Roche & Co. (Schweiz), C.H. Boehringer Sohn (Deutschland) sowie diverser türkischer und bulgarischer Firmen mit dem illegalen Heroingeschäft legte die Opiumkommission 1931 vor.

Roessler, Fils & Co. (Mulhouse, Frankreich)

Frankreich gehörte in den zwanziger Jahren neben der Schweiz, Deutschland und Japan zu den führenden Herstellern und Exporteuren von Heroin. Außer einigen anderen weniger bedeutenden Produzenten war das in Morschweiler bei Mülhausen (Elsaß) ansässige Unternehmen Roessler, Fils & Co. in Produktion und Export dieses Opiats besonders engangiert. Der Fall dieses Unternehmens ist deswegen außergewöhnlich, weil es nicht einmal zur Herstellung von Heroin lizensiert war. Allein zur Morphinfabrikation war es ermächtigt.

Nach umfangreichen Recherchen und Anhörungen konnte nachgewiesen werden, daß Roessler, Fils & Co. 6,414 Tonnen Heroin zwischen Januar 1926 und Juni 1929 illegal hergestellt und größtenteils in den Nahen Osten exportiert hatte. Die Opiumkommission konstatierte daher:[325]

„It may be concluded, that the manufacture of heroin was illicit and that therefore most or all of the manufactured heroin would be exported clandestinely.“

Entscheidend beteiligt an der Aufklärung der kriminellen Herointransaktionen des Unternehmens war Russel Pascha, der Polizeipräsident von Kairo und ägyptische Vertreter bei der Opiumkommission. Er konnte belegen, daß der größte Teil des Ägypten damals überschwemmenden Heroins von Roessler, Fils & Co. stammte. Anläßlich der vielen Heroinabhängigen in seinem Land richtete Russel Pascha im Januar 1930 einen geradezu beschwörenden Appell an die Mitglieder der Opiumkommission. Besonders heftig attackierte er Roessler, Fils & Co. und den schweizerischen Alkaloidfabrikanten Dr. Hefti:[326]

---

325 L.o.N.P. XI. (1931): Analysis of the International Trade in Morphine, Diacetylmorphi and Cocaine for the Years 1925-1930, Part II, S. 43-44
326 L.o.N.P. XI. (1930): Minutes of the 13th Session, S. 72

„Gentlemen, I ask you: Is it fair, that Europe should thus pour it tons of poison into my country? Europe is strict enough in its own countries to prevent their ruination by drugs. I appeal to all manufacturing countries to think of the ruin and misery that is being caused to Egypt by fendish greeds of the Heftis and the Roesslers in Europe."

Hoffmann La Roche & Co. (Basel, Schweiz)

Unangefochten war die Schweiz zwischen 1920 und 1930 der bedeutenste Hersteller und Exporteur von Heroin. Zwischen 1925 und 1929 wurden von fünf lizensierten Firmen 10,203 Tonnen Heroin fabriziert, eine Menge, die den geschätzten legitimen Weltbedarf für diesen Zeitraum mehr als gedeckt hätte. Allein 1926 betrug der Heroinexport der Schweiz 4,454 Tonnen, entsprechend 62 Prozent des Weltexportvolumens dieses Jahres.[327]

Zwischen 1923 und 1925 gelangten über die im Hamburger Hafen ansässige Spedition Spiero große Mengen Opiate, darunter auch Heroin von Hoffmann La Roche, direkt in die Hände verschiedener international tätiger Schmugglerorganisationen. Die Hamburger Polizei konnte nicht nur diverse, von Hoffmann La Roche als „harmless chemicals" deklarierte, tatsächlich jedoch Heroin, Morphin und Kokain enthaltende Sendungen beschlagnahmen, sondern bei den festgenommenen Adressaten auch Rechnungen und Preislisten des Unternehmens. Aus letzteren ging hervor, daß Hoffmann La Roche zur Tarnung dieser Geschäfte für die Produkte Heroin, Morphin und Kokain die Codewörter „Yeaxt", „Yaril" und „Yamyk" benutzt hatte. In einem dem Völkerbund von der Deutschen Reichsregierung zugeleiteten Memorandum, das sich auf die Ermittlungen der Hamburger Polizei stützte, hieß es:[328]

„... Judging the correspondence between the Swiss firm and the offenders, which from the outset was intended to conceal these transactions, many hundreds of kilogramm must have been smuggled into the freeport of Hamburg during this period."

Anläßlich der Aufdeckung einer weiteren illegalen Transaktion von 760 kg Alkaloiden, in die die französische Hoffmann La Roche-Vertretung in Paris verwickelt war, diskutierte die Opiumkommission im Oktober 1927 eingehend die Verstrickung des Unternehmens in das illegale Betäubungs-

---

327 L.o.N.P. XI. (1931): Analysis of the International Trade in Morphine, Diacetyl-morphine and Cocaine for the Years 1925-1930, Part II, S. 66
328 L.o.N.P. XI (1926): Minutes of the 8th Session, S. 204-205

mittelgeschäft. Obwohl der schweizerische Delegierte Carriere offiziell jegliche, die Seriosität des Unternehmens in Frage stellenden Vorwürfe zurückwies, teilte er gleichwohl mit, daß Hoffmann La Roche ordnungsgemäß verwarnt worden sei.[329]

Der britische Delegierte Delevigne faßte die Vorwürfe gegen das schweizerische Unternehmen zusammen:[330]

„The transaction described in the report clearly indicated that the firm was unworthy of having a license to deal in drugs. Hoffmann la Roche & Co., being aware, that they could not carry out on Swiss territory a transaction which was designed to supply the illicit traffic, deliberatley arranged for that transaction to be carried out in another country."

Auch das protokollierte Urteil des Kommissionsvorsitzenden Campbell brachte zum Ausdruck, Hoffmann La Roche sei einer Lizenz zum Handel mit Betäubungsmitteln nicht würdig:[331]

„Many cases had occured, covering a wide field, in which drugs had entered the illicit traffic and had been traced to Hoffmann La Roche & Co. Personnaly he had no doubt whatever, that Hoffmann la Roche & Co. was not a firm to which a license to deal in drugs should be given."

C.H. Boehringer Sohn, (Ingelheim / Hamburg, Deutsches Reich)

Die Heroinumsätze der Jahre 1922 (3,072 Tonnen) und 1923 (2,320 Tonnen) machten das Unternehmen C.H. Boehringer Sohn zwischen 1920 und 1930 zum bedeutendsten deutschen Hersteller und Exporteur dieses Alkaloids. Die Empfänger dieser enormen Quantitäten gehen weder aus den zugänglichen Geschäftsunterlagen des Unternehmens hervor, noch waren sie dem Völkerbund bekannt, da ihm erst seit 1925 derartige Angaben zur Verfügung standen.

Zwischen 1926 und 1928 gelangten mindestens 616 kg Heroin deutscher Produktion, davon 584 kg aus der Herstellung von C.H. Boehringer Sohn, auf den illegalen Markt. In drei Fällen floß „Boehringer-Heroin" über die niederländische Chemische Fabrik Naarden in Bussum auf den Drogenschwarzmarkt, in zwei weiteren Fällen über eine unternehmenseigene

---

329 L.o.N.P.XI. (1927): Minutes of the 10th (Extraordinary) Session, S. 67-69: „...the firm had been duly warned."
330 Ebenda, S. 67-69
331 Ebenda, S. 67-69

Handelsgesellschaft in Shanghai und die Universaldrogerie in Smyrna (Türkei).[332] Sehr fragwürdige Handelsbeziehungen bestanden außerdem zu einem bulgarischen Narkotikaproduzenten.[333] Tief verstrickt war Boehringer in ein illegales Heroingeschäft durch Conrad Boehringer. Es wurde dem Völkerbund 1926 als „Fall Stuber" bekannt: Der um die Mitte der zwanziger Jahre von Wien aus illegal operierende Drogenhändler Stuber unterhielt enge Kontakte zu mehreren europäischen pharmazeutischen Firmen, darunter auch zur Niederlassung der C.H. Boehringer Sohn in der Baseler Spitalstraße. Conrad Boehringer soll 1926 in Bregenz von Stuber eine größere Menge Bargeld im Rahmen eines klandestinen Heroingeschäfts erhalten haben.[334]

Auf Grund dieser Transaktionen akzeptierte die Opiumkommission daher am 7.2.1931 den Vorschlag des britischen Delegierten Delevigne, offiziell festzustellen, daß neben anderen Herstellern auch die deutschen Unternehmen C.H. Boehringer Sohn und die Chemische Fabrik Dr. Karl Thomae, Winnenden (Württemberg) am illegalen Betäubungsmittelverkehr beteiligt waren. Das Protokoll vermerkt:[335]

„Sir Malcolm Delevigne (Great Britain) proposed that the names of the following firms should be mentioned as having implicated in the illicit traffic:

C.H. Boehringer Sohn, Hamburg;
Dr. Karl Thomae, Chemical Factory, Winnenden (Württemberg)

and the following three Turkish factories:

Société anonyme turque de produits pharmaceutiques et chimiques at Kuzquncuk
Etkin Limited, at Eyoub on the Golden Horn
Oriental Products Company

Both Boehringer and Thomae were mentioned in the Stuber Report (document O.C.876 f), and Boehringer was connected with the Naarden Case and was mentioned in the 1929 report to the Council. Those facts should be given to the report, together with the statement of the German representative that enquiries were still proceeding.

The Committee agreed."

---

332 L.o.N.P. XI. (1931): Analysis of the International Trade in Morphine, Diacetylmorphine and Cocaine for the Years 1925-1930, Part II, S. 37-38
333 L.o.N.P. XI. (1927): Minutes of the 9th Session, S. 104-105
334 L.o.N.P. XI. (1930): List of Illicit Transactions and Seizures Reported to the League of Nations since Nov. 6th, 1929, S. 21-22
335 L.o.N.P. XI. (1931): Minutes of the 14th Session, Vol. II, S. 189-190

Das Unternehmen C.H. Boehringer Sohn behielt seine Lizenz zur Herstellung von Heroin bis zum 31.12.1954.[336]

Türkische und bulgarische Heroinhersteller

Für den Völkerbund kaum zu überblicken war die Betäubungsmittelfabrikation in der Türkei und in Bulgarien. Bulgarien war dem Haager Opiumabkommen zwar 1920 und dem Zweiten Genfer Opiumabkommen 1927 beigetreten; es verfügte aber in noch geringerem Maß als andere Staaten über den Willen und die Möglichkeiten, die Einhaltung der in den Abkommen festgelegten Kontrollen, besonders die Einführung und Durchsetzung des Zertifikatsystems, zu garantieren. Die Türkei dagegen war beiden Abkommen erst 1933 beigetreten und deshalb bis zu diesem Zeitpunkt dem Völkerbund gegenüber nicht auskunftspflichtig.

In der Türkei, dem damals weltweit wichtigsten Opiumlieferanten, existierten seit Mitte der zwanziger Jahre wenigstens drei pharmazeutische Firmen, die Opiumderivate herstellten. Das Unternehmen Etkim schloss die türkische Regierung wegen illegaler Geschäfte 1931. Ein zweites, namentlich nicht erfaßtes Unternehmen war im Besitz des Belgiers Paul Mechelaere, eines notorischen Drogenschmugglers, den man 1932 aus der Türkei auswies. Die von den japanischen Brüdern Sakan geführte Orient Products Factory, die in „finanzielle Schwierigkeiten" geriet, wurde ebenfalls geschlossen. Die Besitzer aller drei Unternehmen konnten Ausstattung und Gerät 1932 nach Bulgarien überführen und gründeten dort neue Alkaloidbetriebe.[337]

Für 1929 und die ersten sechs Monate des Jahres 1930 lagen dem Völkerbund verläßliche Angaben über die von den Firmen produzierten Alkaloidmengen vor. 1929 fabrizierten sie nahezu 14 Tonnen Opiumderivate: 8,652 Tonnen Heroin und 5,162 Tonnen Morphin. Allein während der ersten Jahreshälfte 1930 kam es zum illegalen Export von 2,777 Tonnen

---

336 Bericht der BRD für das Kalenderjahr 1954 über den Verkehr mit Betäubungsmitteln, Archiv Bundesopiumstelle

337 L.o.N.P. XI. (1934): Summary of Annual Reports of Governments on the Traffic in Opium and Other Dangerous Drugs for the Year 1932, S. 33. Vgl. auch: Bull. Narc. (1953) S. 9

nach Griechenland, 766 kg in die Freie Stadt Danzig und 399 kg nach Italien. Keines der Importländer konnte den Import bestätigen.[338]

Bulgarien besaß bis 1932 keine Alkaloidfabrikation. Zu Beginn dieses Jahres lizensierte die bulgarische Regierung fünf Opiatbetriebe, die zum Teil von Türken gegründet wurden, die der illegalen Herstellung und Verschiebung von Opiaten in der Türkei überführt waren. 1933 kamen mehrere Fabriken hinzu. 1934 existierten wenigstens zehn Hersteller. Ihre Beteiligung am illegalen Narkotikageschäft war bis 1934 so offenkundig geworden, daß die Opiumkommission im gleichen Jahr Herstellung und Vertrieb von Narkotika in Bulgarien umfassend erörterte.

Anlaß der Untersuchung war der Nachweis, daß zwischen 1930 und 1933 der bulgarische Import von Essigsäureanhydrid, einer zur Heroingewinnung aus Morphin unverzichtbaren Chemikalie von 70 kg auf mehr als 6 Tonnen gestiegen war, eine Menge, die zur Herstellung von drei Tonnen Heroin geeignet war. Dem ägyptischen Delegierten der Opiumkommission lagen eindeutige Informationen zu den Produktionsmengen der einzelnen Betriebe vor. Sie addierten sich zu drei Tonnen Heroin und entsprachen damit der importierten Menge Essigsäureanhydrid.

„Marktführer" war der Bulgare Methodi Lazoff, der mit dem Türken Mehmet Bey und zwei weiteren Chemikern die Balkan Products Co. in Radomir führte. Ein weiterer Alkaloidbetrieb bei Sofia war im Besitz des Bulgaren P. Bosheff, der finanzielle Mittel von einem Deutschen namens Blau erhielt. An einer anderen, auf den Namen Stefan Mladenoff eingetragenen pharmazeutischen Fabrik in Sofia waren zwei Angestellte des bulgarischen öffentlichen Gesundheitsdienstes, ein Inspektor Sivtcheff und ein Chemiker namens Parlapanoff, beteiligt. Eine an Bord eines Dampfschiffes am Schwarzen Meer betriebene Fabrik war über einen Strohmann in der Hand der Bank von Mazedonien.

Eine wichtige Ursache für die Blüte der bulgarischen Alkaloidindustrie jener Jahre dürfte mit strukturellen Änderungen der bulgarischen Landwirtschaft zu erklären sein: Die Bauern hatten für den in ihrem Land großflächig angebauten Tabak ihre Absatzmärkte in Griechenland verloren und sich rasch auf den äußerst rentablen Anbau von Opium umgestellt. Auf

---

338 L.o.N.P. XI. (1931): Minutes of the 14th Session, Vol. II, S. 157

internationalen Druck hin untersagte Bulgarien die Heroinfabrikation im Juni 1934.[339]

Schiaparelli (Turin, Italien)

Nach Erkenntnissen des amerikanischen Federal Bureau of Narcotics, die der Amerikaner Charles Siragusa 1966 in einem Buch niederlegte, bezog die Mafia zwischen 1946 und 1953 mindestens 700 kg Heroin aus der Fabrikation des in Turin ansässigen pharmazeutischen Unternehmens Schiaparelli. Ein leitender Mitarbeiter der Firma, der graduierte Chemiker und Direktor der Abteilung für Narkotika, Carlo Migliardi, konnte im Februar 1951 der Korruption und illegaler Betäubungsmitteltransaktionen überführt und verhaftet werden. Wenige Jahre später verurteilte ihn ein römisches Gericht zu sieben Jahren Freiheitsstrafe. Partner Migliardis waren Ricardo Morganti, Eigentümer der pharmazeutischen Großhandlung Ramsa in Triest und der Arzt Cesare Melli, die ihrerseits mit dem für die Mafia arbeitenden Heroinschmuggler Matteo Carpinetti in Verbindung standen.[340]

Es darf resümiert werden, daß die pharmazeutischen Industrien verschiedener Länder, soweit sie Betäubungsmittel herstellten, bis in die zweite Hälfte des 20. Jahrhunderts tief in illegale Narkotikatransaktionen verstrickt waren. Pharmazeutisches Heroin war die Grundlage und der Nährboden, der die Heroinschwarzmärkte in den Vereinigten Staaten, den Ländern des Nahen und Fernen Ostens und in Europa entstehen und sich entfalten ließ. Besonders gravierend erscheint das Faktum, daß in vielen Fällen pharmazeutische Firmen selbst oder einzelne ihrer Mitarbeiter mit enormer krimineller Energie illegale Heroingeschäfte initiierten und betrieben.

Die vorangegangene Darstellung gibt nur einen schmalen Einblick in die dokumentierten umfangreichen Analysen des weltumspannenden Alkaloidgeschäfts durch die Behörden des Völkerbundes. Allzuoft mußten sie sich eine valide Bewertung der Betäubungsmittelfabrikation und -transaktionen

---

339 L.o.N.P. XI. (1934): Summary of Annual Reports of Governments on the Traffic in Opium and Other Dangerous Drugs for the Year 1932. S. 16-17 u. 38-41. Vgl. auch: Bull. Narc. (1953) S. 9

340 The Trail of the Poppy (Behind the Mask of the Mafia). By Charles Siragusa as Told to Robert Wiedrich, (1966) S. 82-101

der Herstellerländer oder einzelner Firmen versagen, weil die Datenlage unvollständig oder widersprüchlich war. Die Vermutung ist gerechtfertigt, daß die pharmazeutische Industrie weit intensiver in illegale Herstellung und den Vertrieb von Drogen involviert war, als durch die Dokumente der Opiumkommission des Völkerbundes belegbar ist.

Dimensionen und Auswirkungen der illegalen Heroingeschäfte jener Zeit mag eine zurückhaltende Berechnung illustrieren: Ausgehend von der auf 21,5 Tonnen bezifferten Menge pharmazeutischen Heroins, die zwischen 1925 und 1929 dem illegalen Markt zufloß, ergibt sich, daß unter Zugrundelegung einer Einzeldosis von 10 Milligramm reiner Substanz 2,15 Milliarden Einzeldosen Heroin allein in diesem Zeitraum auf den Heroinschwarzmärkten der Welt umgesetzt und konsumiert wurden.

Erst nach 1931, als die pharmazeutische Industrie als Heroinquelle zu versiegen begann, bedurfte es zur Speisung der Schwarzmärkte neuer Lieferanten und Organisationsformen des Drogengeschäfts. Amerikanische und europäische Drogenkartelle, die engste Beziehungen zu den Opiumindustrien der Türkei, Irans, Afghanistans, Burmas und Mexicos knüpften, lieferten fortan den Stoff für die Heroinabhängigen in aller Welt.

Heroin im Deutschen Reich und in der Bundesrepublik Deutschland

Deutsches Reich

Bis 1917 unterlagen Handel und Verkehr mit Morphin, Heroin und Kokain und ihren Derivaten den Bestimmungen, die auch für andere stark wirkende Arzneimittel und Gifte galten. Von zentraler Bedeutung war der *Ministerialerlaß betr. die Abgabe stark wirkender Arzneimittel*[341] vom 22.6.1896, dem Heroin nach seiner Markteinführung durch eine Verordnung vom 24.11.1899 hinzugefügt worden war.

Paragraph 1 des Erlasses bestimmte, daß die bezeichneten Drogen und Arzneimittel nur auf schriftliche Anweisung eines Arztes an das Publikum abgegeben werden durften. In einem Kommentar zu diesem Paragraphen heißt es allerdings:

„Die Verordnung sagt, daß die Abgabe der Mittel des Verzeichnisses nur dann der angeordneten Beschränkung unterliegt, wenn ihre Verwendung als *Heilmittel* in Frage kommt. Es ist das Verbot der Abgabe im Handverkauf also keineswegs ein absolutes. Fordert jemand eines oder mehrere der genannten Mittel zu *anderen als zu Heilzwecken*, so ist der Apotheker unter Beobachtung der etwa in Frage kommenden Vorschriften über den Verkehr von Giften berechtigt, die geforderten Mittel abzugeben."

Kurioserweise war es also grundsätzlich nicht unmöglich, Heroin zu anderen als zu Heilzwecken abzugeben; auch eine Beschränkung der Abgabemenge bestand nicht. Paragraph 4 des Erlasses legte fest, daß die wiederholte Abgabe der bezeichneten Mittel zu Heilzwecken jedesmal ein neues ärztliches Rezept erforderte, es sei denn, die Mittel waren als Zusatz zu anderen arzneilichen Zubereitungen verschrieben worden und ihr Gesamtgehalt an der Arznei überstiegen nicht einen bestimmten Anteil (für Heroin: 0,015 g; für Morphin: 0,030 g).

---

341 In: Böttger, H., Die Preußischen Apothekengesetze (1907) S. 271-278

Im Deutschen Reich war zur Ausführung des Haager Opiumabkommens bereits am 23.1.1912 ein Gesetz erlassen worde, das eine weitere Ausgestaltung durch gesetzliche Bestimmungen vom 20.12.1920 (Erstes Opiumgesetz) und 21.3.1924 fand. Dieses Gesetz bestimmte in Paragraph 1, daß Rohopium, Opium für medizinische Zwecke, Morphin, Heroin, Kokain und ihre sämtlichen Salze und Zubereitungen, soweit sie mehr als 0,2 Prozent Morphin, 0,1 Prozent Heroin oder 0,1 Prozent Kokain enthielten, hinsichtlich der Einfuhr und Ausfuhr, der Herstellung und Verarbeitung sowie des Verkehrs einer behördlichen Aufsicht unterlagen, die durch das Reichsgesundheitsamt ausgeübt wurde. Einfuhr, Ausfuhr, Herstellung, Verarbeitung, Handel und Vertrieb war nur solchen Personen gestattet, denen hierzu eine Erlaubnis erteilt worden war, die die Landeszentralbehörden im Einvernehmen mit dem Reichsministerium des Inneren ausstellten. Paragraph 2 des Gesetzes legte fest, daß die genannten Stoffe und Zubereitungen nur in Apotheken als *Heilmittel* erworben, hergestellt, verarbeitet und abgegeben werden durften. Der Apotheker erhielt die von ihm benötigten Mengen der genannten Substanzen nur auf einen von der Opiumstelle des Reichsgesundheitsamtes ausgestellten Bezugsschein.

Der dehnbare Begriff *Heilmittel* sorgte in der deutschen Ärzteschaft aufgrund seiner unterschiedlichen Interpretation für erhebliche Verwirrung, die auch durch mehrere Urteile des Reichsgerichtes nicht gänzlich beseitigt werden konnte. Heilzwecke waren demnach die in „ordnungsgemäßen Grenzen" sich bewegende Anwendung zur Schmerzstillung, sowie die allmählich abnehmende Verabreichung an Süchtige zur Vermeidung der bei plötzlicher Entziehung auftretenden üblen Entzugssymptome, nicht aber die regelmäßige Abgabe an Süchtige, denen auf diese Weise eher geschadet als geholfen werde.[342]

Sowohl der therapeutische Gebrauch wie auch der Mißbrauch von Heroin hat in Deutschland bis etwa 1970 zu keinem Zeitpunkt das Ausmaß therapeutischen oder mißbräuchlichen Morphinkonsums erreicht. Auch letzterer war niemals ein Massenphänomen.[343] Zwar existierte in den

342 Vgl. hierzu: Wolff, P., Arzt und Opiumgesetz, Ärztl. Vereinsbl. (1928) Nr. 1442, S. 65
343 Pohlisch ermittelte auf der Basis der von den Apotheken zurückbehaltenen Rezepte den medizinischen Morphin- und Heroinverbrauch der Berliner Bevölkerung für das erste Halbjahr 1928: Danach gaben die 384 Berliner Apotheken 1,5 kg Heroin und

Großstädten ein sporadischer Heroinmißbrauch, der vorwiegend auf einem iatrogenen „Mißbrauch auf Rezept"[344], seltener auf Rezeptfälschung, Diebstahl oder Schleichhandel beruhte. Ernst Joel berichtete beispielsweise, daß „Morphin jahrelang auf Dauerrezept, Eukodal in Klinikpackungen und Heroin schachtelweise" in Apotheken abgegeben wurden.[345] Nach K. Bonnhoeffer und G. Ilberg haben dem Reichsgesundheitsministerium um die Mitte der zwanziger Jahre ärztliche Rezepte über 200 g Morphin, 300 g Kokain sowie über 500 g Heroin vorgelegen.[346] Diese Ordinationen waren jedoch Seltenheiten und sind keineswegs als Indiz für ein weite Bevölkerungskreise betreffendes Drogenproblem zu werten. Dennoch ordnete die Reichsregierung am 15.3.1924 die Zurückbehaltung der Betäubungsmittelrezepte in den Apotheken an, um auch den Anfängen zu wehren und den iatrogenen Betäubungsmittelmißbrauch unmöglich zu machen.[347]

Eine weitere Einschränkung der ärztlichen Verordnungsfreiheit trat mit dem *Zweiten Opiumgesetz* vom 10.12.1929 in Kraft. Es reglementierte die ärztliche Verordnung erstmals *inhaltlich*, indem es tägliche Verschreibungshöchstmengen für Betäubungsmittel einführte. Demnach durfte ein Arzt für einen Patienten pro Tag maximal 0,03 g Heroin und 0,20 g Morphin verordnen. Außerdem fielen jetzt, im Unterschied zum Ersten Opiumgesetz, Heroin enthaltende Arzneispezialitäten oder Zubereitungen *jeder Konzentration* unter das neue Gesetz und damit unter die ärztliche Verordnungspflicht.[348] Das Zweite Opiumgesetz galt mit geringen Änderungen bis 1971.

71,5 kg Morphin an die vier Millionen Einwohner Berlins auf Rezept ab. Bezogen auf die Einzeldosis verordneten die Ärzte 22 mal mehr Morphin als Heroin.

344 Wolff, P., Zur Behandlung und Bekämpfung der Alkaloidsuchten, DMW (1928) S. 350. Nach Kohfahl sollen große Krankenkassenverbände den Kassenärzten empfohlen haben, statt des teuren Codeins das billigere Heroin zu verordnen (Kohfahl, A., Über Heroinmißbrauch, Zeitschr. f. gerichtl. Med., 1924, S. 89

345 Joel, E., Die Behandlung der Giftsuchten (1928) S. 52

346 Bonhoeffer, K. u. Ilberg, G., Über Verbreitung und Bekämpfung des Morphinismus und Kokainismus, Zeitschr. f. Psych. (1926) S. 246

347 Zit. nach: Pharmaz. Ztg. (1924) S. 583

348 RGBl. I, S. 225

Bundesrepublik Deutschland

Die Kontrolle über Herstellung und Vertrieb der Betäubungsmittel nach den Bestimmungen des Opiumgesetzes von 1929 oblag nach dem Zweiten Weltkrieg den einzelnen Zonen- beziehungsweise Landesopiumstellen. Nach der Gründung der Bundesrepublik wurden deren Aufgaben am 1.12.1952 von der Bundesopiumstelle beim Bundesgesundheitsamt übernommen.

1952 berichtete die Bundesopiumstelle, daß Diacetylmorphin (Heroin) für therapeutische Zwecke praktisch keine Verwendung mehr fände. Zuvor waren in den einzelnen Besatzungszonen von den Narcotic Officers der Besatzungsmächte Empfehlungen ausgearbeitet worden, die auf die völlige Unterbindung der medizinischen Verwendung von Heroin hinausliefen. Die pharmazeutischen Großhandlungen und Apotheken waren aufgefordert worden, ihre Heroinbestände zu vernichten oder zur Umarbeitung abzugeben. Ein Verkehrsverbot für Heroin war erwogen, aber noch nicht ausgesprochen worden, da man mit einem internationalen Herstellungs- und Anwendungsverbot durch die Vereinten Nationen in Kürze rechnete. Die zur Heroinherstellung autorisierten pharmazeutischen Firmen exportierten nur noch geringe Mengen: „Eine Produktion für den inländischen Bedarf existierte praktisch nicht."[349]

Zu Beginn der fünfziger Jahre waren folgende deutsche pharmazeutische Unternehmen im Besitz einer Lizenz zur Heroinfabrikation:[350]

> C.H. Boehringer Sohn (Ingelheim/Hamburg)
> Knoll AG (Minden/Ludwigshafen)
> Deutsche Hoffmann La Roche AG (Grenzach)
> Dr. Karl Thomae GmbH (Ingelheim)

Der Knoll AG, der Deutschen Hoffmann la Roche AG und der Dr. Karl Thomae GmbH entzog die Bundesopiumstelle die Herstellungslizenzen für Heroin im August 1953. Damit verblieb C.H. Boehringer Sohn als einziger Heroinhersteller und -exporteur. 1953 hatte die Hamburger Niederlassung

---

349 Jahresbericht der BRD über den Verkehr mit Betäubungsmitteln für 1952, Archiv Bundesopiumstelle
350 Verzeichnis der Betäubungsmittelhersteller vom 15.12.1953, Archiv Bundesopium stelle

noch 8 kg für den Export nach Angola, Dänemark, Paraguay und Uruguay fabriziert, 1954 führte das Unternehmen letztmalig 0,54 kg nach Dänemark und Paraguay aus. Zum Jahresende 1954 erlosch schließlich auch die Herstellungs- und Exporterlaubnis von C.H. Boehringer Sohn.[351] Somit durfte vom 1.1.1955 Heroin legal in der Bundesrepublik nicht mehr hergestellt werden. Da auch der Import der Substanz untersagt war und Lagerbestände bei Herstellern und Grossisten nicht mehr vorhanden waren, beschränkte sich die Aufgabe der Bundesopiumstelle darauf, die Heroin-Altbestände der Apotheken zu registrieren und den Verkehr mit ihnen zu überwachen. Heroin blieb weiterhin nach den Bestimmungen des Zweiten Opiumgesetzes und nach der gültigen Betäubungsmittelverschreibungs-verordnung[352] bis zu einer Tageshöchstdosis von 0,03 g verkehrs- und verschreibungsfähig.

Nach einer 1955 durchgeführten Erhebung der Bundesopiumstelle belief sich der in den bundesdeutschen Apotheken vorrätig gehaltene Heroin-bestand - Westberlin und Saarland ausgenommen - auf 5,957 kg Heroin-pulver und 467 Herointabletten.[353] Der Aufforderung der Bundesopium-stelle an die Apotheken, ihre überalterten Heroinbestände entweder zu vernichten oder zu retournieren, kamen diese nur sehr zögerlich nach:

„Die Bundesopiumstelle ist weiterhin bemüht, auch diese letzten Apotheken zur Vernich-tung des noch vorhandenen Heroins zu veranlassen. Da in der Bundesrepublik jedoch kein Heroinverbot besteht, kann auf die Apotheken kein Zwang zur Vernichtung ausgeübt werden."

Nach 1956 und 1957 datiert die vorläufig letzte Erhebung des Heroin-bestandes der Apotheken vom 30.9.1959. Zu diesem Zeitpunkt belief er sich auf 2,7 kg Heroin. Ihr letztlicher Verbleib ist ungeklärt.[354]

Das Zweite Opiumgesetz vom 10.12.1929 wurde erst am 22.12.1971 vom *Gesetz über den Verkehr mit Betäubungsmitteln (Betäubungsmittel-gesetz)* abgelöst. Nur wenige Monate zuvor, am 6.4.1971, strich die

---

351 Jahresbericht der BRD über den Verkehr mit Betäubungsmitteln vom 3.6.1954 und 20.5.1955, Archiv Bundesopiumstelle

352 Verordnung über das Verschreiben Betäubungsmittel enthaltender Arzneien und ihre Abgabe in den Apotheken vom 19.12.1930 in der Fassung vom 24.4.1963 mit Änderung vom 23.2.1967 (BGBl. I, S. 227)

353 Jahresbericht der BRD über den Verkehr mit Betäubungsmitteln für 1956 (Anlage betr.: Heroinbestände vom 18.1.1957), Archiv Bundesopiumstelle

354 Jahresbericht der BRD über den Verkehr mit Betäubungsmitteln für 1959, Archiv Bundesopiumstelle

Bundesopiumstelle Diacetylmorphin/Heroin aus der Betäubungsmittel-verschreibungsverordnung.[355] Warum die Verkehrs- und Verschreibungs-fähigkeit von Heroin bis zu diesem Zeitpunkt erhalten blieb und nicht gleichzeitig mit dem Erlöschen der letzten Herstellungs-, Export- und Importlizenz für C.H. Boehringer Sohn 1954 aufgehoben wurde, bleibt unklar. Die Leitung der Bundesopiumstelle vermutete 1990, daß erst das um 1970 in der Bundesrepublik zutage tretende Drogenproblem zur Revision der Betäubungsmittelverschreibungsverordnung vom 6.4.1971 Anlaß gab.

Ob und in welchem Ausmaß Heroin in der Bundesrepublik bis 1971 ärztlich verordnet worden ist, läßt sich nicht mehr nachvollziehen. Alles spricht dafür, daß, wenn dies der Fall war, es sich nur um unbedeutende Mengen für wenige Patienten gehandelt haben kann.

---

355 BGBl. I (1971) S. 317

Pharmakologische und klinische Heroin-Forschung nach 1945

Pharmakologische Heroinstudien

Die wesentlichen Wirkungen des Heroins auf das Zentralnervensystem, den Magen-Darm-Trakt, das Herz-Kreislaufsystem und die Pupillomotorik waren zwar schon zwischen 1900 und 1910 erkannt und beschrieben worden; auch war bekannt, daß Heroin enteral, parenteral und inhalativ vom Körper absorbiert wurde. A. Babel hatte schon 1905 die höhere Fettlöslichkeit und Affinität des Heroins zu Hirnzellen im Vergleich zu Morphin und anderen seiner Derivate experimentell belegen können; H. Langer vermutete 1912, daß Heroin unverändert im Harn ausgeschieden wird.[356] Doch über das Verhalten und das Schicksal der Substanz im Körper war darüber hinaus wegen noch fehlender analytischer Methoden bis in die dreißiger Jahre kaum etwas bekannt.

1936 gelang T.M. Shen der Nachweis, daß Diacetylmorphin (Heroin) im Körper umgewandelt wird, denn er konnte Morphin im Harn von Heroinabhängigen nachweisen.[357] 1942 zeigte C.I. Wright, daß nahezu alle Organe und Gewebe in der Lage sind, Heroin aufzuspalten. Mit diesem wichtigen Ergebnis waren erste Hinweise darauf gegeben, daß Heroin seine Wirkung im Körper nicht selbst, sondern über seine Metaboliten 6-Acetylmorphin und Morphin entfaltet.[358]

Diese Annahme konnte 1960 durch Experimente von E.L. Way und 1975 durch D.A. Smith und W.J. Cole[359] untermauert werden. Die Autoren

356 Langer, H., Über Heroinausscheidung und Gewöhnung, Bioch. Zeitschr. (1912) S. 221
357 Shen, T.M., zit. nach: Boerner et al., The Metabolism of Morphine And Heroine in Man, Drug Metabol. Rev. (1975) S. 39-75
358 Wright, C.I., The Deacetylation of Heroin, J. Pharm. Exp. Ther. (1942) S. 328-337
359 Smith, D.A., u. Cole, W.J., Identification of an Arylesterase, Biochem. Pharm. (1976) S. 367-370

zeigten, daß die Halbwertszeit von Heroin im Tierversuch bei etwa zwei Minuten liegt und damit zu kurz war, um seine für Stunden anhaltenden Effekte erklären zu können. Way gelang auch der Nachweis, daß injiziertes Heroin rasch die Bluthirnschranke überwindet und als 6-Acetylmorphin in hoher Konzentration im Zentralnervensystem auftaucht, Morphin dagegen die Bluthirnschranke nur sehr verzögert passiert. Way postulierte 1965, daß Diacetylmorphin und 6-Acetylmorphin als Präkursoren aufzufassen seien, die den Eintritt der eigentlichen Wirksubstanz Morphin ins Zentralnervensystem beschleunigten. Damit konnte der bisher unverständliche schnellere Wirkungseintritt von Diacetylmorphin gegenüber Morphin erklärt werden: Diacetylmorphin penetriert wegen seiner beiden fettaffinen CH_3-Gruppen die Bluthirnschranke schneller als Morphin.[360]

Weitere Untersuchungen, die das Verhalten von Diacetylmorphin im Organismus erhellten, legte zu Beginn der achtziger Jahre eine New Yorker Arbeitsgruppe vor. Mittels eines Schnellgefrierverfahrens für Blut und einer speziellen chromatographischen Auftrennung konnten J.G. Umans und seine Mitarbeiter beim Menschen erstmals simultan Diacetylmorphin und seine aktiven Metaboliten 6-Acetylmorphin und Morphin nach intravenöser Injektion nachweisen.[361] 1983 belegte eine Arbeitsgruppe um Ch.E. Inturrisi im Tierversuch, daß nicht Diacetylmorphin von den Opiatrezeptoren des Gehirns gebunden wird, sondern seine Abbauprodukte 6-Acetylmorphin und Morphin, da nur sie eine freie phenolische - für die Bindung an Opiatrezeptoren offenbar essentielle -OH-Gruppe aufweisen. Ein Jahr später gelang der gleichen Arbeitsgruppe nachzuweisen, daß nach Injektion von Diacetylmorphin sein Blutspiegel und die seines Metaboliten 6-Acetylmorphin innerhalb von Minuten ihre maximale Konzentration erreichten und dann ebenso rasch wieder abfielen. Dagegen stieg nach Injektion von Diacteylmorphin der Morphinspiegel nur allmählich an und fiel ebenso langsam wieder ab.[362]

Diese Befunde erklären auf der pharmakokinetischen Ebene die spezifische Heroinwirkung: Es ist das „Kick-Phänomen", das der Heroin-

360 Way, E.L. et al., Metabolism of Heroin and its Pharmacological Implications, Bull. Narc. (1965) S. 984-986
361 Umans, J.G. et al., Determination of Heroin and its Metabolites by High Performance Liquid Chromatography, J. Chromatogr. (1982) S. 213-225
362 Inturrisi, Ch.E. et al., Evidence from Opiate Binding Studies that Heroin acts through its Metabolites, Life Sciences (1983) S. 773-776

abhängige so sehr sucht und unmittelbar nach einer Heroininjektion auch erfährt. Es kommt zustande, weil Diacetylmorphin als Trägermolekül der eigentlichen Wirksubstanz Morphin durch seine höhere Fettlöslichkeit den Ort seiner Wirkung im Gehirn, die Opiatrezeptoren, *schneller* und damit in *höherer Konzentration* erreicht. Offensichtlich ist für das „Kick-Phänomen" allein eine möglichst hohe, pro Zeiteinheit an den Opiatrezeptoren anflutende Menge Morphin entscheidend. Dies führt zu einer bedeutsamen Schlußfolgerung: Diacetylmorphin und Morphin entfalten in einander entsprechenden Dosierungen identische Wirkungen. Beide Substanzen unterscheiden sich nicht *qualitativ*, sondern allein *quantitativ*, weil auch bloßes Morphin die Bluthirnschranke durchdringt, jedoch langsamer als Diacetylmorphin.[363]

Klinische Heroinstudien

Mit dem Stellenwert des Heroins in der *klinischen* Medizin befaßten sich auch nach 1930 etliche Studien. Sie hatten seine Wirkung als Schmerz- und Hustenmittel sowie sein Abhängigkeitspotential zum Gegenstand, meist vergleichend zu anderen Morphinderivaten.

Bemerkenswert sind mehrere angloamerikanische Arbeiten aus der Zeit zwischen 1935 und 1945, die Heroin seiner prompten schmerzlindernden und euphorisierenden Eigenschaften wegen als Analgetikum der Wahl in der Geburtshilfe empfahlen. Den bekannten hustenstillenden Effekt des Mittels bestätigten diverse Autoren, dennoch verließ man seinen Gebrauch als Antitussivum zugunsten weniger abhängigkeitsbildender Substanzen wie Methylmorphin (Codein) und Äthylmorphin (Dionin), die bis heute unangefochten als Hustenmittel der ersten Wahl gelten.

Den durch Heroin und Morphin ausgelösten subjektiven Effekten gingen L. Lasagna und dessen Mitarbeiter 1955 nach. Lasagna resümierte, daß individuelle Faktoren und die Umgebung, in der diese Substanzen eingenommen werden, neben der Dosis und der Applikationsart ihre

---

363 In Doppelblindstudien erwies sich, daß selbst erfahrene Heroinabhängige Heroin von Morphin nicht unterscheiden können, wenn es in äquipotenten Dosierungen verabreicht wird. Vgl. hierzu: Martin, W.R. u. Fraser, H.F., A Comparison of the Addiction Liability of Intravenously Administered Heroine and Morphine in Man, Pharmacologist (1960) S. 97

jeweiligen Effekte stärker determinieren als die chemische Verschiedenheit es tut:[364]

„An examination of the literature reveals little or no evidence that this drug (heroin) when used for the same puposes for which morphine is used, and in equieffective doses, would be more apt to produce medical addicts than morphine. Perhaps a reevaluation of this drug's place in medicine is in order... More controlled work is needed before sound appraisal of heroin's advantages and disadvantages is possible."

Lasagna deutete hier die grundsätzliche methodische Schwäche an, die allen bis dahin vorliegenden klinischen Untersuchungen zur Opiatwirkung eigen war: Wegen der begrenzten Sensitivität und Spezifität der Untersuchungsmethoden beruhte die vergleichende Beurteilung der Opiate eher auf dem klinischen Eindruck und Erfahrungswerten als auf kontrollierten Studien, die modernen pharmakologischen und klinischen Ansprüchen genügten.

Ihnen gerecht zu werden war die Voraussetzung dafür, den Stellenwert des Heroins für die Medizin, zumal als Schmerzmittel, zu definieren. Doch auch nach 1975 brachten mehrere großangelegte Studien, die in den Vereinigten Staaten und England durchgeführt wurden, letztlich keine Klarheit.

Der Brite R.G. Twycross untersuchte 1977 in einer grundlegenden Arbeit, einer doppelblinden Crossover-Studie, die analgetische Wirkung von Heroin und Morphin an 699 Tumorpatienten. Beide Substanzen wirkten bei oraler Verabreichung gleich gut. Ergänzend merkte Twycross an, daß bei der Notwendigkeit subkutaner Injektionen Heroin wegen seiner besseren Löslichkeit einen praktischen Vorteil habe.[365]

1981 legten W. Beaver und seine Mitarbeiter eine vergleichende Untersuchung vor, die der Wirkung von Heroin und Morphin nach intramuskulärer Gabe bei Patienten mit Tumorschmerzen nachging: Heroin war zweieinhalbfach potenter als Morphin. Die Heroinwirkung setzte schneller ein, war aber bei gleichartigen Nebenwirkungen von kürzerer Dauer. Heroin, so stellten die Autoren zusammenfassend fest, sei ein effektives und für die Klinik geeignetes Mittel zur Behandlung von Tumorschmerzen.[366]

364 Lasagna, L. et al., Drug-induced Mood Changes in Man, JAMA (1955) S. 1006-1020
365 Twycross, R.G., Choice of a Strong Analgesic in Terminal Cancer: Diamorphine or Morphine? Pain (1977) S. 93-104
366 Beaver, W. et al., Comparison of the Analgesic Effect of Intramuscular Heroine and Morphine in Patients with Cancer Pain, Proc. Amer. Ass. Canc. Res. (1981) S. 420

R.F. Kaiko und seine Mitarbeiter untersuchten in einer 166 Patienten umfassenden Crossover-Studie im gleichen Jahr die Wirkungen von intramuskulär verabreichtem Heroin und Morphin bei Patienten mit postoperativen Tumorschmerzen. Die Resultate waren ähnlich: Nach Heroin stellten sich Schmerzfreiheit und eine verbesserte Stimmungslage früher ein als nach Morphin, die Morphinwirkung aber hielt länger an. Kaiko resümierte, daß Morphin ein dem Heroin ebenbürtiges Mittel zur Schmerzbekämpfung war.[367]

1986 unterzog eine Arbeitsgruppe um den Kanadier Mark N. Levine alle seit 1960 erschienenen klinischen Heroinstudien einer Metaanalyse, die besonders auf ihre Methodik und ihr Design zielte. Levine legte dar, daß alle Studien erhebliche methodologische Mängel oder Widersprüche aufwiesen und ihnen daher die Signifikanz ihrer Aussagen abzusprechen sei. Die Frage der relativen Wirksamkeit von Heroin und Morphin sei daher weiterhin offen.[368]

Zusammenfassend lassen die bis heute vorgelegten Studien zum klinischen Vergleich beider Analgetika folgende Aussage zu: Infolge seiner vollständigen Metabolisierung zu Morphin durch Verdauungstrakt und Leber unterscheiden sich die analgetischen und die übrigen zentralnervösen Wirkungen *oral* verabreichten Heroins nicht von denen *oral* verabreichten Morphins. Bei parenteraler, besonders *intravenöser* Gabe scheint der analgetische und euphorisierende Effekt von Heroin früher einzusetzen, jedoch weniger lange anzuhalten als der von Morphin. Für die subkutane, intramuskuläre oder durch eine Pumpe gesteuerte Applikation bietet Heroin wegen seiner besseren Löslichkeit einen praktischen Vorteil, da die schmerzhafte Injektion unnötig hoher Volumina vermieden wird. Jüngste Studien legen nahe, daß Hydromorphon (*Dilaudid*) ein dem Heroin sehr ähnliches Wirkprofil aufweist, das bei noch höherer Wirkungsintensität einen ebenso schnellen Wirkungseintritt und eine gleich gute Löslichkeit aufweist.

---

367 Kaiko, R.F. et al., Analgesic and Mood Effects of Heroine and Morphine in Cancer Patients with Postoperative Pain, NEJM (1981) S. 1501-1505
368 Levine, M.N., Heroin vs. Morphin in Cancer Pain? Arch. Int. Med. (1986) S. 353-356

Der amerikanische *Compassionate Pain Relief Act* (1984)

In den Vereinigten Staaten waren Herstellung und Import von Opium zum Zweck der Heroingewinnung 1924 durch einen Kongreßbeschluß verboten worden. Der medizinische Heroingebrauch war zwar nicht ausdrücklich untersagt, doch war er seitdem praktisch bedeutungslos. 1956 mußten alle Apotheken, Krankenhäuser und Ärzte, die noch Heroinbestände besaßen, diese abgeben. Allein der Jefferson-Klinik in Philadelphia war bis 1960 gestattet, einen kleinen Bestand zurückzuhalten. Seitdem ist Heroin in den Vereinigten Staaten medizinisch nicht mehr verfügbar.

Dennoch verstummte die medizinisch-wissenschaftliche Diskussion über den therapeutischen Wert des Mittels nicht. Sie entwickelte sich ab Mitte der siebziger Jahre unter Beteiligung von Laien, Ärzten, Drogenexperten, Juristen, Politikern und der Presse zu einer leidenschaftlichen Diskussion. Die von Teilen der Ärzteschaft und der Öffentlichkeit zu medizinischen Zwecken geforderte Legalisierung einer Substanz, die seit Jahrzehnten als das gefährlichste aller Rauschmittel stigmatisiert und verboten war, polarisierte die amerikanische Öffentlichkeit außerordentlich.

Im Zentrum der Legalisierungsinitiative stand das 1974 von Judith Quattlebaum ins Leben gerufene *National Committee for the Treatment of Intractable Pain*, dessen erster Präsident der Soziologe und Kriminologe Arnold S. Trebach war.[369] Aufgrund mehrerer wissenschaftlicher Arbeiten, die Heroin nach Auffassung des Komitees anderen Morphinderivaten gegenüber als überlegen ausgewiesen hatten und wegen nicht abreißender Mitteilungen über die inadäquate Versorgung Sterbender und chronisch Kranker mit Schmerzmitteln hatte es sich zur Aufgabe gemacht, Heroin zu

---

369 Die persönlichen Erfahrungen der beiden Initiatoren mit Sterben und Tod naher Angehöriger hatte ihr Engagement für eine adäquate Betreuung Sterbender wesentlich mitgeprägt.

„rehabilitieren" und einen Gesetzesvorschlag auszuarbeiten, der seine Wiedereinführung in die amerikanische Medizin zum Ziel hatte.[370]

Eine erste Petition des Komitees scheiterte zwar 1977, aber es fand in Peter G. Bourne, dem Berater für Gesundheits- und Drogenpolitik des damaligen Präsidenten Jimmy Carter, einen für ihr Anliegen aufgeschlossenen Politiker. Bourne erkannte, daß der Legalisierung des Heroins als Arzneimittel seine Stigmatisierung als Droge entgegenstand und an einer unaufgeklärten Öffentlichkeit scheitern würde. Er setzte sich zunächst für weitere Forschungen ein, die den medizinischen Nutzen von Heroin (und Cannabis) überprüfen sollten.

Ein Zeichen für eine rationalere Sicht des Problems setzte 1978 auch die 15.000 Mitglieder umfassende *American Society of Internal Medicine* in einer Resolution, die die medizinisch überwachte Abgabe von Heroin an Sterbende und Schwerstkranke befürwortete.[371] Doch nur einen Monat später gab die sehr einflußreiche *American Medical Association (AMA)* eine konträre Stellungnahme ab: Aus den bisher vorliegenden Studien, besonders denjenigen der renommierten Ärzte und Opiatexperten Twycross und Lasagna, sei klar ersichtlich, daß Heroin gegenüber Morphin keine Vorteile biete, vielmehr würde sich durch seine Legalisierung das Problem der Heroinkontrolle verschärfen.[372]

Seit 1970 griffen auch amerikanische Journalisten und Publizisten in die Debatte ein. Horace F. Judson suchte 1970 den Blick der Amerikaner auf das sogenannte „British System" des Umgangs mit Narkotika zu lenken.[373] Großbritannien war eines der wenigen Länder, das Heroin nie aus seinem Arzneimittelrepertoire verbannt hatte und auch heute noch wird es beispielsweise bei schwerer, anders nicht behandelbarer Luftnot (z.B. beim Bronchialkarzinom) und zur Behandlung schwerster Schmerzzustände sporadisch eingesetzt. Die britische Gesellschaft und Gesetzgebung hatte von jeher größeres Vertrauen in die Kompetenz der Ärzteschaft, deren

---

370 Vgl. z.B.: Marks, M.P. u. Sachar, E.J., Undertreatment of Medical Impatients with Narcotic Analgesics, Ann. Int. Med. (1973) S. 173-181

371 American Society of Internal Medicine, House of Delegates, Minutes May 4-7, 1978, Resolution 22. Zit. nach: Trebach, A.S., The Heroin Solution (1982) S. 30

372 Lewis, J.R., Should Heroin be Available to Treat Severe Pain? JAMA (1978) S. 1601

373 Judson, H.F., Heroin Addiction in Britain: What Can Americans Learn from the English Experience? (1974)

Freiheit, Opiate zu verordnen, nur unwesentlich beschnitten worden war. Zudem waren Drogenabhängige primär Kranke und nicht, wie in den Vereinigten Staaten, Kriminelle.

Andere Stimmen, wie die des Reporters David Braaten vom *Washington Star* waren weniger sachlich. Anläßlich eines Vortrags von Cicely Saunders, einer weltweit anerkannten Expertin für die Behandlung Schwerstkranker und Sterbender und Leiterin des bekannten Londoner St. Christopher's Hospice, über die Behandlung von Tumorschmerzen vor dem National Cancer Institute schrieb er:[374]

"The scene was both bizarre and ironic: Here was a distinguished British Doctor, Cicely Saunders, lecturing to a distinguished audience of experts at National Cancer Institute on her technique for treating terminal cancer patients, and the technique turns out to be shooting them up with heroin. The fact that Dr. Saunders looks more like a granny or nanny than a pusher didn't detract one bit from the eerines of the program."

Einen aufsehenerregenden Artikel zur Heroin-Legalisierungskampagne verfaßte auch Michael Satchell im vielgelesenen Magazin *Parade*. Er unterstützte vehement die Hospiz-Bewegung und würdigte besonders die positive Heroinwirkung bei schwersten Schmerzen. [375]

Zwei gegen Ende der siebziger Jahre begonnene Studien sollten definitiv die Behauptung, Heroin sei bei schweren Schmerzen dem Morphin überlegen, beweisen oder entkräften. Die sogenannte *NIDA-Studie* stand unter Leitung von R.F. Houde und R.F. Kaiko vom Memorial Sloan-Kettering Cancer Center in New York. Die sogenannte *Georgetown-Studie* unternahm federführend der Pharmakologe William T. Beaver von der Georgetown University Medical School in Washington. Beide Untersuchungen wurden 1981 abgeschlossen.[376]

Die NIDA-Studie hatte geringe Differenzen zwischen Morphin und Heroin zugunsten des Heroins hinsichtlich des Zeitpunktes des Wirkungseintritts und der Wirkdauer ergeben. Gleichwohl resümierten die Autoren, daß Heroin keine nennenswerten Vorteile oder Nachteile gegenüber

---

374 Washington Star vom 23.6.1976
375 Parade vom 16.10.1977
376 Kaiko, R.F. et al., Analgesic and Mood Effects of Heroine and Morphine in Cancer Patients with Postoperative Pain, NEJM (1981) S. 1501-1505. Auftraggeber war das National Institute on Drug Abuse (NIDA); Beaver, W.T. et al., A Comparison of the Analgesic Effect of Intramuscular Heroin and Morphine in Patients with Cancer Pain, Proc. Amer. Ass. Canc. Res. (1981) S. 420

Morphin aufweise. Die Studie erschien am 18.6.1981 im renommierten *New England Journal of Medicine*. Anläßlich ihrer Bedeutung äußerte sich der an der Studie maßgeblich beteiligte Pharmakologe R.F. Kaiko am Vorabend ihres Erscheinens vor der amerikanischen Öffentlichkeit in einem Fernsehinterview der NBC:[377]

„It (Heroin) might be better in an individual patient, but overall, on the average, it does not seem to have an advantage over drugs that are already available."

Im gleichen Interview sprach sich der Studienleiter W.F. Houde gegen eine Legalisierung von Heroin aus.

In einem Editorial zur Publikation der Studie im *New England Journal of Medicine* äußerte sich Louis Lasagna, der 1955 selbst eine Heroinstudie verfaßt hatte. In bissig-ironischer Weise erklärte Lasagna, daß weder das dem Heroin im Vergleich zu Morphin zugeschriebene höhere Abhängigkeitspotential („svengali-like powers") noch seine Überlegenheit als Schmerzmittel einer wissenschaftlichen Überprüfung standhielten; vielmehr erweise sich die Heroinkontroverse bei näherem Hinsehen als bloßer Spuk: „Most of the drama disappears in a dream of a shadow of smoke." Obwohl der Autor zugestand, daß manche Patienten von Heroin profitieren könnten, hielt er bei der Abwägung der geringen Unterschiede beider Substanzen einerseits und der möglichen Gefahr krimineller Verschiebung legal hergestellten und aufbewahrten Heroins andererseits seine erneute Legalisierung für nicht vertretbar.[378]

Die Autoren der Georgetown-Studie stimmten mit den Konsequenzen, die die Verfasser der NIDA-Studie und Lasagna gezogen hatten, nicht überein. Substantiell kamen sie zwar nicht zu abweichenden Resultaten. In Übereinstimmung mit den 1973 und 1977 publizierten Arbeiten des Briten R.G. Twycross[379] betonten sie aber den praktisch bedeutsamen Vorteil von Heroin gegenüber Morphin wegen der besseren Löslichkeit und der damit verbundenen kleineren Injektionsvolumina des ersteren, was besonders bei der oft schmerzhaften subkutanen Injektion von Opiaten berücksichtigt werden müsse. Philipp Schein, ein Mitarbeiter der Georgetown-Studie erklärte öffentlich, daß es keinen Grund gebe, Heroin nicht zu legalisieren,

---

377 Zit. nach: Trebach, A.S., The Heroin Solution (1982) S. 76

378 Lasagna, L., Heroin, a Medical „Me Too", NEJM (1981) S. 1529-1530

379 Twycross, R.G., Stumbling Blocks in the Study of Diamorphine, Postgrad. Med. J. (1973) S. 309-313. Ders.: Choice of a Strong Analgesic: Diamorphine or Morphine? Pain (1977) S. 93-104

die Einwände Lasagnas beruhten auf außermedizinischen Erwägungen und die Möglichkeit krimineller Verschiebung existiere für Morphin ebenso wie für Heroin.[380]

Eine erste, bereits 1980 von U.S. Representative Edward Madigan und 17 Kongreßabgeordneten getragene Gesetzesinitiative zur Heroinlegalisierung scheiterte, da zeitgleich unter dem Druck der Verhältnisse eine neue Morphinverbindung (Morphinacetat) entwickelt worden war, der eine verbesserte, dem Heroin vergleichbare Löslichkeit bescheinigt wurde.[381]

Auch jetzt gaben die „Legalisierer" nicht auf. Der Jurist Eugene L. Shapiro kam zu der Auffassung, daß ein Heroinverbot für Schwerstkranke und Sterbende kaum zu rechtfertigen sei, da es das durch die Verfassung garantierte Recht auf persönliche Integrität verletze.[382] Angesichts der sich weiter zuspitzenden Kontroverse und der nicht nachlassenden Kampagne des National Committee for the Treatment of Intractable Pain, Heroin qua Gesetz für medizinische Zwecke wieder zugänglich zu machen, veröffentlichten das *American College of Physicians*[383] im Dezember 1983 und erneut auch die *American Medical Association*[384] im März 1984 Übersichtsartikel, die den Stand moderner medikamentöser Schmerzbehandlung darlegten. Beide Verbände beharrten darauf, daß trotz der im Detail anerkannten Wirkungsdifferenz zwischen Heroin und Morphin keine Notwendigkeit bestehe, Heroin zu legalisieren.

Im August 1984, wenige Wochen vor der endgültigen Entscheidung des amerikanischen Kongresses über Wiederzulassung des Heroins als Arzneimittel, gab das *New England Journal of Medicine* zwei Experten noch einmal ausführlich die Gelegenheit, ihre gegensätzlichen Auffassungen vor der amerikanischen und der internationalen Ärzteschaft darzulegen.

Edward N. Brandt, Assistant Secretary of Health beim Department of Health and Human Services, der die Kontra-Position bezog, berief sich auf die zahlreichen Stellungnahmen amerikanischer Ärzteorganisationen gegen

---

380 Zit. nach: Trebach, A.S., The Heroin Solution (1982) S. 77-78
381 Ebenda, S. 75
382 Shapiro, E.L., The Right of Privacy and Heroin Use for Painkilling Purposes by the Terminally Ill Cancer Patient, Arizona Law Rev. (1979) S. 41-59
383 Drug Therapy for Severe Chronic Pain in Terminal Illness, Ann. Int. Med. (1983) S. 870-873
384 The Care of Patients with Severe Chronic Pain in Terminal Illness. JAMA (1984) S. 1182-1187

eine Legalisierung, sowie die NIDA- und Georgetown-Studie, die die Überlegenheit von Heroin gegenüber Morphin nicht hätten nachweisen können. Die Frage der besseren Löslichkeit erübrige sich durch die Verfügbarkeit von Hydromorphon (Dilaudid). Die britischen Erfahrungen mit Heroin seien wegen der in Großbritannien historisch anderen Handhabung der Narkotika auf die USA nicht übertragbar. Die Gefahr, daß durch Raub und Einbruch in Apotheken illegal erworbenes Heroin auf den Schwarzmarkt und in die Drogenszene gelange, sei erheblich, so daß der mit der Heroinlegalisierung verfolgte Zweck, Leiden zu lindern, durch mehr Leid und Tod innerhalb der illegalen Heroinszene konterkariert würde.[385]

Der Onkologe Allen Mondzac (Washington) vertrat die Pro-Heroin-Position. Er verwies auf die von vielen Untersuchern nachgewiesene höhere Potenz von Heroin bei Injektionen zur Schmerzbehandlung, den schnelleren Wirkungseintritt und die geringeren Nebenwirkungen von Heroin im Vergleich zu Morphin. Klinische Vergleichsstudien zwischen Hydromorphon und Heroin sprächen bisher zugunsten des Heroins. Das immer wieder vorgebrachte Argument der Heroinverschiebung infolge von Apothekeneinbrüchen sei nicht tragfähig: Selbst unter der Voraussetzung, daß der gesamte auf jährlich 228 kg geschätzte medizinische Heroinbedarf durch Apothekeneinbruch dem illegalen Markt zuflösse, würde sich die in den USA auf jährlich vier bis zehn Tonnen veranschlagte illegal konsumierte Heroinmenge nur um 4 Prozent erhöhen, was vernachlässigbar sei. Mondzac legte besonderes Gewicht auf die ärztliche Verordnungsfreiheit: Die Tatsache, daß amerikanische Ärzte durch ein seit 60 Jahren bestehendes Heroinverbot, das ursprünglich auf der pauschalen Unterstellung eines ärztlich verantwortungslosen Umgangs mit diesem hochwirksamen Arzneimittel beruhte, weiterhin stigmatisiert seien, sei nicht mehr zu rechtfertigen. Amerika sei bereit, so der Autor, Heroin wieder in seinen Arzneischatz aufzunehmen.[386]

Zeitgleich zu diesem von Wissenschaftlern ausgetragenen Duell meldete sich auch die Öffentlichkeit in etlichen Pro- oder Kontra-Leserbriefen, zum Beispiel in der *New York Times*, zu Wort.[387]

---

385 Brandt, E.N., Compassionate Pain Relief: Is Heroin the Answer? NEJM (1984) S. 530-532

386 Mondzac, A., In Defense of the Reintroduction of Heroin into American Medical Practice and H.R. 5290, NEJM (1984) S. 532-535

387 New York Times vom 23.7.1984: „The Value in Heroin"; 3.8.1984: „Heroin is not needed as a Pain Killer"; 20.8.1984: „Heroin as a Reliever of Insufferable Pain"

Zum entscheidenden Votum über den sogenannten *Compassionate Pain Relief Act (H.R. 5290)*, der vorsah, Heroin zunächst für einen Zeitraum von vier Jahren auf der Grundlage ärztlicher Verordnung und Abgabe durch Krankenhausapotheken krebskranken Patienten zugänglich zu machen, kam es im amerikanischen Kongreß am 19.9.1984: Mit 355 gegen 55 Stimmen wurde nach einer äußerst kontrovers und emotional geführten Debatte die Legalisierung von Heroin zu medizinischen Zwecken verworfen.

Auch nach dieser Kongreßentscheidung ließ der Kampf des *National Committee for the Treatment of Intractable Pain* für eine Heroinlegalisierung nicht nach. Unterstützung erhielt es von dem demokratischen Senator Daniel Inouye (Hawaii), dessen Initiative sich quer durch das ideologische Spektrum verschiedene Senatoren anschlossen, unter ihnen auch der ehemalige Präsidentschaftsbewerber Robert Dole.[388]

Wie umstritten die Frage der Heroinlegalisierung weiterhin blieb, erwies sich auch in der Entscheidung Kanadas. Die kanadische Regierung entschied 1985 nach einer in Fachkreisen wie Öffentlichkeit nicht weniger kontroversen Debatte, den medizinischen Gebrauch von Heroin durch eine Gesetzesänderung zu ermöglichen. Zuvor hatte sich die *Canadian Medical Association (CMA)* mit 165 gegen 25 Stimmen bei 20 Enthaltungen für die Wiederzulassung der Substanz entschieden.[389] Maßgeblichen Anteil daran, daß dieses Votum auch von der Mehrheit der kanadischen Öffentlichkeit gebilligt wurde, hatte der kanadische Gynäkologe Kenneth Walker, der 1979 eine Pro-Heroin-Kampagne begonnen hatte. Walker erhielt 30.000 Zuschriften von Bürgern, die den Gebrauch von Heroin für medizinische Zwecke guthießen.[390]

---

388 Pressestimmen, die die weitere Kampagne begleiteten: „Heroin and Cowardice" (The New Republic 25.2.1985); „Quickly, death is Going on" (National Review 6.9.1987); „Cancer Hurts before it Kills" (Newsweek 19.12.1988)
389 „Doctors Approve Heroin", McLeans vom 3.9.1984
390 „A Blistering Debate", McLeans vom 27.2.1989

Heroinabhängigkeit: Legenden und Fakten

Heroinlegenden

Die heute vorliegenden wissenschaftlichen Erkenntnisse zu Ursachen, Natur und Verlauf der Heroinabhängigkeit stehen in frappantem Gegensatz zu den nicht nur in der Öffentlichkeit, sondern zum Teil auch in Fachkreisen über sie herrschenden Annahmen und Vorstellungen. Für ihr Fortbestehen sorgt auch eine Medienlandschaft, die - mit seltenen Ausnahmen - das Bild des Heroinabhängigen als eines charakterlosen, unheilbaren und kriminellen Außenseiters, der früher oder später durch den „goldenen Schuß" endet, in der Öffentlichkeit erhält. Heroin ist, seitdem vor mehr als 80 Jahren in den Vereinigten Staaten der Prozeß seiner Dämonisierung begann, immer noch *die* Droge schlechthin, ihr Image als „dirty drug" scheint unverrückbar. Heroinabhängige gelten den westlichen Nationen als die Parias des 20. Jahrhunderts, sie sind Zielscheibe von Verachtung und Ausgrenzung, woran weder aufklärerische Äußerungen mancher Politiker und Drogenexperten noch das längst umfangreiche Angebot professioneller Hilfen für Drogenabhängige entscheidendes hat ändern können.

Die Legenden, die das Phänomen Heroinabhängigkeit in der Öffentlichkeit durchsetzen, sind weder den pharmakologischen Eigenschaften der Droge Heroin noch der vermeintlich selbstgewählten Devianz ihrer Gebraucher zuzuordnen. Vielmehr sind sie ideologischer und moralischer Natur, die Devianz erst schaffen. Sie dienen der *Plausibilisierung* der Abgrenzung der Mehrheit der Gesellschaft von einer als bedrohlich erlebten Minderheit, beziehungsweise dazu, die Identität der Mehrheit, wie fragwürdig und brüchig sie auch immer sein mag, zu stützen.

Legende 1: Heroingebrauch führt unausweichlich zur Abhängigkeit, ein anderes als ein unkontrolliertes Konsummuster existiert nicht

Das eindimensionale Bild der Öffentlichkeit eines ausnahmslos zwanghaften, unkontrollierten Heroingebrauchs, vom Junkie, der alle vier bis sechs Stunden einen „Schuß" benötigt, dessen gesamtes Sinnen und Trachten um diesen nächsten Schuß kreist und kreisen muß, verdankt seine Entstehung nicht allein der Propagierung dieses Bildes durch die Medien, sondern auch bestimmten Voreingenommenheiten und methodologischen Problemen im Bereich der epidemiologischen und sozialen Erforschung des Heroingebrauchs. Nahezu alle Daten und Erfahrungen über Konsumgewohnheiten stammen nämlich von solchen Konsumenten, die wegen eines problematischen, meist abhängigen Heroingebrauchs mit medizinischen oder sozialen Einrichtungen in Kontakt oder mit dem Gesetz in Konflikt gerieten. Zahlreiche, vor allem angloamerikanische Studien belegen jedoch, daß das orthodoxe Modell des süchtigen Heroingebrauchers nur für einen Teil, wenn nicht gar eine Minderheit der Gebraucher zutrifft. Die Untersuchungen legen die Unterscheidung eines individual- und sozialverträglichen Heroingebrauchs von einem abhängigen Konsummuster nahe, vergleichbar der Unterscheidung des individual- und sozialverträglichen Alkoholkonsums von seiner abhängigen Variante, wobei zwischen diesen polaren Konsummustern fließende Übergänge existieren können.

Daß das, was der amerikanische Sprachgebrauch „occasional use" oder „recreational use" nennt, tatsächlich als eine verbreitete, nicht abhängige, kontrollierte Heroinkonsumform existiert, die sich auch nicht dadurch relativert, daß sie früher oder später in zwanghaften und hochfrequenten Gebrauch mündet, belegen valide Untersuchungen, wie die von Powell[391], Bourne[392] und Zinberg[393]. Hunt und Chambers[394] kamen Mitte der siebziger Jahre zu der Einschätzung, daß nur eine Minderheit von etwa 10 Prozent der

---

391 Powell, D.H., A Pilot Study of Occasional Heroin Users, Arch. Gen. Psych. 28 (1973) S. 586-594

392 Bourne, P.G. et al., A Study of Heroin Use in the State of Wyoming, Foundation for International Resources Inc. (1975)

393 Zinberg, N.E., Nonaddictive Opiate Use, in: Bourne, P.G., Addiction (1979) S. 303-313

394 Hunt, L.G. u. Chambers, C.D., The Heroin Epidemics: A Study of Heroin Use in the United States, 1965-1975, New York (1976)

auf drei bis vier Millionen geschätzten Opiatkonsumenten in den Vereinigten Staaten im klassischen Sinn als abhängig zu betrachten sind.

Legende 2: Der Heroinabhängige hat keine Aussicht auf Heilung, ein früher Tod ist durch die Sucht programmiert

Auch die Vorstellung, „einmal süchtig, immer süchtig", ist eine Fiktion. Nicht nur der Übergang von einem abhängigen zu einem kontrollierten Konsummuster ist nach den Untersuchungen von Waldorf und Biernacki[395] möglich, sondern auch das, was von Winick schon 1962 als „maturing out" beschrieben wurde: die Überwindung der Opiatabhängigkeit ohne therapeutisches Eingreifen im Rahmen des persönlichen Reifungsprozesses.[396]

Daß die Stärke der Drogenbindung überschätzt wird, legen auch einige deutsche Untersuchungen nahe. In einer Follow-up-Studie an 128 Heroinabhängigen konnte zum Beispiel Wille zeigen, daß nach neun Jahren 30 Prozent der Probanden einen Zustand stabiler Opiatabstinenz erreicht hatten, ohne von anderen Substanzen abhängig zu sein. Mehr als 80 Prozent von ihnen gingen einer regulären Beschäftigung nach und nahezu 40 Prozent lebten in stabilen Beziehungen mit abstinenten Partnern. Bei 20 Prozent führte der Weg nach Überwindung der körperlichen Abhängigkeit durch eine Phase kontrollierten Heroinkonsums, das heißt Einnahmefrequenzen, die zwischen wöchentlich einmaligem und monatlich einmaligem Konsum lagen.[397]

Eine in dieser Hinsicht sehr überzeugende Studie legte 1975 auch Robins vor. Die Verlaufsbeobachtung ehemals heroinabhängiger Vietnamveteranen ergab, daß der abhängige Status viel leichter reversibel ist, als üblicherweise angenommen und daß Heroingebrauch nicht zwangsläufig in die Abhängigkeit führt: Von einer repräsentativen Stichprobe von 495 Armeeangehörigen, die in Vietnam Heroin nahmen, wurde nur die Hälfte abhängig im klassischen Sinn. Bei denjenigen, die abhängig geworden waren, sistierte

---

395 Waldorf, D. u. Biernacki, P., Natural Recovery from Heroin Addiction: A Review of the Literature, J. Drug Issues 9 (1979) S. 281-289. Vgl. auch: Biernacki, P., Pathways from Heroin Addiction, Recovery without Treatment, Philadelphia (1986)

396 Winick, Ch., Maturing Out of Narcotic Addiction, Bull. Narc. 14 (1962) S. 1-7

397 Wille, R., Ten-year Follow-up of a Representative Sample of London Heroin Addicts, British J. Addiction 76 (1981) S. 259

die Sucht in 88 Prozent der Fälle nach der Rückkehr in die Vereinigten Staaten. Nur 12 Prozent wurden innerhalb von drei Jahren nach ihrer Rückkehr rückfällig. Gerade diese Untersuchung legte überzeugend dar, wie nachhaltig die psychische Verfassung und äußere Lebensumstände, hier die Erfahrung des Krieges, die Drogenbindung beeinflussen.[398]

Legende 3: Heroin ist hoch toxisch, körperliche Krankheit und Verlendung folgen seinem Gebrauch obligat

Es ist seit langem medizinisch gesicherte Erkenntnis, daß alle Opiate, abgesehen von ihrem Abhängigkeitspotential und der Gefahr ihrer Überdosierung, auch bei chronischem Gebrauch, ganz im Gegensatz zu Alkohol und Nikotin, zu den am wenigsten mit toxischen oder unerwünschten Wirkungen belasteten Arzneimitteln gehören. Die einzig relevanten und mit einer gewissen Konstanz zu beobachtenden Nebenwirkungen der Opiate bestehen in einem Nachlassen der sexuellen Appetenz und einer unter Umständen quälenden Verstopfung. Substanzbedingte, *intrinsische* Organschäden, Krebs auslösende oder die Erbsubstanz verändernde Effekte, die von einer Vielzahl anderer Arznei- und Genußmittel bekannt sind, sind dieser Substanzgruppe nicht eigen.

Nur in scheinbarem Widerspruch zu diesen Fakten steht die durchweg schlechte physische Verfassung und die hohe Morbidität und Mortalität unter Heroinabhängigen. Denn akuter Drogentod, HIV-Krankheit, Hepatitis, Endokarditis, Abszesse und andere Folgeerscheinungen des Heroinkonsums sind nicht Folgen der *intrinsischen Eigenschaften* der Droge, sondern ausschließlich Folgen der *Bedingungen* ihres Konsums:

- mangelnde Kenntnis des tatsächlich zugeführten Quantums Heroin
- unsterile und/oder unsachgemäße Injektion
- toxische und/oder bakterielle/virale Verunreinigungen des Stoffes

Ebenso ist der Krankheiten begünstigende schlechte Ernährungszustand der meisten Heroinabhängigen allein auf die mit der Illegalisierung verknüpften hohen Drogenpreise und dem aus ihnen resultierenden hohen Beschaffungs-

---

398 Robins, L.N. et al., Narcotic Use in Southeast Asia and Afterward, Arch. Gen. Psych, 32 (1975) S. 955-961

druck mit allen seinen sozialen Konsequenzen, einschließlich mangelnder Hygiene und unzureichender Ernährung, zurückzuführen.

Legende 4: Der Heroinabhängige hat eine psychopathische und/oder soziopathische Persönlichkeitsstruktur

Ob unter Opiatabhängigen Persönlichkeitsstörungen, affektive Erkrankungen oder Psychosen häufiger sind als in der Allgemeinbevölkerung, ist zweifelhaft und unter Experten umstritten. Ursächlich hierfür sind haupsächlich fehlende klare diagnostische Kriterien und nicht vergleichbare methodologische Ansätze einer mittlerweile großen Anzahl von Studien zu diesem Fragenkomplex. Auch ist oft kaum zu differenzieren, ob als pathologisch zu wertende Störungen und Verhaltensweisen Ursache oder Folge des Drogenkonsums sind. Als sicher darf gelten, daß mit wachsender Anzahl der Risikofaktoren, die kognitive Defizite, mangelndes Selbstwertgefühl und eine ängstliche oder impulsive Persönlichkeitsstruktur ebenso einbeziehen wie desolate Familienverhältnisse („broken home") oder genetische Dispositionen, Häufigkeit und Ausmaß von Drogenmißbrauch überhaupt zunehmen. Prospektive Studien haben aber bisher weder Persönlichkeitsmerkmale noch Umgebungseinflüsse identifizieren können, die für Opiatabhängige oder Gebraucher anderer Drogen spezifisch wären. Allein eine einzige simple Erkenntnis fördern historische wie gegenwärtige epidemiologische Daten zu Tage: Diejenigen gesellschaftlichen Gruppen, die, aus welchem Grund auch immer, die nachhaltigste Opiatexposition aufwiesen oder heute aufweisen, hatten und haben die höchsten Abhängigkeitsraten. Der 1997 verstorbene amerikanische Schriftsteller William S. Burroughs, dem wir die authentischsten Darstellungen des Milieus der Heroinabhängigen verdanken, war der Antwort auf die Frage nach der Ätiologie des Opiatkonsums vermutlich nicht sehr fern, als er schrieb:[399]

„Addiction is an illness of exposure. By and large those who have access to junk become addicts... There is no pre-addict personality any more than there is a pre-malaria personality, all the hogwash of psychiatry to the contrary."

---

399 Burroughs, W.S., Kicking Drugs: A Very Personal Story, Harper's 235 (1967), July, S. 39-42

Mithin ist auch die Vorstellung eines „süchtigen Persönlichkeitstyps" unzutreffend. Die Frage, was einen Menschen zum Heroingebrauch treibt, ist, wenn man von der Verfügbarkeit der Droge absieht, letztlich ebenso schwer zu beantworten wie die Frage, warum jemand exzessiv ißt oder spielt oder zwanghaft anderen Verhaltensweisen fröhnt, die bekanntermaßen ein erhebliches Selbstschädigungspotential beinhalten.

Auch die im öffentlichen Bewußtsein tief verankerte Vorstellung, alle Heroinabhängigen seien Kriminelle, bedarf der Klarstellung: Die sogenannte Drogenkriminalität, die mit der Herstellung, Distribution, Verkauf und Gebrauch von Drogen assoziiert ist, ist allein das Resultat der Tatsache, daß sie nur illegal zu erwerben sind. Eben nicht die Droge selbst bewirkt kriminelles Verhalten und Gewalttätigkeit, sondern die Bedingungen ihrer Beschaffung, die qua Gesetz vorgegeben sind. Auf diese Weise kommen Preise zustande, die zu zahlen einem Abhängigen nur möglich sind, wenn er bestehende gesellschaftliche Normen und Gesetze verletzt. Kriminalität also ist allein die *Folge* von Drogenkonsum unter bestimmten Bedingungen ihres Konsums und nicht - wie bereits vor 80 Jahren propagiert - Folge der Wirkung der Droge selbst oder der Devianz ihrer Gebraucher.

Wissenschaftliche Fakten

Mißbrauch - Abhängigkeit - Sucht

Für ein Verhalten trifft der Teminus *Drogenmißbrauch* immer dann zu, wenn die Selbstapplikation einer psychoaktiven Substanz von den akzeptierten Konsummustern innerhalb eines gegebenen soziokulturellen Zusammenhangs oder von ihrer anerkannten medizinischen Indikation abweicht. *Drogenmißbrauch* sagt grundsätzlich nichts aus über die Intensität des Konsums einer Droge und den Grad der mit ihm einhergehenden individuellen und sozialen Schäden, einschließlich der Ausbildung von Abhängigkeit. Der Begriff unterliegt allein der Definitionsmacht eines informellen, historisch gewachsenen gesellschaftlichen Verhaltenscodex, der sich gewöhnlich in den einschlägigen Gesetzen wiederspiegelt.

Drogenabhängigkeit kann auf der Verhaltensebene als ein Syndrom definiert werden, das dem Drogenkonsum und den mit ihm verbundenen individuellen Aktivitäten, Zielen und Verhaltensweisen eine höhere Priorität einräumt als anderen Lebensaktivitäten, denen zuvor mehr Wert beigemessen wurde. Indes ist das Abhängigkeitssyndrom kein Alles-oder-Nichts-Phänomen. In seiner ausgeprägten Form wird es, exemplarisch im Fall der Heroinabhängigkeit, zum zwanghaften Verhalten, das chronisch verläuft und durch Rückfälle gekennzeichnet ist.

Drogenabhängigkeit ist nicht zwangsläufig ein pathologisches Phänomen. Wenn die Droge nur wenig toxisch, relativ billig und legal erhältlich ist wie beispielsweise Kaffee[400], mag der Drogenkonsum zwar die Kriterien der Abhängigkeit erfüllen, dennoch muß er nicht zu einem signifikanten medizinischen oder sozialen Problem werden. Überlicherweise jedoch geht Drogenabhängigkeit, wie das Schicksal abhängiger Heroinkonsumenten zeigt, mit selbstschädigendem Verhalten und das gesellschaftliche Leben belastenden Effekten einher.

Zwar ist Drogenabhängigkeit meist, aber nicht unbedingt, mit der Entwicklung von *Toleranz* und *körperlicher Abhängigkeit* verbunden. Toleranz für eine Droge entwickelt sich dann, wenn nach wiederholter Einnahme ihre Effekte nachlassen oder wenn steigende Dosen einer Droge benötigt werden, um die gewünschten Effekte zu erzielen. Körperliche Abhängigkeit, mit Toleranz immer verknüpft, bedeutet, daß sich ein veränderter *physiologischer* Status (Neuroadaptation) durch die Drogeneinnahme eingestellt hat, der die fortlaufende Drogenapplikation zur Vermeidung von körperlichen Entzugssymptomen erforderlich macht (negatives reinforcement). Jüngere Forschungsergebnisse legen nahe, daß nicht nur für das Auftreten von Toleranz und Entzugsphänomenen, sondern auch für das sogenannte „Craving", das heftige Verlangen nach der Droge, ein eigenes biologisches Substrat existiert (positives reinforcement).

Der Begriff *Sucht* wird, ähnlich dem Begriff *Mißbrauch*, in so vielen verschiedenen Kontexten verwendet, daß er am besten vermieden wird. Im engeren Sinn meint *Sucht* einen schweren Grad von *psychischer* Abhängigkeit (Craving), die mit körperlicher Abhängigkeit einhergehen kann, aber nicht muß. Der klassische Heroinabhängige („Junkie") ist

---

400 Vieles spricht dafür, daß Caffein eine Droge ist, die viel häufiger als vermutet das Vollbild eines Abhängigkeitssyndroms auslöst. Vgl. hierzu: Hughes, J.R., Clinical Importance of Caffeine Withdrawal, NEJM 327 (1992) S. 1160-1161

insofern ein Süchtiger, als er physisch *und* psychisch abhängig ist. Es ist jedoch möglich, körperlich abhängig, aber nicht süchtig zu sein, etwa im Fall eines opiatabhängigen Schmerzpatienten. Vice versa ist Sucht möglich, ohne daß sich körperliche Abhängigkeit einstellt, z.B. beim Gebrauch von Stimulantien (Amphethamine u.a.), denen Toleranzentwicklung und körperliche Entzugssymptome nicht eigen sind.

Lerntheorie - Konditionierung - Rückfall

Drogenkonsum, ob gelegentlicher oder abhängiger, kann aus Sicht der Lerntheorie als ein Verhalten betrachtet werden, das aufgrund seiner Konsequenzen beibehalten wird. Konsequenzen, die ein Verhaltensmuster aufrechterhalten, werden „Verstärker" (reinforcer) genannt. Drogen, prototypisch Heroin, können auf zweierlei Weise als Verstärker wirken: entweder, indem sie die angenehmen oder gewünschten Effekte der Droge verstärken (positives reinforcement) oder aber die negativen Effekte einer Droge, wie Entzug und Schmerzen, nach abgeklungener Drogenwirkung wieder aufheben (negatives reinforcement).

Gänzlich unabhängig von diesen *biologischen* Verstärkereffekten wirken die sekundären oder *sozialen* Verstärkermechanismen, die immer dann zum Tragen kommen, wenn Drogenkosum soziale Gruppen konstituiert (Peer group-Verhalten) oder in bestimmte soziale Rituale oder Ereignisse integriert ist (z.B. Alkoholkonsum auf Festen oder nach Begräbnissen). Nicht selten überspielen soziale Verstärkermechanismen die initialen, regelhaft aversiv erlebten Drogenwirkungen. Sowohl der erste Schluck Alkohol, die erste Zigarette wie auch die erste Heroininjektion haben eher unangenehme Folgen wie Übelkeit oder Schwindel. Dennoch wird ihr Konsum unter Umständen aufrechterhalten, weil er oftmals, gerade unter Jugendlichen, eine soziale Gruppe konstituiert und zusammenhält. Mit zunehmender Konsumfrequenz werden die unangehmen Effekte toleriert und „verlernt".

Ein weiterer sekundärer Verstärkermechanismus für den Drogenkonsum besteht darin, daß Drogeneffekte (Euphorie, Entzug) durch bestimmte mit der Drogeneinnahme verbundene Umgebungsreize konditionierbar sind. Auf diese Weise ist zu erklären, warum ein über Jahre abstinenter ehemaliger Heroinabhängiger allein durch den Anblick einer Nadel die objektivierbaren (!) körperlichen Symptome eines Opiatentzugs erleben kann. Derartige Reize können das hypothetische „Drogengedächtnis" offensichtlich immer wieder, vermutlich lebenslang, aktivieren und einen Rückfall auslösen. Möglicherweise liegt hier, im Wechsel von Abstinenz und Rückfall, der Schlüssel für die Chronifizierung von Drogenabhängigkeit jeder Art. Theoretisch wäre also die Inaktivierung des Drogengedächtnisses ein wünschbares Ziel.

Vulnerabilität

Drogenkonsum geht zwar mit einer Fülle spannungsreduzierender oder euphorisierender Effekte einher, doch müssen auch die „härtesten" Drogen, wie Heroin und Alkohol, nicht unausweichlich in die Abhängigkeit führen. Viel Forschungsaufwand wurde und wird auf die Frage verwendet, warum manche Individuen nach einer Phase des Experimentierens mit Heroin seinen Konsum einstellen, nicht wenige zwar gelegentlich konsumieren ohne jemals abhängig zu werden, andere dagegen hochfrequent, anhaltend und zwanghaft Heroin zu sich nehmen.

Empirisch läßt sich zeigen, daß die Mehrheit der regulären Konsumenten sozial nicht akzeptierter Drogen erfahrungshungriger, weniger frustrationstolerant und eher ablehnend gegenüber sozialen Normen sind und Selbstschädigung sorgloser in Kauf nehmen. Frühkindliche Aggressivität ist ein Prädiktor späteren Drogenkonsums und bestimmte psychiatrische Erkrankungen sind unter Drogenabhängigen überrepräsentiert (Komorbidität). Gleichwohl gibt es keine „Suchtpersönlichkeit" oder konstante Merkmale, die in gleicher Weise auf alle Individuen mit problematischem Drogenkonsum zuträfen.

Verschiedene Faktoren können zu erhöhter Vulnerabilität bezüglich des problematischen oder zwanghaften Konsums einer Droge führen. Manche Menschen mögen auf ihre initialen, positiven Effekte stärker reagieren, das heißt mehr Spannungs- und Angstreduktion oder Euphorie erfahren als andere. Hochgradiger Streß und Depression scheinen eine zentrale Rolle zu spielen, so daß Drogenkonsum eine Art fataler Selbstheilungsversuch durch Selbstmedikation darstellen kann. Eine jüngere Hypothese lautet, daß Personen, die „positiv" auf Opiate reagieren, an einem neurochemischen Defizit leiden, weil sie in nicht ausreichendem Maß körpereigene Opioide

(Endorphine) produzieren und daher auf ihre exogene Zufuhr angewiesen sind.

Biologische Mechanismen

Alle Opioide, nicht allein Heroin, entfalten ihre Wirkung ausnahmslos über verschiedene, an den Membranen bestimmter Zellregionen des Zentralnervensystems und anderer Organe angesiedelter Rezeptoren (μ-, δ-, κ-, λ-Rezeptoren) und beeinflussen über sie zahlreiche Organsysteme und Körperfunktionen wie das Schmerzempfinden, die Stimmung, die Atmung und den Blutdruck, aber auch den gastrointestinalen und endokrinologischen Stoffwechsel. Die Fähigkeit der Opioide, sich an die Rezeptoren mehr oder weniger fest zu binden und sie zu aktivieren, ist bei den einzelnen Opioiden sehr unterschiedlich ausgeprägt. Reine Aktivatoren der Rezeptoren, wie Heroin und Morphin, wirken als Agonisten, solche, die sich an den Rezeptor binden, ihn aber blockieren, wirken als Antagonisten, daneben existieren auch partielle Agonisten und Antagonisten. Heroin und Morphin gehören zu den stärksten μ-Agonisten. Naloxon ist ein reiner μ-Antagonist, der bei der Behandlung der Opiatüberdosis seit Jahren von unschätzbarem, weil lebensrettendem Wert ist. Naloxon verdrängt, wenn rechtzeitig injiziert, Morphin von den μ-Rezeptoren und führt damit innerhalb von Minuten zum vollständigen Erwachen und ausreichender Atmung eines lebensbedrohlich intoxikierten Opiatkonsumenten.

Die Aktivierung der μ-Rezeptoren steht in enger Beziehung zum Affekthaushalt, Schmerzempfinden und der abhängigkeitsbildenden Potenz der Opioide; aktivierte κ-Rezeptoren verändern endokrinologische Abläufe und bewirken eher Dysphorie.

Manche Opioide liegen als sogenannte „Prodrugs" vor, das heißt sie entfalten ihre Wirkung nicht selbst, sondern erst nach ihrer chemischen Umwandlung im Organismus. So wirkt Heroin (Diacetylmorphin) nur nach seiner Aufspaltung in 6-Monoacetylmorphin und Morphin, das allein am Mü-Rezeptor angreifen kann. Die Injektion von Heroin hat aber für den Drogenabhängigen den wichtigen Vorteil, die Bluthirnschranke schneller zu durchdringen und so pro Zeiteinheit eine höhere Konzentration an Morphin ins Zentralnervensystem zu transportieren, als dies allein mit einem gleichen Quantum Morphin möglich wäre. Die rasche Anflutung von Morphin bewirkt innerhalb von Minuten einen Intoxikationsstatus („kick", „high"), der als orgasmisches Gefühl und höchste Euphorie erlebt wird.

Wenn sie auf das Zentralnervensystem in therapeutischer Dosierung einwirken, führen Opioide zu Indifferenz gegenüber Schmerz und einem tiefen Gefühl der Ruhe und Entspannung. Ist die Dosis hoch genug, stellt sich eine so ausgeprägte Schmerzdistanzierung ein, daß durchaus chirugische Eingriffe möglich sind. Limitiert wird ihr klinischer Einsatz zu diesem Zweck aber durch eine dosisabhängige Atemdepression. Therapeutisch werden Opioide daher bei Schmerzpatienten in Dosierungen eingesetzt, die einerseits ausreichende Analgesie gewährleisten, andererseits aber die Klarheit des Bewußtseins und die Atmung nicht beeinträchtigen.

Für die Qualität der Opiateffekte sind neben der Höhe der Dosis und dem Applikationsweg (oral, parenteral) das innere und äußere „Milieu" des Konsumenten ausschlaggebend. Patienten, die Opiate allein aus Gründen der Schmerzlinderung innerhalb eines therapeutischen Settings einnehmen, werden so gut wie nie *psychisch* von ihnen abhängig. Zwar beobachtet man auch bei Schmerzpatienten nicht selten Toleranzentwicklung, was unter Umständen eine beträchtliche Dosissteigerung erforderlich macht, jedoch nie das für Heroinabhängige so typische quälende Verlangen nach der Droge (Craving). Das neurobiologische Substrat dieses Zustands ist einerseits in den dopaminergen Neuronenverbänden des Tegmentum lokalisiert, deren Nervenfasern zum Nucleus accumbens und der frontalen Hirnrinde ziehen. Mü-Agonisten wie Heroin stimulieren die Aktivität dieses Systems mit der Folge erhöhter Dopaminfreisetzung und Euphorisierung. Andererseits spielt das ausgedehnte Neuronennetzwerk des Locus coeruleus eine Rolle, dessen Nervenzellen im Zustand des Drogenentzugs hyperaktiv sind, was ausgeprägte Dysphorie zur Folge hat. µ-Agonisten hemmen die Aktivität des Locus coeruleus, so daß die Entzugserscheinungen sistieren.[401]

Resümee: Opiatabhängigkeit - Eine Erkrankung des Zentralnervensystems

Entgegen allem heute verfügbaren Wissen scheint die gesellschaftliche Bewertung süchtigen Verhaltens als charakterlichem Defekt und moralischer

---

401 Vgl. hierzu: Simon, E.J., Opiates: Neurobiology, in: Lowinson, J.H., Substance Abuse, A comprehensive Textbook (1992) S. 195-205

Schwäche, gleich wie vor 80 Jahren, unerschütterbar. Tommy Lasorda, Manager der Los Angeles Dodgers, brachte sie vor wenigen Jahren angesichts des Drogenproblems eines seiner Spieler exemplarisch zum Ausdruck:[402]

„That's not a sickness, it's a weakness. A sickness is, when you got something – leukemia, you get cancer, or you have a bad heart – that's a sickness. But when you put something inside your body knowing that this is wrong, that to me is a weakness."

Die wissenschaftliche Realität - nach 25 Jahren Forschung - ist eine andere. Heroinabhängigkeit ist, wie Substanzabhängigkeit überhaupt, ihrem Wesen nach eine Erkrankung des Zentralnervensystems; eine Erkrankung, die zentralnervöse Strukturen und Funktionen, die für die Entwicklung, Modulation und Kontrolle unserer kognitiven Fähigkeiten, unseres emotionalen Gleichgewichts und unseres Sozialverhaltens unabdingbar sind, empfindlich stören, vielleicht sogar zerstören kann. Wie für viele andere Leiden, etwa Magengeschwüre oder schizophrenes Verhalten, gezeigt werden konnte, daß ihnen ätiologisch nicht psychische Fehlfunktionen oder Stress zugrunde liegen, sie vielmehr eine physische Basis haben, so sprechen mehr und mehr wissenschaftliche Befunde dafür, daß auch Substanzabhängigkeit eine Erkrankung mit einer somatischen Grundlage ist. Doch wegen unzutreffender Mutmaßungen über Hirnfunktionen, Verhalten und Bewußtsein und den aus ihnen resultierenden sozialen und kulturellen Voreingenommenheiten besteht zwischen den wissenschaftlichen Befunden über die Natur des Drogenproblems und seiner angemessenen Behandlung einerseits und ihrer gesellschaftlichen Wahrnehmung und Deutung andererseits eine Diskrepanz, die auch manche professionellen Helfer und andere Experten bis heute nicht überwunden haben.[403]

Obwohl den Opfern nahezu aller Krankheiten Mitgefühl von seiten ihrer Mitmenschen entgegengebracht wird, entbehren die meisten Menschen mit Erkrankungen des Zentralnervensystems diese Hinwendung. Eine Fehlfunktion der Nieren ist schlicht eine Nierenerkrankung. Menschen mit Funktionsstörungen oder Erkrankungen des Gehirns dagegen gelten immer noch eher als „anders", exzentrisch oder verrückt.

---

402 Zit. nach: Leshner, A.I., What We Know: Drug Addiction is a Brain Disease, in: Graham, A.W. u. Schultz, T.K., Principles of Addiction Medicine (1998) S. XXIX
403 Ebenda, S. XXIX - XXXVI

Das Gehirn eines manifest Drogenabhängigen ist ein *verändertes* Gehirn. Es unterscheidet sich fundamental von dem einer „Normalperson", einschließlich seiner Genexpression und seines Hormonhaushaltes, seines Glukosestoffwechsels und seiner Empfänglichkeit für Umweltreize. Ob diese Veränderungen physische oder psychische Abhängigeit im klassischen Sinne nach sich ziehen oder nicht, ist unbedeutend. Allein entscheidend ist, daß Drogen in die Hirntätigkeit eingreifen; daß sie eine zwanghafte Suche nach sich selbst auslösen und ihr Konsum unkontrollierbar wird - die Essenz abhängigen Verhaltens.

Der überkommene Dualismus zwischen Hirn und Bewußtsein muß überwunden werden, denn im Lichte moderner naturwissenschaftlicher Erkenntnis hat er weder heuristischen noch praktischen Wert. Bewußtsein und Verhalten sind ohne Hirnaktivität inexistent, auch wenn die exakten Mechanismen und Bedingungen noch weiterer Aufklärung bedürfen. Kognition, Emotion, Lernen und Gedächtnis sind Ausdruck kohäsiver Hirnaktivität, deren Störung oder Verlust mehr oder weniger nachhaltig Bewußtsein und Verhalten ruinieren.

Die Alzheimersche Erkrankung, deren Auslösung noch im Dunkeln liegt, ist ein Beispiel für eine physische Erkrankung des Gehirns (Akkumulation abnormer Proteine), die zum Verlust kognitiver Leistungen und einem umfassenden Ruin des Bewußtseins führt. Ebenso führt repetitive Drogeneinnahme zu einer gestörten Hirnfunktion, die sich in Abhängigkeit äußert. Fast alle psychoaktiven Substanzen aktivieren das mesolimbische dopaminerge Sytem, eine Region des Zentralnervensystems, die zum Appetenzverhalten und den Belohnungsmechanismen in enger Beziehung stehen. Auch wenn Einzelheiten seiner Struktur und Funktion noch Gegenstand intensiver Forschungsbemühungen sind, ist erwiesen, daß die wiederholte Selbstapplikation bestimmter psychoaktiver Stoffe eine *qualitative* Hirnfunktionsstörung bewirkt. Das betroffene Individuum verspürt ein überwältigendes Drogenverlangen und sucht mit allen Mitteln, es erneut zu befriedigen. Innerhalb dieses Prozesses wird der Drogenkonsument, ähnlich einem Menschen mit allmählich zunehmenden depressiven Symptomen und schließlich klinisch manifester Depression, zu einem *manifest* Abhängigen. Ihm sind, ebenso wie dem an einer Depression Leidenden, bestimmte Wahlmöglichkeiten versagt, weil sein Gehirn einem chronischen, sich selbst aufrechterhaltenden neurobiologischen „Eingriff" ausgesetzt ist. In gewisser Weise affizieren Drogen bestimmte Hirnzellen wie das HIV-Virus bestimmte Blutzellen: Sie attackieren Zellen, die das Fortschreiten der Krankheit verhindern könnten.

Das Phänomen Abhängigkeit kann daher nicht in einem System aufgehoben werde, dessen Koordinaten moralische Haltlosigkeit und Willensschwäche sind, auch wenn der Wille bei der initialen Entscheidung zum Drogenkonsum eine gewisse Rolle spielt. Fatalerweise wird eine Hirnerkrankung leichter akzeptiert, wenn sie motorische Funktionen, nicht aber, wenn sie das Verhalten betrifft. Dem ehemaligen, an der Parkinsonschen Krankheit leidenden Boxer Muhammad Ali unterstellt niemand Willensschwäche, weil er auf einen Rollstuhl angewiesen ist. Drogenabhängige Patienten sollten gleichfalls nicht als willensschwach angesehen werden, weil es ihnen nicht gelingt, dem Drogenkonsum zu entsagen. Beide, der Parkinsonpatient wie der Heroinabhängige, leiden an Dysfunktionen ihres zentralnervösen dopaminergen Systems. Bei dem einen manifestieren sie sich primär in motorischen Ausfällen, bei dem anderen primär im Verhalten, aber *beide* leiden an einer Erkrankung des Zentralnervensystems.

Zusammenfassung

Schon vor 1898 war Diacetylmorphin mehrfach, erstmals von dem Engländer C.R.A. Wright 1874, im Zusammenhang mit der Konstitutionsaufklärung des Morphinmoleküls synthetisiert worden. Die frühesten pharmakologischen Prüfungen unternahm 1875 sein Landsmann F.M. Pierce, der die Substanz jedoch nur tierexperimentell untersuchte. Erst die Farbenfabriken vorm. Friedrich Bayer & Co. brachten das halbsynthetische Morphinderivat 1898 unter dem Warenzeichen Heroin als Atmungssedativum und Codeinersatz auf den Arzneimittelmarkt. Seine Synthese war das Ergebnis der damals weit verbreiteten und wirtschaftlich hohe Rentabilität versprechenden Suche nach weniger toxischen und effektiveren Ersatzmitteln für schon bekannte Präparate. Besonders das chemische Verfahren der Acetylierung, das man auch als „Veredlung" bezeichnete, erfreute sich großer Beliebtheit und schien sich bei dieser Suche glänzend zu bewähren. Vermutlich auf Weisung vorgesetzter Mitarbeiter acetylierte der Werkschemiker Felix Hoffmann mittels Essigsäureanhydrid am 10. August 1897 Salicylsäure zu Acetylsaliylsäure (*Aspirin*) und am 21. August 1897 Morphin zu Diacetylmorphin (*Heroin*) nach dem schon bekannten Verfahren von Wright. Eben deswegen war der Patentschutz für die Substanz, wie auch für Aspirin, ausgeschlossen, so daß nur ihr Markenname Heroin warenzeichenrechtlichen Schutz genoß. Dieser erlosch in Deutschland am 30.9.1950. Spanien war weltweit das letzte Land, das den Wortschutz für Heroin 1984 aufhob.

Der oder die Schöpfer des Warenzeichens Heroin und ihr Motiv, seine Wirkung durch gerade diese Wortschöpfung mit dem aus der griechischen Mythologie herrührenden Begriff des „Heros" zu verknüpfen, bleiben unklar, da entsprechende Dokumente der Farbenfabriken nicht mehr vorhanden sind. Daß mit der Wahl des Warenzeichens Heroin die Farbenfabriken ganz generell auf die vorzügliche, alle anderen vergleichbaren Präparate (Codein, Dionin) übertreffende Wirkung ihres Heroins hinweisen wollten, ist belegt. Gleichwohl existierte das Zeichen Heroin bereits zu einer Zeit (Mai 1898), als vergleichende klinische Studien, die die Überlegenheit des Mittels über andere Morphinderivate nahegelegt oder gar bewiesen hätten, noch nicht vorlagen. Die Wahl des Zeichens Heroin bleibt auch unter rein propagandistischen Gesichtspunkten nebulös, weil Ärzte und Patienten die heroischen Heilmittel („Heroika") assoziieren mußten, die als ultima ratio therapeutischer Möglichkeiten in dem Ruf zweifelhafter und gefährlicher Heilmittel standen.

Der leitende Pharmakologe der Farbenfabriken, Heinrich Dreser, prüfte das neue Mittel 1897/98 im Tierexperiment (Fische, Kaninchen, Katzen), im Selbstversuch und an Werksangehörigen der Farbenfabriken, bevor er es zur klinischen Erprobung gab. Dresers Heroinprüfungen an ahnungslosen Menschen müssen, ebenso wie die seines Mitarbeiters Emil Impens, auch nach den damaligen Kriterien für Arzneimittelversuche am Menschen als nicht vertretbar bewertet werden.

Der pharmakologischen Prüfung und therapeutischen Empfehlung durch den als Schöpfer des Heroins geltenden Pharmakologen Dreser folgte eine ausführliche und heftige, bis 1911 während internationale Kontroverse um die von ihm behaupteten Eigenschaften des neuen Mittels. In ihrem Mittelpunkt stand der zentrale, die Einführung des Heroins als Arzneimittel begründende Befund Dresers, es ökonomisiere die Atemarbeit der erkrankten Lungen durch Vertiefung und Verlangsamung des einzelnen Atemzugs wirkungsvoller als das überdies toxischere Codein, weswegen es letzterem vorzuziehen sei. Der Pharmakologe von Issekutz widerlegte bereits 1911 diese vermeintlich spezifische Heroinwirkung. Die Opiatpharmakologie konnte später ganz im Gegenteil nachweisen, daß es zu einer objektiven Abnahme des Atemhubvolumens und der Atemfrequenz unter Heroineinwirkung kommt, ein Befund, der dosisabhängig allen Morphinderivaten eigen ist und bei hoher Dosierung zu der gefürchteten zentralen Atemlähmung führen kann. Die Einführung des Heroins als Arzneimittel beruhte mithin auf pharmakologischen Befunden, die sich als Irrtum erwiesen.

Dennoch berichteten viele der frühen klinischen Untersucher, ganz im Sinne Dresers, über eine ausgeprägte Linderung jeder Art von Luftnot nach Heroingabe. Sie beruhte jedoch aus heutiger Sicht nicht auf günstigeren Atmungsparametern, sondern auf pharmakodynamischen, allen Morphinderivaten eigenen Wirkmechanismen, die damals noch gar nicht und auch heute noch nicht völlig verstanden sind. Sicher sind sie nicht allein dem euphorisierenden Effekt der Opiate zuzuschreiben. Vielmehr beinhalten sie nach jüngeren Erkenntnissen der Opiatpharmakologie einerseits eine Reduktion des Sauerstoffverbrauchs, der Atemarbeit und des Atemantriebs, andererseits wird durch sie die zentralnervöse Perzeption „Luftnot" ebenso im Sinne einer Linderung alteriert wie die zentralnervöse Perzeption „Schmerz". Luftnot ist demnach als ein Schmerzäquivalent aufzufassen. Dieses schon vor 100 Jahren beobachtete, aber unverstandene Wirkprinzip der Morphinabkömmlinge haben moderne Behandlungsstrategien für schwerste Zustände von Luftnot, zum Beispiel bei therapierefraktären obstruierenden Atemwegserkrankungen, wieder aufgegriffen.

Aufgrund verschiedener, einen abhängigkeitsbildenden Effekt negierender früher Publikationen, fand Heroin auch zur Behandlung des Morphinismus sporadisch Verwendung. Bei dieser Behandlungsindikation handelte es ich jedoch keineswegs um die Einführungsindikation des Mittels, wie immer wieder behauptet wurde. Obwohl kein geringerer als der spätere Direktor der Farbenfabriken, Carl Duisberg, firmenintern diesen Gebrauch des Mittels erstmals anregte, wiesen die offiziellen Firmeninformationen für die Ärzteschaft schon 1902 auf die Fragwürdigkeit dieser Indikation hin, für die die Farbenfabriken namentlich acht Kritiker und vier Befürworter nannten. Im übrigen sind die wenigen frühen Mitteilungen darüber, Morphinisten mittels Heroin zu entziehen, durchaus verständlich, denn das Abhängigkeitspotential des Heroins war zunächst ebenso schwer zu durchschauen, wie das der chemisch sehr ähnlichen Morphinderivate Codein und Dionin, die Ärzte gleichfalls zur Kur des Morphinismus einsetzten.

Obwohl in der Literatur iatrogener Heroinismus beschrieben ist, war sein Mißbrauch, gemessen an der Verbreitung des Heroins als Arzneimittel, selten. Iatrogener Morphinmißbrauch war wesentlich häufiger, aber auch er war zu keiner Zeit in Mitteleuropa ein sozialmedizinisches Problem, das öffentliche Aufmerksamkeit auf sich zog. Die im Vergleich zu Morphin niedrigere Dosierung des Heroins, seine vorwiegend orale Applikation im Rahmen eines therapeutischen Settings (Indikation und Kontrolle durch einen Arzt), führte damals ebenso selten in die psychische Abhängigkeit (Sucht), wie es die ärztlich indizierte und überwachte Einnahme von Heroin oder anderen vergleichbar stark wirkenden Opioiden heute tut.

Die von der Ärzteschaft beobachteten vorteilhaften Effekte des Heroins bei Atemwegserkrankungen, von denen zahllose, nicht selten geradezu euphorische Mitteilungen in der Fachpresse zeugen, führten frühzeitig zu einer erheblichen Ausweitung seiner ursprünglichen therapeutischen Indikation: Die Behandlung von Herz- und Kreislauferkrankungen, von neurotischen, insbesondere bestimmten damals als krankhaft geltenden sexuellen Verhaltensweisen (Onanie, Nymphomanie) sowie von psychiatrischen Leiden mittels Heroin war geläufig. Auch in der Geburtsanalgesie und bei der Prämedikation von Narkosen hatte es eine gewisse Bedeutung.

Über seine Verwendung in der Humanmedizin hinaus nutzte man es zwischen 1900 und 1910 auch als Dopingmittel für Mensch und Tier. Bergsteiger gebrauchten es als leistungssteigerndes Mittel zur Vorbeugung und Vermeidung von Luftnot unter Höhenbedingungen. Im Pferderennsport war es um die Jahrhundertwende ein regulärer Bestandteil von Dopingmixturen. Auch als Tierarzneimittel wurde es noch bis 1954 empfohlen.

Noch nach 1953 war Heroin in 17 nationale Arzneibücher eingeschlossen. Zwischen 1900 und 1940 führten es nahezu alle Lehrbücher der Pharmakologie und Inneren Medizin sowie Arzneimittelkompendien als Mittel gegen Husten, Luftnot und katarrhalische Infekte. Auch als Beruhigungsmittel und „Anaphrodisiakum" fand es noch bis 1940 Erwähnung, generell mit dem Hinweis, es vorsichtig zu dosieren und auf Gewohnheitsbildung zu achten.

Inwieweit die „guten Beziehungen" der Farbenfabriken zu Kliniken und Ärzten, zumal in Berlin, und die aggressiven Vermarktungsstrategien des Unternehmens die Unabhängigkeit des Urteils der Ärzteschaft und damit den Wert der frühen Heroinstudien beeinträchtigten, ist nur schwer abschätzbar. Ausgeschlossen erscheinen solche Einflüsse keineswegs, wie die Protokolle der pharmazeutischen Konferenzen des Unternehmens von 1899 und 1900, auf denen die Heroinumsätze zur Debatte standen, nahelegen.

Die industrielle Heroinerzeugung lag nur für wenige Jahre allein in den Händen der Farbenfabriken, die mit ihrer Spezialität Heroin den einzigen Versuch unternahmen, an dem von C.H. Boehringer Sohn, E. Merck und der Knoll AG dominierten, lukrativen Alkaloidgeschäft zu partizipieren. Zwischen 1900 und 1915 belief sich die Heroinfabrikation der Farbenfabriken auf etwa eine Tonne jährlich. 80 Prozent der Produktion wurde in mehr als 25 Länder exportiert, Hauptabnehmer waren die Vereinigten Staaten. Am Nettogewinn der Sparte Pharmazeutika war Heroin während dieser Zeit mit 3 bis 5 Prozent beteiligt, 1902 erreichte es auf der Liste der umsatzstärksten Arzneimittel vorübergehend den achten Rang.

Lanciert wurde das Produkt mit beträchtlichem Werbeaufwand, der aber in Qualität und Quantität demjenigen für andere Arzneimittel entsprach. Heroin gelangte als Pulver, Tablette und Sirup auf den Markt, erst nach 1929 war auch eine gebrauchsfertige Ampulle für Injektionszwecke verfügbar. Bedingt durch die Einwirkungen und Folgen des Ersten Weltkriegs, durch Konkurrenzproduktion im In- und Ausland und die Auswirkungen der Opiumgesetzgebung ging die Heroinfabrikation der Farbenfabriken nach 1915 kontinuierlich zurück. 1926 betrug der Umsatz noch 26 kg, 1944 weisen die Unternehmensstatistiken letztmalig den Verkauf von weniger als 1 kg aus Beständen auf. Die Heroinherstellung war bereits 1940 aufgegeben worden.

Die Konkurrenzproduktion von Heroin durch pharmazeutische Firmen des In- und Auslandes begann spätestens 1905. Im Deutschen Reich unterhielten die Unternehmen C.H. Boehringer Sohn, E. Merck, von Heyden, die Knoll AG und die Deutsche Hoffman La Roche AG eine eigene Heroinherstellung. Zahlreiche schweizerische, britische, italienische, später auch japanische und russische Arzneimittelhersteller kamen hinzu. Zum bedeutendsten Produktionsland entwickelte sich zwischen 1920 und 1930 die Schweiz, die 1926 allein 4,5 Tonnen Heroin exportierte. Im Deutschen Reich war C.H. Boehringer Sohn der führende Heroinfabrikant (1923: Produktion von 3 Tonnen Heroin). Nach Völkerbundangaben belief sich die weltweite Heroinfabrikation zwischen 1925 und 1930 auf jährlich vier bis neun Tonnen bei einem auf zwei Tonnen veranschlagten legitimen Jahresweltbedarf für medizinische und wissenschaftliche Zwecke.

Nach dem Genfer Abkommen zur Begrenzung der Herstellung von Narkotika (1931) ging die lizensierte internationale Produktion von Heroin sowie sein Gebrauch zu medizinischen Zwecken schlagartig zurück. Ein zuvor immer wieder von den Vereinigten Staaten und anderen Nationen gefordertes internationales Herstellungs- und Anwendungsverbot von Heroin scheiterte jedoch an den unterschiedlichen Interessen und Auffassungen der Mitgliedsstaaten des Völkerbundes. Sie beriefen sich auf ihre jeweiligen Experten, zumeist führende Pharmakologen und Kliniker, von denen nicht wenige Heroin für ein unentbehrliches Arzneimittel hielten.

Vor dem Zweiten Weltkrieg besaßen wenigstens 16 Staaten eine eigene lizensierte Heroinfabrikation. 1961 nannte das International Narcotics Control Board der Vereinten Nationen nur noch drei Herstellerländer: Großbritannien, Frankreich und Belgien. Die legale weltweite Heroinproduktion betrug in diesem Jahr noch 61 kg. Nach 1985 stieg sie erneut leicht an, seitdem liegt sie jährlich zwischen 300 und 400 kg, die allein in Großbritannien hergestellt werden. Einen für medizinisch-therapeutische Zwecke relevanten Heroinverbrauch haben gegenwärtig nur Großbritannien und die Schweiz, die seit 1997 Heroin unter bestimmten Bedingungen an Opiatabhängige abgibt

In den Vereinigten Staaten, in denen seit 1924 ein faktisches Heroinverbot besteht, gründete sich 1974 eine breite, von Laien, Ärzten und Politikern getragene Initiative zur erneuten Legalisierung von Heroin für den medizinischen Gebrauch. Sie mündete schließlich in eine Gesetzesvorlage, den Compassionate Pain Relief Act, den der amerikanische Kongreß jedoch 1985 scheitern ließ. Kanada hingegen legalisierte den medizinischen Heroingebrauch für Schwerstkranke und Sterbende erneut im gleichen Jahr.

In der Bundesrepublik besaßen noch zu Beginn der fünfziger Jahre die Firmen C.H. Boehringer Sohn, die Deutsche Hoffmann La Roche AG, die Dr. Karl Thomae GmbH und die Knoll AG eine Lizenz zur Herstellung von Heroin. 1954 hatte C.H. Boehringer Sohn letztmalig 0,54 kg Heroin nach Dänemark und Paraguay exportiert. Sämtliche Lizenzen widerrief die 1952 eingerichtete Bundesopiumstelle sukzessive bis zum Jahresende 1954. Obwohl Heroin in der Bundesrepublik nur noch selten ärztlich verordnet wurde, erlosch seine Verkehrs- und Verschreibungsfähigkeit erst 1971 durch eine Änderung der Betäubungsmittelverschreibungsverordnung, die vermutlich auf den damals aufkommenden illegalen Heroinkonsum zurückging.

Den wenigen hundert Kilogramm Heroin, die gegenwärtig jährlich für Medizin und Wissenschaft legal hergestellt werden, steht heute eine illegale Heroinproduktion gegenüber, die mehr als das 300-fache umsetzt und damit Milliardenbeträge bewegt. Historisch gesehen ist die Entstehung dieses illegalen Marktes - wie Dokumente der Opiumkommission des Völkerbundes belegen - identisch mit der Verschiebung großer Teile der autorisierten Morphin-, Kokain- und Heroinproduktion in illegale Kanäle durch die pharmazeutische Industrie, wie die Erörterung der Beispiele Roessler Fils & Co., C.H. Boehringer Sohn, Hoffmann La Roche AG, Schiaparelli und anderer pharmazeutischer Firmen zeigt. Zwischen 1925 und 1930, der Blütezeit des illegalen Alkaloidgeschäfts, gelangten allein mindestens zwanzig Tonnen Heroin aus pharmazeutischer Fabrikation unter Mißachtung der Bestimmungen der Genfer Opiumabkommen in den internationalen Drogenschwarzhandel. Nach den Unterlagen des Völkerbundes ist gesichert, daß in vielen Fällen die zur Betäubungsmittelherstellung lizensierten Unternehmen selbst die Betreiber illegaler Alkaloidgeschäfte waren.

Erst gegen Ende der dreißiger Jahre, als die Bestimmungen der Opiumabkommen zur Kontrolle und Eindämmung der Betäubungsmittelindustrie Wirkung zeigten, bildete sich allmählich eine von dieser unabhängige klandestine „Drogenindustrie", wenn auch, wie das Beispiel Schiaparelli zeigt, die Spur der direkten Mitwirkung der pharmazeutischen Industrie am illegalen Heroingeschäft bis in die fünfziger Jahre reicht. So muß, historisch betrachtet, besonders der europäischen pharmazeutischen Industrie eine direkte Mitverantwortung für die Genese und Verbreitung des Drogenmißbrauchs und der Entstehung der Drogenschwarzmärkte zugewiesen werden.

Tieferen Einblick in das Verhalten des Heroins im menschlichen Organismus gewann die Medizin erst nach 1935. Bedeutsam war der Befund (1965), daß Heroin nicht als solches im Körper zur Wirkung kommt, sondern seine Spaltprodukte (Metaboliten), vorwiegend Morphin selbst. Die spezifische Heroinwirkung zu erklären, die von Heroinabhängigen nach intravenöser Injektion als „Kick" oder „Rush" erlebt wird und in enger

Beziehung zum Phänomen der Heroinabhängigkeit steht, gelang 1983 durch den Nachweis, daß Heroin wegen seiner höheren Fettlöslichkeit schneller und damit in höherer Konzentration durch die Bluthirnschranke ins Zentralnervensystem eindringt.

Zahlreiche Studien befaßten sich nach 1970 mit dem Stellenwert des Heroins als Mittel zur Behandlung schwerster Schmerzen. Bei oraler Verabreichung wirkt es nicht besser als Morphin. Intravenös gegeben, führt Heroin schneller zu Schmerzfreiheit als Morphin, dessen Analgesie jedoch länger anhält. Bei bestimmten Applikationsformen (subkutan, intramuskulär, implantierte Pumpe) besitzt Heroin wegen seiner besseren Löslichkeit praktische Vorteile. Inwieweit die Wirkung von Hydromorphon (Dilaudid) der von Heroin gleichwertig oder gar überlegen ist, ist eine noch offene Frage.

Abhängigkeit von Heroin, wie auch die von anderen Drogen, stellt die intensivste und folgenreichste sowie gesellschaftlich sichtbarste Weise der Drogenbindung dar. Sie gehorcht *nicht*, wie üblicherweise angenommen, einem „On-off-Schema", sondern umfaßt ein Kontinuum, innerhalb dessen die jeweils sich ergebende Intensität und Art der Drogenbindung einem komplexen Zusammenwirken der pharmakologischen Eigenschaften der Droge, der inneren Verfaßtheit ihres Gebrauchers und externen Bedingungen und Einflüssen unterliegt. Abgesehen davon, daß wahrscheinlich die meisten jugendlichen „Probierer" oder „Einsteiger", vom Heroinkonsum kurzfristig wieder ablassen, existieren nicht abhängige Konsumformen in dem Sinne, daß die Droge niederfrequent eingenommen wird, die Lebensgestaltung von ihr nicht dominiert wird und weder merkliche gesundheitliche noch soziale Folgeerscheinungen auftreten. Selbst die mehr oder weniger spontane, jedenfalls nicht therapiegestützte Überwindung der Abhängigkeit ist möglich, wie die Beispiele ehemals abhängiger Vietnamveteranen und auch hiesige Verlaufsbeobachtungen der „Karrieren" von Heroinabhängigen eindrucksvoll belegen. Dies spricht für die vielfach unterschätzte Bedeutung der nicht stoffgebundenen Einflußfaktoren auf Genese und Überwindung von Abhängigkeit. Unter ihnen scheint die Erwartungshaltung und primäre Intention der Drogeneinnahme ihr künftiges Muster richtungsweisend zu gestalten: Opiatpflichtige Schmerzpatienten werden zwar körperlich morphinabhängig, neigen aber im Unterschied zum klassischen Heroinabhängigen meist nicht zur Dosissteigerung und lassen den für sie typischen Drogenhunger („Craving") vermissen. Manifeste Heroinabhängigkeit geht regelhaft mit einem hochfrequenten Konsummuster, ausgeprägter Toleranzentwicklung und einem meist als quälend erlebten und mehr oder weniger kontinuierlichen, nicht allein an Entzugssituationen gebundenen Drogenhunger („Craving") einher. Diese Erscheinungen unterhalten gemeinsam die Abhängigkeit, deren Prognose um so ungünstiger ist, je vulnerabler (z.b. familiäre Belastung, affektive Erkrankung u.a.) das betreffende Individuum ist. Ein in diesem Sinne Abhängiger scheitert nicht so sehr an der Unfähigkeit, den Konsum der Droge kurzfristig, selbst für Wochen oder Monate, zu unterlassen, sondern vielmehr an der Unfähigkeit, diesen Status dauerhaft aufrechtzuerhalten: Der Rückfall ist somit das eigentliche Problem („Krankheit"), der das Wesen der Abhängigkeit konstituiert.

Jüngsten Forschungsergebnissen zufolge spricht vieles dafür, daß die Abhängigkeit von Opiaten mit einer Erkrankung des Zentralnervensystems einhergeht. Chronische Opiatzufuhr bewirkt somatische Veränderungen in bestimmten Hirnarealen, die für die Modulation und Kontrolle unserer kognitiven Fähigkeiten, unseres emotionalen Gleichgewichts und Sozialverhaltens unabdingbar sind. Das Gehirn eines manifest Drogenabhängigen ist ein verändertes Gehirn, im Prinzip vergleichbar dem eines zum Beispiel an der Parkinsonschen oder Alzheimerschen Erkrankung leidenden Menschen. Dies unterstreicht die Bedeutung primärpräventiver Konzepte und heißt keineswegs, daß die von manchen befürchtete Medikalisierung des Drogenabhängigen künftig andere Ansätze seiner Behandlung, wie etwa verhaltens- oder sozialtherapeutische Interventionen, dominieren oder gar überflüssig machen wird. Denn jüngere Forschungsergebnisse zeigen nicht nur, daß das Gehirn das Verhalten bestimmt, sondern daß auch umgekehrt verändertes Verhalten zu biologischen Veränderungen im Zentralnervensystem führt. Viel wichtiger dagegen ist, daß das Krankheitskonzept der Drogenabhängigkeit dazu bewegen sollte, einer von ihr betroffenen Person die gleiche Akzeptanz zuteil werden zu lassen wie anderen, unter einer schwer chronischen Erkrankung leidenden Menschen

Das enorme Ausmaß körperlicher, mentaler und sozialer Verelendung, die das Bild des Heroinabhängigen in der Öffentlichkeit so nachhaltig prägt, ist nicht Ausdruck der intrinischen Eigenschaften der Droge Heroin, vielmehr allein die Folge der Bedingungen ihres Konsums. Unter ihnen spielt die Illegalität der Droge eine alle anderen überragende Rolle.

Die Transformation des Heroins vom Arzneimittel zur Droge, zu einem einzigartig und nachhaltig stigmatisierten Suchtstoff, zum „Rauschgift" schlechthin, ist eine Schöpfung der amerikanischen Drogenpolitik des beginnenden 20. Jahrhunderts. Diese wurzelt in der Tradition der puritanischen Ethik Neuenglands, der die verstandesmäßige Beherrschung des Trieb- und Gefühlslebens und die Zügelung des Genusses als bedeutende ideologische Merkmale eigen waren. Die in der zweiten Hälfte des 19. Jahrhunderts in den Vereinigten Staaten einsetzende Industrialisierung und Urbanisierung, inneramerikanische Siedlungs- und Wanderungsbewegungen und ein mächtiger Strom chinesischer und europäischer Einwanderer drohten das junge, vom Puritanismus getragene amerikanische Staatswesen zu destabilisieren. Erklärungen waren vonnöten, um diesem Prozeß, den das weiße Amerika als Anschlag auf seine Mitte erlebte, überzeugend entgegenzutreten. Einflußreiche Temperenzler- und Reformbewegungen, die die Zahl chinesischer Opiumraucher, Kokain konsumierender Schwarzer und iatrogener weißer Morphinisten maßlos übertrieben, gelang es um die Jahrhundertwende, die amerikanische Politik und Gesellschaft von der „devil drug" als einer Hauptursache allen amerikanischen „Übels" jener Epoche zu überzeugen.

Das seit 1900 in den Vereinigten Staaten zunächst nur als Arzneimittel verwendete Heroin gewann als Droge erst nach 1910 eine gewisse Popularität. Gesetzliche Restriktionen hatten die Verfügbarkeit von Rauchopium und Kokain enorm erschwert und Heroin, das billig, leicht zu strecken und wie Kokain sniefbar war, rückte für viele Drogenkonsumenten an ihre Stelle. Das reale Heroinproblem, zumal in den von wachsenden sozialen Verwerfungen und Kriminalität gezeichneten Großstädten der Ostküste, blieb allerdings hinter der Größenordnung, die ihm von Politikern und einer demagogischen Anti-Drogen-Propaganda unterstellt wurde, ebenso weit zurück wie die behauptete Zahl Heroin verschreibender, verantwortungsloser Ärzte hinter ihrer tatsächlichen. Die Dämonisierung der Droge erreichte ihren Höhepunkt, als von mehreren Seiten, unter anderem auch während eines Kongreß-Hearings zu einem 1924 vorgesehenen Heroinverbot, unwidersprochen behauptet wurde, „daß Heroin als solches direkt Gewalttätigkeit und kriminelle Energie stimuliere". Anti-Drogen-Pogrome wie die des umtriebigen Kongreßabgeordneten Richmond P. Hobson überzogen die amerikanische Öffentlichkeit mit ebenso infamen wie absurden Darstellungen über Heroinabhängige, die ihr als „kontagiös, vergleichbar Leprakranken", vorgeführt wurden.

Höchst willkommen war der amerikanischen Agitation gegen Heroin zudem, daß es vom Kriegsgegner und „Marxismus-Erfinder" Deutschland entwickelt worden war. Damit konnte der amerikanischen Gesellschaft erneut demonstriert werden, daß fremde Mächte sich selbst unter Einsatz von Drogen nicht scheuten, die amerikanische Gesellschaft - im wörtlichen Sinn - zu „vergiften" und ihre Ideale zu untergraben. Die wahren „Feinde Amerikas" waren deshalb primär nicht im Lande selbst, sondern jenseits seiner Grenzen zu suchen und zu bekämpfen.

Dieser Sichtweise und Bewertung, nicht nur der Droge Heroin, sondern der Drogenproblematik überhaupt, setzten weder die amerikanische Ärzteschaft noch andere amerikanische Institutionen des Gesundheits- und Sozialwesens entscheidendes entgegen. Ihre Kontrolle versagte, mehr noch: Die amerikanische Ärzteschaft verabschiedete sich von dem bis dahin von ihr mehrheitlich verfochtenen respektablen Krankheitskonzept der Abhängigkeitsproblematik und verriet damit ihr wissenschaftliches Fundament und ihre Selbstachtung. Sie übernahm für lange Zeit ein von einer demagogischen Politik inszeniertes Verständnis von Abhängigkeit, dessen wesentliches Merkmal ein lasterhafter Charakter und individuelles moralisches Versagen war.

Dieses Drogenparadigma wurde nicht nur zur Grundlage der amerikanischen Verhandlungsposition während der Genfer Opiumkonferenzen, sondern weit über sie hinaus prägend für alle folgenden internationalen Verträge zur Eindämmung des Drogenproblems. In ihm hat nicht nur der amerikanische „war on drugs", sondern auch die prohibitive Drogenpolitik der westlichen Nationen überhaupt ihre eigentlichen Wurzeln.

Ausblick

Daß bestimmten Zwecken zugedachte Mittel jenen mit oftmals fatalen Folgen entfremdet werden, ist ein in vielen gesellschaftlichen Handlungsfeldern zu beobachtendes Faktum, das als Preis für eine freiheitliche Verfassung hinzunehmen unsere Gesellschaft offensichtlich bereit ist. Niemand käme auf die Idee, gewisse Sportarten, die enorme gesundheitliche Gefährdungen bergen, zu untersagen, niemand würde das Schuldenmachen verbieten wollen, obwohl hunderttausende Familien hierdurch in eine ausweglose Lage geraten. Niemand würde Aspirin aus dem Verkehr ziehen, ja nicht einmal unter Rezeptpflicht stellen wollen, obwohl bereits wenige Tabletten für einen Suizid ausreichen und jährlich Tausende solcher Verzweiflungstaten in deutschen Kliniken Anlaß zur Behandlung geben.

Diesem Kontext kann sich auch die Drogenpolitik nicht entziehen. Denn eingebettet ist sie in eine Epoche, die schon oft und zu Recht als „permissiv" charakterisiert worden ist. Der Permissivität aber sind Bevormundung und Verbote fremd, zumindest suspekt, womit eine Politik, die einerseits unaufhörlich das Schlagwort vom „mündigen Bürger" propagiert und seine Kompetenz und persönliche Autonomie geradezu einklagt, andererseits aber an der bedingungslosen Prohibition bestimmter Drogen festhält, in kaum auflösbare Widersprüche gerät. Eingebunden ist diese Drogenpolitik in eine Zeit, in der Unlust zu tolerieren zunehmend verlernt wird - für mehr und mehr Bürger ist der Alltag nur noch mit Hilfe von Psychopharmaka zu ertragen. Die Verknüpfung von Leistung und Chemie ist nahezu selbstverständlich geworden - die immer neuen Doping-Skandale im Sport sind nur das augenfälligste Beispiel. Instant-Lösungen für Probleme sind gefragt - einem Übergewichtigen zu empfehlen, kalorienärmer zu essen, mutet fast schon unangemessen und antiquiert an, wo doch die Implantation eines Magenballons oder Fettabsaugung sofortige Bedürfnisbefriedigung versprechen. Drogenpolitik in einer Zeit, in der die Grenzen zwischen Genuß und Sucht immer schwieriger zu ziehen sind, in der man sich dem Automobil eher drogentheoretisch als ergonomisch oder transportwissenschaftlich nähern muß, in der dem Einverleiben oder Besitz höchste Priorität zukommt - eine solche Epoche schafft einen *strukturellen Bedarf* nach Drogen im weitesten Sinn. Ihm mit starrem Festhalten an hehren Zielen wie der „drogenfreien Gesellschaft" und einer naiven Propaganda nach Art des Slogans „die beste Droge ist immer noch ein kluger Kopf", entgegenzutreten, mag von manchen Zeitgenossen immer noch als eine moralische Stärke angesehen werden. In analytischer Hinsicht aber stellt sie eine Schwäche dar, die, weil sie sich besserwisserisch an einem Soll- statt an einem Ist-Zustand orientiert, bei ihren Adressaten kaum auf Widerhall trifft. Ihm gar mit Strafe oder Verbot beikommen zu wollen, ist vollends abwegig und stellt sicher die ineffektivste Strategie der Bewältigung des Drogenproblems dar, weil sie - und dies ahnen besonders Jugendliche - paranoide Züge trägt.

Welches drogenpolitische Vorgehen hätte heute eine Chance, möglichst breites Gehör zu finden und akzeptiert zu werden? Wie könnte die Drogenpolitik ihr seit jeher größtes Defizit, ihren Mangel an Glaubwürdigkeit und Konsistenz, überwinden? Wie könnte letztlich auch die Heroinproblematik entschärft werden?

Die Beantwortung dieser Fragen, die sich als Skizze und Annäherung versteht und fern davon ist, einen neuen „Königsweg" zu vekünden, beruht auf drei Grundthesen:

1. Der Gebrauch psychoaktiver Substanzen ist ein universelles Phänomen, das „ausmerzen" zu können eine unrealistische und irrige Vorstellung ist.
2. Politik und Gesellschaft haben grundsätzlich die autonome Entscheidung des einzelnen für den Gebrauch dieser Substanzen zu respektieren.
3. Leben *mit* Drogen ist unter bestimmten Bedingungen individual- und sozialverträglicher als ein Leben *gegen* Drogen: Umfassende und ausgewogene Information, risikominimierende Angebote und schadensbegrenzende Strategien sind einer von Bevormundung, Verbot und Strafe getragenen Politik überlegen.

Aus diesen Thesen läßt sich ein „Public Health"-Konzept des Umgangs mit der Drogenproblematik ableiten, dem die folgenden strukurellen Merkmale eigen sind:[404]

1. Substanzmißbrauch betrifft in erster Linie die individuelle Gesundheit beziehungsweise Risiken, die sie beeinträchtigen. Drogenkonsum, gleich welcher Art, beinhaltet immer die Gefahr, eine oder mehrere drogen-assoziierte Erkrankungen zu akquirieren. Gesundheitsbezogenen Interventionen gebührt daher im Umgang mit Drogenproblemen oberste Priorität.
2. Substanzmißbrauch ist per se ein einheitliches und nicht ein zwei-geteiltes Problemfeld. Das gegenwärtige *Drogenschisma* ist sozio-kulturell definiert und verzerrt erheblich die tatsächlichen gesundheit-lichen und sozialen Gefahren, die mit dem Konsum nahezu *aller* psychoaktiven Substanzen verbunden sind. Aus der „Public Health"-Perspektive der Drogenproblematik ist die Kategorie „legal/illegal" nicht nur ohne jede Relevanz, sondern eher kontraproduktiv. „Public Health" bewertet psychoaktive Substanzen ohne Rücksicht auf ihre tatsächliche oder vermeintliche „Kulturverträglichkeit" (Alkohol!) primär nach gesundheitlichen Kriterien wie Abhängigkeitspotential und kurz- wie langfristigen Erkrankungswahrscheinlichkeiten und Erkran-kungshäufigkeiten. Zwar bedient sich das „Public Health"-Modell zur Bewältigung der Drogenproblematik staatlicher Regulierung und Inter-vention, doch enthält es sich dabei jeder moralisierenden Betrach-tungsweise. Die *Aufhebung des Drogenschismas* bildet folglich die Voraussetzung für eine konsistente - und glaubwürdige - Drogenpolitik.
3. „Public Health" behebt somit auch einen gravierenden Mangel der Drogenpolitik aller westlichen Nationen (mit Ausnahme Hollands), die den bei weitem größten Teil ihrer Aufmerksamkeit auf den bei weitem kleinsten Teil des „Übels" richten. 1990 waren beispielsweise in den Vereinigten Staaten circa 500.000 Todesfälle auf den regelmäßigen Konsum von Alkohol und Zigaretten zurückzuführen. Im gleichen Jahr bezifferte man die Zahl regelmäßiger Kokainkonsumenten auf 350.000. Es gab also 1990 in den Vereinigten Staaten ein Drittel weniger

---

404 Vgl. hierzu: Jonas, S., Public Health Approach to the Prevention of Substance Abuse, in: Lowinson, J.H., Substance Abuse, A Comprehensive Textbook (1992) S. 928-944

Konsumenten von Kokain als Alkohol- und Tabak assoziierte *Todesfälle*; die Drogenpolitik fokussierte jedoch nur auf erstere.[405] „Public Health" hingegen begreift das weite Spektrum der aus dem Konsum aller Substanzen mit Drogencharakter resultierenden gesundheitlichen und sozialen Beeinträchtigungen als *Kontinuum*, das für alle psychoaktiven Substanzen von geringfügigen bis zu schwersten Risiken und Schäden reicht.

4. Interventionen gegen Drogengebrauch und -mißbrauch einerseits und drogenbezogene Kriminalität andererseits müssen, obwohl miteinander zusammenhängend, klar voneinander geschieden werden. Mit strafrechtlichen Mitteln eine gesellschaftlich nicht erwünschte Verhaltensweise wie Drogen*konsum* zu regulieren oder einzudämmen, ist im Unterschied zur Bekämpfung der mit der Bereitstellung des Drogen*angebots* einhergehenden Großkriminalität generell abzulehnen, weil Drogengebraucher auf diese Weise erst recht zu Außenseitern oder Minoritäten werden, die in „Szenen" abgedrängt werden und nur in der Illegalität überleben können. Eine Politik der Akzeptanz, der Adaptation und Integration, die auch der „Public Health"-Ansatz vertritt, stellt demgegenüber kein Nachgeben dar, sondern zeugt von politischer Klugheit und einer zivilisierten Gesellschaft. Im übrigen kommt dem Drogenstrafrecht nicht einmal generalpräventive Wirkung zu, denn längst ist belegt, daß Jugendliche ihr Verhalten sehr viel stärker nach den Gruppennormen Gleichaltriger ausrichten als nach den Normen des Rechts.

5. Die sogenannte Legalisierung bisher illegaler Substanzen wird von ihren Befürwortern in ihren Auswirkungen zumeist überschätzt. Eine wie auch immer im Detail konzipierte Legalisierung zielt per definitionem auf die unter den Bedingungen der Illegalität herrschenden Marktmechanismen; sie zielt auf die Verfügbarkeit von Drogen und damit ausschließlich auf ihr *Angebot* und die mit ihm verbundene Groß- und Kleinkriminalität. Sie tangiert grundsätzlich nicht den *Bedarf* nach Drogen, der sich aus anderen Quellen speist. Das Drogenproblem verschwände also, manch gegenteiliger Hoffnung und Behauptung zum Trotz, keineswegs. Daher ist für den „Public Health"-Ansatz, der sozusagen auch unter Prohibitionsbedingungen funktioniert, der legale Status einer

---

405 Ebenda, S. 930

Droge prinzipiell unerheblich. Von nicht zu unterschätzender Bedeutung ist er allerdings insofern, als mit der Aufhebung der Prohibition vermutlich ein erheblicher Teil der drogenbezogenen Kriminalität und den mit ihr wiederum verbundenen gesundheitlichen Auswirkungen verschwände.

6. Grundlage des konkreten Arbeits- und Interventionsansatz des „Public Health"-Modells auf der Ebene der Beratung, Betreuung und Behandlung von Drogenkonsumenten ist das Konzept der humanistischen Psychologie: Akzeptanz des Klienten, Empathie auf seiten des Helfers oder Therapeuten, sowie eine nicht konfrontative, vielmehr motivierende Gesprächsführung sind ihre wichtigen Elemente.[406] Nicht ein idealer Soll-Zustand, sondern der reale Ist-Zustand und die dem Klienten jeweils zumutbaren Möglichkeiten bestimmen den „Process of Change". In diesem Prozeß gehorcht die Motivation zur Verhaltensänderung nicht einem starren On-off-Schema, sondern sie existiert in vielen verschiedenen Abstufungen, die sich auf unterschiedliche Teilziele unter dem Dach eines übergeordneten Zieles - letztlich, aber nicht unbedingt auf die dauerhafte Distanzierung von der Droge - beziehen. Die auf diese Weise in Gang kommende Verhaltensänderung ist als ein Adaptationsprozeß zu betrachten, der hemmenden und fördernden Einflüssen unterliegt. Die „therapeutische Reise" bewegt sich also über *intermediäre* Ziele, die aufzugreifen, anzuregen und zu stabilisieren die wesentliche Aufgabe der Intervention ausmacht.[407] Beispielsweise stellt der Übergang vom chaotischen polyvalenten Gebrauch multipler Substanzen zum „geordneten", monovalentem Gebrauch einer einzigen Droge, der Übergang vom injizierendem zum nicht injizierenden Konsum, der Wechsel vom Straßenheroinkonsum in ein Substitutionsprogramm jeweils einen hochsignifikante Fortschritt dar, der nicht nur gesundheitliche Risiken mindert, sondern letztlich auch immer die Option der Drogenfreiheit offenhält.

Unter dem Druck der Verhältnisse halten seit Jahren - trotz zum Teil immer noch heftiger Kritik - schadensbegrenzende Strategien wie Spritzentausch,

---

406 Vgl. hierzu: Rogers, C.R., A Theory of Therapy, Personality and Interpersonal Relationship. In: Koch, S., Psychology: The Study of a Science, Vol. 3 (1959) S. 184-256
407 Vgl. hierzu: Miller, W.R. u. Rollnick, S., Motivational Interviewing (1991) S. 3-13

Methadonsubstitution und die Einrichtung sogenannter Druckräume zögerlich Einzug in das Angebotsspektrum für Drogenkonsumenten, unter denen polytoxikomane intravenöse Drogengebraucher mit der Hauptdroge Heroin die wichtigste Zielgruppe darstellen. Dem Leitgedanken „to meet you where you are" und nicht „to meet you where you should be" gehorcht auch die jüngste, seit langem von Teilen der Politik und der Drogenhilfe geforderte Initiative der Bundesregierung: die ärztlich kontrollierte Heroinvergabe an Schwerstabhängige, die andere Angebote nicht annehmen können oder wollen. Zwar ist sie, wie die Erfahrungen in der Schweiz belegen, eine sinnvolle Maßnahme; ob sie jedoch über eine im Einzelfall zu erreichende gesundheitliche Stabilisierung und soziale Reintegration zu einer von vielen erwarteten spürbaren Entschärfung des Heroinproblems überhaupt führen wird, muß bezweifelt werden. Gleichwohl ist für langjährig Heroinabhängige, die von schwerer chronischer Krankheit und Verelendung gezeichnet sind, die Originalstoffvergabe eine aus humanitärer Sicht alternativlose palliativ-medizinische Maßnahme, und sie allein schon rechtfertigt es, ja verpflichtet dazu, die Heroinvergabe als Option bereitzustellen.

Nicht ausgeschlossen ist, daß die Vergabe von Heroin langfristig eine andere weitreichende Chance zur Bewältigung des Drogenproblems eröffnet. Die ärztlich verordnete Abgabe von Heroin bedeutet faktisch seine Wiedereinführung als Arzneimittel. Von ihr ist zu wünschen, daß sie dazu beiträgt, der Stigmatisierung dieser janusköpfigen Substanz ein Ende zu setzen und damit den Menschen, die an ihr leiden, ihr Schicksal zu erleichtern.

Die Geschichte der Drogen, zumal die des Heroins, lehrt auch, daß eine Gesellschaft lernen muß, gewisse Ausweglosigkeiten, für die wohl nie eine Lösung, sondern lediglich die Annäherung an eine solche möglich ist, in einem Sinne zu ertragen, den Albert Einstein so treffend formulierte: „The world we have made as a result of the level of thinking thus far creates problems we cannot solve at the same level at which we created them."[408]

---

408 Zit. nach: Wisotsky, S., Beyond the War on Drugs, in: Inciardi, A., The Drug Legalization Debate (1991) S. 103

Strukturformel Heroin (Diacetylmorphin) und Metaboliten

Heroin

6-Monoacetylmorphine

Morphine

Conjugates

Quelle: Ellenhorn, M.J. u. Barceloux, D,G., Medical Toxicology, New York (1988), S. 698

Abkürzungen

BGA	Bundesgesundheitsamt
BGBl	Bundesgesetzblatt
BKW	Berliner Klinische Wochenschrift
BMJ	British Medical Journal
Bull.Narc.	Bulletin on Narcotics. United Nations, Department of Social Affairs
DAB	Deutsches Arzneibuch
DMW	Deutsche Medizinische Wochenschrift
JAMA	Journal of the American Medical Association
L.o.N.P.(XI.)	League of Nations Publications (XI.), Opium and Other Dangerous Drugs
MMW	Münchener Medizinische Wochenschrift
NEJM	New England Journal of Medicine
RGBl	Reichsgesetzblatt
UN	United Nations
WHO	World Health Organization
ZNS	Zentralnervensystem

Literatur

Ackerknecht, E.H., Therapie von den Primitiven bis zum 20. Jahrhundert, Stuttgart (1970)

Ackerknecht, E.H., On the Driving Out of Beelzebub in Therapeutics, Gesnerus 44 (1987) S. 187-192

Ahlborne, M.B., Heroine in the Morphine Habit, New York Medical Journal 74 (1901) S. 235-236

Ahlborne, M.B. New Treatment for Morphinomania, Med. Summary 22 (1901) S. 365-367

American College of Physicians, Drug Therapy für Severe Chronic Pain in Terminal Illness, Annales of Internal Medicine 99 (1983) S. 870-873

Anonymus, Das Arsenikessen der Bergsteiger, Deutsche Alpenzeitung (1904/5) S. 195

Anonymus, Heroin in the Official Pharmacopoeia, Bull. Narc. 5 (1953) S. 19

Anonymus, Opium, Chemiker-Zeitung 52 (1928) S. 742-743

Anonymus, Produktion und Verbrauch von Betäubungsmitteln 1963, Deutsche Apothekerzeitung 105 (1965) S. 450

Anselmino, O., ABC of Narcotic Drugs. In: Series of League of Nations Publications. XI (1931)

Anselmino, O., Das Opiumgesetz und seine Ausführungsbestimmungen, Berlin (1924)

Aneslmino, O. u. Hamburger, A., Kommentar zu den Gesetzen über den Verkehr mit Betäubungsmitteln (Opiumgesetz), Berlin (1931)

Arbuzow, K., Influence of Morphine and Heroine on the Isolated Heart of Carnivorous and Herbivorous Animals, Dissertation, Kharkov (1917)

Aronsohn, E. Zur Behandlung schwerer Hämoptoe, DMW 26 (1900). Therapeutische Beilage. Nr. 4, S. 27-28

Artaud, J. Quelques observations cliniques sur l'emploi de l'ether diacetique de la morphine dans le traitement de la douleur, Lyon Medical 96 (1901) S. 353

Artemow, Über die Anwendung der Heroinpräparate in der psychiatrischen Praxis, Wratsch (1901), Nr. 27

Ashley, R., Heroin. The Myths and the Facts, New York (1972)

Atwood, C.E., A Case of Heroine Habit, Medical Record 67 (1905) S. 856

Baader, G. u. Jüttner, G., Zur Frühgeschichte der pharmazeutischen Industrie, in: Forum für Medizin und Gesundheitspolitik, Berlin (1979) Nr. 10-12

Baars, G., Das Dopen der Pferde vom strafrechtlichen Standpunkt und die Beurteilung der üblichen Nachweismethoden der Dopingalkaloide im Speichel der Pferde, Deutsche Tierärztliche Wochenschrift (1926) S. 147

Babel, A., Über das Verhalten des Morphiums und seiner Derivate im Tierkörper, Archiv für Experimentelle Pathologie und Pharmakolgie 52 (1905) S. 262-270

Bachem, C., Arzneitherapie des praktischen Arztes, Berlin (1928)

Bacmeister, A., Lehrbuch der Lungenkrankheiten, Leipzig (1931)

Baldi, G., Eroina e su valore terapeutico, Dissertation, Bologna (1909)

Banzer, G.T., Arzneitherapie des praktischen Arztes, Berlin (1946)

Barten, E., Zur Aethertropfnarkose, MMW 51 (1904) S. 424

Basile, C., Sul valoro terapeutico dell'eroina, Archivo Internazionale di Medicina e Chirugia 16 (1900) Nr. 9

Baumann, E., Untersuchungen über eine neue Methode zur Erleichterung der Geburt, Monatsschrift für Gynakologie und Geburtshilfe 45 (1916) S. 138

Beaver, W.T. et al., A Comparison of the Analgesic Effect of Intramuscular Heroine and Morphine in Patients with Cancer Pain, Proceedings of theAmerican Association of Cancer Research 22 (1981) S. 420

Becker, F., Notiz über die Bedeutung des Heroins als Anaphrodisiakum, BKW 40 (1903) S. 1076

Becker, H.S.,Sociological Work, London (1971)

Becker, J., Über Heroin als Sedativum und Narkoticum, Dissertation, Bonn (1902)

Bedall, Die Höchstgabe des Diacetylmorphins, MMW (1920) S. 1191

Behr, H.-G., Weltmacht Droge, Wien/Düsseldorf (1984)

Beketoff, A.W., Zur therapeutischen Anwendung des Heroins, Klinisch-therapeutische Wochenschrift 6 (1899) Nr. 14

Bergemann v., G. u. Staehlin, R., Handbuch der Inneren Medizin. II. Bd., 2. Teil, Zirkulationsorgane und Luftwege, Berlin (1930)

Berger, H., Heroin Maintenance, British Journal of Addiction 71 (1977) S. 269-273

Bernsmann, W., Arzneimittelforschung und -entwicklung in Deutschland in der zweiten Hälfte des 19. Jahrhunderts, Pharmazeutische Industrie 29 (1967) S. 448-1035 u. 30 (1968) S. 58-473 (Sonderdruck)

Berridge, V., Professionalization and Narcotics: The Medical and Pharmaceutical Professions and British Narcotic Use 1886-1926, Psychological Medicine 8 (1978) S. 361-372

BGBl. (1971), Teil I

Blanchard, R.M., Heroin and Soldiers, Military Surgeon 33 (1913) S. 140-143

Bloch, R., Wirkung und praktische Verwendung der zwei neuen Morphinderivate ,Heroin' und ,Dionin', Heilkunde 3 (1899) Nr. 8

Blümel, Die medikamentöse Therapie der Lungentuberkulose, Fortschritte der Medizin. (1912) Nr. 44 u. 45

Boehning, A., Über Heroinum hydrochloricum, Chemiker-Zeitung 27 (1903) Suppl. Nr 67, S. 205

Boerner, U. et al., The Metabolism of Morphine and Heroine in Man, Drug Metabolism Review 4 (1975) S. 39-75

Boettger, H., Die preußischen Apothekengesetze, Berlin (1907)

Bonhoeffer, K. u. Illberg, G., Über Verbreitung und Bekämpfung des Morphinismus und Kokainismus, Zeitschrift für Psychiatrie 83 (1926) S. 228-249

Bougrier, L., Etude chimique physiologique et clinique sur l'héroine, Thèse, Paris (1899)

Bougrier, L. Les effets thérapeutiques de l'héroine, Journal de médicine interne 10 (1906) S. 300.

Bourne, P.G., Addiction, New York (1984)

Bourne, P.G. et al., A Study of Heroin Use in the State of Wyoming, Foundation for International Resources Inc. (1975)

Bower, B., Drugs of Choice, Science News 136 (1989) S. 392-393

Boyd, W.R., A Fatal Case of Poisoning by a Large Dose of Heroine Hydrochloride, Medical Journal of Australia 1 (1915) S. 91

Bradford, S. u. Seymour, G., Report on the Tuberculosis Clinic at Gouverneur Hospital, Medical Record 68 (1905) Nr. 10

Bradley, W.J., Diacetylmorphine, JAMA 48 (1907) S. 1109

Brandt, E.N., Compassionate Pain Relief: Is Heroin the Answer?, NEJM 311 (1984) S. 530-532

Brauser, H., Erfahrungen über Heroin, Deutsches Archiv für klinische Medizin 68 (1900) S. 87

Brooks, H. u. Mixell, H.R., Two Cases of Heroin Habituation, New York State Journal of Medicine 11 (1911) S. 86

Brown, S.H. u. Thompkins, E.D., Heroin as an Analgesic – A Report of Fifty Administrations of Heroin in the Howard Hospital, Therapeutic Gazette 24 (1900) S. 519

Braunwald, E., Heart Disease, Philadelphia (1988)

Buch u. Heyde, Bericht aus der Medizinischen Abteilung der Diakonissenanstalt zu Dresden (1900)

Burkart, R., Über Wesen und Behandlung der chronischen Morphiumvergiftung, Berlin (1884)

Burroughs, W.S., Kicking Drugs: A Very Personal Story, Harper's 235 (1967) July, S. 39-42

Carbonell y Soles, Notas clinicas sobre la Heroina, Archivos de Ginecopathia 12 (1899) S. 343

Caron, S. u. Samson, M., Heroinomania et ulcéres gastroduodénaux, Bulletin de la Société medicale des hospitaux de Quebec. 35 (1934) S. 36

Casparis, P., Su alcuni derivati della morfina e loro azione analgesica, Bolletino Chimico Farmaceutico 89 (1950) S. 309

Chopra, R.N., (ohne Titelangabe) in: Indian Medical Gazette 77 (1942) S. 26

Center, C.D., An Inquiry into the Action of Heroin Hydrochloride, Medical Fortnightly 19 (1906) S. 396

Clarke, E.G., The Doping of Race Horses, Medico-Legal Journal 30 (1952) S. 180-194

Comar, G. u. Buvat, J., Les toxicomanes à propos d'un cas d'héroinomanie, Presse medicale 12 (1904) S. 428-429

Combemale, F. u. Huriez, G., Quelques observations cliniques sur la valeur therapeutique de l'héroine, Echo medical du Nord (1902) Nr. 17

Compendium Roche, Basel (1948)

Crha, A., Beiträge zur Beurteilung des therapeutischen Wertes des Heroins, Heilkunde 7 (1903) S. 204-206

Deutsches Arzneibuch (DAB) 5 (1910), 6 (1926), 7 (1968), 8 (1979)

Dabney, S., Appendicitis from the Standpoint of the Patient, Louisville Monthly Journal of Medicine and Surgery (1903) Nr. 4

Dalmady, Therapeutische Erfahrungen mit Heroin, Budapesti Orvosi Ujsag (1904) Nr. 38

Daly, J., A Clinical Study of Heroine, Boston Medical and Surgery Journal 142 (1900) S. 190

Daly, J., A Contribution to the Symptomatic Treatment of Pulmonary Tuberculosis, New York Medical Journal 53 (1901) Nr. 1

Danckwortt, W., Über einige Derivate des Morphins, Archiv der Pharmazie 228 (1890) S. 572-595

Dansauer u. Rieth, Über Morphinismus bei Kriegsdienstbeschädigten, Berlin (1931)

Devin, G., Die Deutschen Militärapotheker im Weltkriege, Berlin (1920)

Ditz, W., Doping im Pferderennsport, Pfaffenweiler (1986)

Dombrowsky, Propriétés de l'héroine et du thiocol, Revue medical de l'hopital militaire d'Ouizakov (1899) Nr. 1

Dott, D.B. u. Stockman, R., Pharmacology of Morphine and its Derivatives, Proceedings of the Royal Society of Edinburgh 17 (1899/90) S. 321-379

Dover, S.B., Syringe Driver in Terminal Care, BMJ (Deutsche Ausgabe v. 1.4.1987, S. 49-51)

Dreser, H., Zur Chemie der Netzhautstäbchen, Dissertation, Heidelberg (1884)

Dreser, H., Report on the Pharmacology of Morphine and its Derivatives, Schmidt's Jahrbücher 229 (1891) S. 134

Dreser, H., Über die Messung der durch pharmakologische Agentien bedingten Veränderungen der Arbeitsgröße und der Elastizitätszustände des Skelettmuskels. Habilitatitonsschrift. Tübingen (1890)

Dreser, H., Pharmakologische Untersuchungen über das Lobelin der Lobelia inflata, Archiv für experimentelle Pathologie und Pharmakologie 26 (1890) S. 237-266

Dreser, H., Über die Wirkung einiger Derivate des Morphins auf die Athmung, Archiv für die gesamte Physiologie 72 (1898) S. 485-521

Dreser, H., Pharmakologisches über einige Morphinderivate, Therapeutische Monatshefte 12 (1898) S. 509-512

Dreser, H., Pharmakologisches über einige Morphinderivate, Verhandlungen der Gesellschaft Deutscher Naturforscher und Ärzte. 70. Versammlung zu Düsseldorf v. 19.-24. September 1898 (Abt. für Innere Medizin u. Pharmakologie, S. 34)

Dreser, H., Bemerkungen zu dem Aufsatz Professor Harnacks: Über die Giftigkeit des Heroins, MMW 46 (1899) S. 990-991

Dreser, H., Über den experimentellen Nachweis der Vertiefung und Verlangsamung der Athemzüge nach therapeutischen Heroingaben, Archiv für die gesamte Physiologie 80 (1900) S. 86-95

Dreser, H., Zur Controlle der einzelnen Tabletten und Pulver auf ihren Gehalt an stark wirkenden Arzneimitteln, Therapeutische Monatshefte 16 (1902) S. 415-418

Dreser, H., Das Pharmakologische Laboratorium der Farbenfabriken, in: „Boettinger-Schrift" BAYER-Archiv 1/6.1 (1918)

Duhem, P., L'héroine et les héroinomanes, Progres Medical 23 (1907) S. 113-117

Duhem, P., Treatment of Heroinomania and Morphinomania, Medical Press 5 (1911) S. 196

Dukes, M.N.G., Mylers Side Effects of Drugs, Amsterdam (1980)

Dundee, J.W. et al., Comparative Toxicity of Diamorphine, Morphine and Methadone, Lancet 167 (1967) S. 221-223

Dunn, J.T., Discussion of Trawick's Paper on ‚A Case on Heroin Poisoning‘, Kentucky Medical Journal 9 (1911) S. 189

Earles, M.P., The Introduction of Hydrocyanic Acid into Medicine, Medical History 11 (1967) S. 305-313

Earp, S.E., Some Thoughts on Morphine, Codeine and Heroine, Therapeutic Gazette 27 (1901) S. 9

Ebel, S. u. Roth, H.J., Lexikon der Pharmazie, Stuttgart (1987)

Eckenhoff, J.E., The Effects of Narcotics and Antagonists upon Respiration and Circulation in Man. A Review. Clinical Pharmacology and Therapeutics 1 (1960) S. 483-524

Eddy, N.B. et al., Synthetic Substances with Morphine-like Effect, Bulletin World Health Organization 17 (1957) S. 569-599

Eddy, N.B. u. May, L., The Search for a Better Analgesic, Science 181 (1973) S. 407-414

Eddy, N.B. u. Howes, H.A., Studies of Morphine, Codeine and Heroine and their Derivatives (VIII)., Journal of Pharmacology and Experimental Therapeutics 53 (1935) S. 25-33

Eichengrün, A., Die Überproduction an neuen Arzneimitteln, Zeitschrift für angewandte Chemie 11 (1898) S. 892-897

Eichengrün, A., Angebliche Curpfuscherei seitens der Chemischen Industrie. Eine Abwehr., Zeitschrift für angewandte Chemie 13 (1900) S. 55-60

Eichengrün, A., Das Schweizer Patentgesetz und die Schweizer Contrefacons, Zeitschrift für angewandte Chemie 19 (1906) S. 2017-2023

Eichengrün, A., Pharmazeutisch-wissenschaftliche Abteilung, „Boettinger-Schrift". BAYER-Archiv 1/6.1 (1918)

Eichengrün, A., 50 Jahre Aspirin, Die Pharmazie 4 (1949) S. 582-584

Einhorn, M., Some remarks on the Therapeutic Efficacy of Heroin, Clinical Excerpts 3 (1899) S. 155-157

Elischer, J., Über die Anwendung von Heroinum Hydrochloricum in der Gynäkologie, Heilkunde 6 (1902) S. 62-65

Elliot, H.W., Action and Metabolism of Heroin Administered by Continuous Intrevenous Infusion to Man, Clinical Pharmacology and Therepeutics 12 (1971) S. 806-814

Engelen, Heroin bei sexueller Neurasthenie, Ärztliche Rundschau 13 (1903) S. 161-163

Erlenmeyer, A., Die Morphiumsucht und ihre Behandlung, Berlin (1887)

Ernst, E., Das „industrielle" Geheimmittel und seine Werbung, Dissertation, Marburg (1969)

Ersch, J.S. u. Gruber, J.G., Allgemeine Encyklopädie der Wissenschaften und Künste, Leipzig (1829)

Eulenburg, A., Über subcutane Injektionen von Heroinum muriaticum, DMW 25 (1899) S. 187

Farr, C.B., Narcotic Habitues and their Treatment, JAMA 1965 (1915) S. 930

Farr, C.B., The Relative Frequency of the Morphine and the Heroine Habits, New York Medical Journal 101 (1915) S. 892

Fauntleroy, C., A Case of Heroinism, New York Medical Journal 86 (1907) S. 930

Ferreira, Emploi clinique du chlorhydrate d'héroine, Bulletin des sciences pharmacologiques 1 (1899) S. 38

Fiedler, A., Über den Mißbrauch subcutaner Morphiuminjectionen, Deutsche Zeitschrift für praktische Medizin (1827) Nr. 27, S. 213-240

Fiene, F., Über Morphiumvergiftung, insbesondere durch Derivate des Morphins: Dionin, Heroin, Peronin u. Codein in gerichtsärztlicher Beziehung, Dissertation, Göttingen (1921)

Fischer, B. u. Wagner, B., Über das Nicolicin, ein angebliches Heilmittel des chronischen Morphinismus. MMW 49 (1902) S. 2149-2150

Fischer, Ch., Zur Theorie des Arzneimittelversuchs am Menschen in der ersten Hälfte des 19. Jahrhunderts, Dissertation, Mainz (1977)

Fischer, F., Die Pharmazeutischen Betriebe. „Boettinger-Schrift"., BAYER-Archiv 1/6.1 (1918)

Flechtner, H.J., Carl Duisberg. Vom Chemiker zum Wirtschaftsführer, Düsseldorf (1961)

Floeckinger, F., Clinical Observations on Heroine and Heroine hydrochloride as Compared with Codeine and Morphine, New Orleans Medical and Surgery Journal 52 (1900) S. 636

Floret, Th., Klinische Versuche über die Anwendung des Heroins, Therapeutische Monatshefte 12 (1898) S. 512

Floret, Th., Weiteres über Heroin, Therapeutische Monatshefte 13 (1899) S. 327-329

Foley, K.M., The Treatment of Cancer Pain, NEJM 313 (1985) S. 85-95

Fraenkel, A., Über Morphinderivate in ihrer Bedeutung als Hustenmittel, MMW 46 (1899) S. 1525-1529

Fraenkel, A., Über die Anwendung subkutaner Heroineinspritzungen bei Asthma cardiale nebst Bemerkungen über cardiale Dyspnoe, Therapeut. Monatshefte 26 (1912) S. 14-21

Fraenkel, A., Spezielle Pathologie und Therapie der Lungenkrankheiten, Berlin (1904)

Franck, R., Moderne Therapie, Hannover (1963)

Fraser, H.F. et al., Methods of Evaluating Addiction Liability, Journal of Experimental Pharmacology and Therapeutics 133 (1961) S. 371-387

Freudenthal, W., Die Behandlung der Dysphagie und des Hustens speziell bei Tuberkulose, Monatsschrift für Ohrenheilkunde 33 (1899) S. 110

Frey, E., Toxikologische Rundschau, Heilkunde 5 (1901) S. 146

Fröhner, E. u. Reinhard, R., Lehrbuch der Arzneimittellehre für Tierärzte, Stuttgart (1900), (1909), (1914), (1943), (1946)

Fulton, H.D., Heroin in Affections of the Respiratory Organ, New York Medical Journal 70 (1899) S. 960

Gantin, E., Contribution a l'étude de l'éther diacetique de la morphine (héroine), Thèse, Lyon (1901)

Gehes Codex. Dresden (1894), (1914), (1920), (1926), (1929),(1933), (1937)

Geiringer, L., Therapeutische Erfahrungen mit Heroin, Wiener Medizinische Presse 42 (1901) Nr. 43

Geis, N., Heroin as an Analgesic, New York Medical Journal (1900), December.

Gerken, G., Zur Entwicklung des klinischen Arzneimittelversuchs am Menschen, Dissertation, Mainz (1977)

Gessing, Brief Remarks on the Treatment of Cough, Lancet (1902), December

Gianelli, A., Intossicazzione cronica per eroina, Giornale de psichiatria clinica tecnica manicomiale 31 (1903) S. 41

Gifford, L.S., Types of Cases Illustrating the Action of Heroin hydrochloride, International Medical Magazine (1900), December

Gillies, B.D., Notes on the Action of Heroin, Montreal Medical Journal (1901), June

Gilman, A.G. u. Goodman, L.S., The Pharmacologic Basis of Therapeutics, New York (1980)

Gizycki von, F., Die Aufnahme des Morphins in den Arzneischatz, Deutsche Apothekerzeitung 96 (1956) S. 583-584

Glasow, Ein Fall von Heroinvergiftung, Deutsche Ärztezeitung 10 (1908) S. 461-462

Göb, P., Felix Hoffmann, in: Neue Deutsche Bibliographie. Berlin (1953)

Goldman, F., Über das Heroin, Allgemeine Medicinische Centralzeitung 68 (1899) S. 391

Gordon, A., Unusual Manifestations of Heroin Intoxication and Symptoms of Withdrawal, JAMA 76 (1921) S. 927

Graham, A.W. u. Schultz, T.K., Principles of Addiction Medicine, Maryland (1998)

Graham-Mulhall, S., Opium the Demon Flower, New York (1926)

Gravenstein, J.S. u. Beecher, H.K., Ein Beitrag zur Auswertung hustendämpfender Substanzen am Menschen, Arzneimittelforschung 5 (1955) S. 364-367

Grinewitsch, I.I., Beobachtungen über die Wirkung des Heroins, Wrazschnebnaja Gazeta (1902) Nr. 5

Guinard, M.L., La diacetylmorphine dans le traitement de la douleur, La Semaine medicale (1900) Nr. 37

Hagers Handbuch der Pharmazeutischen Praxis, Berlin (1938)

Hall, D., Heroin after Abdominal Operations, BMJ (1929) S. 728

Haraldson, G.F., Treatment of Wooping Cough, Mississipi Medical Record 5 (1901) Nr. 5

Harding, G., Patterns of Heroin Use: What Do We Know?, British Journal of Addiction (1988) S. 1247-1252

Harnack von, E., Über die Giftigkeit des Diacetylmorphins (Heroin). MMW 46 (1899). S. 881-884

Harnack von, E., Antwort auf die Bemerkungen des Prof. Dresers zu meinem Aufsatz: Über die Giftigkeit des Heroins, MMW 46 (1899) S. 1019

Hatch, L., (ohne Titelangabe), in: American Medicine (1902) Nr. 15

Hefele, B., Drogen. Bibliographie, 2 Bände, München (1988)

Hefters Handbuch der experimentellen Pharmakologie, Berlin (1924)

Heinrich, J., Das Dionin als Ersatzmittel des Morphins bei Entziehungscuren, Wiener medicinische Blätter (1899) Nr. 11

Heinz, W., Die Größe der Athmung unter dem Einfluss einiger wichtiger Arzneistoffe, Dissertation. Trier (1890)

Helbich, K., Erfahrungen mit Heroin in der allgemeinen Praxis, Heilkunde 6 (1902) S. 209-211

Helbich, K., Über Heroin als Hustenmittel, Wiener medizinische Presse (1904) S. 2504-2505

Herwisch, Heroin in Cough, Therapeutic Gazette (1899), November

Hesse, E., Angewandte Pharmakologie, Berlin (1947)

Hesse, L., Dionin, ein neues Morphinderivat, Pharmaceutische Centralhalle 40 (1899) S. 1-5

Hesse, O., Studien über Morphin, Annalen der Chemie und Pharmazie 22 (1884) S. 203-204

Higier, H., Zur Therapie der Neurasthenia sexualis, Neurologisches Zentralblatt 23 (1904) S. 256-257

Hillies, B.R., The Assessment of Cough-Suppressing Drugs, Lancet (1952) S. 1330-1335

Hintner, Heroin bei Keuchhusten, Allgemeine medicinische Zentralzeitung 69 (1900) Nr. 42

Hirschlaff, L., Ein Heilserum zur Bekämpfung der Morphiumvergiftung und ähnlicher Intoxicationen, BKW 39 (1902) S. 1149-1152

Hönigschmied, E., Praktische Erfahrungen mit Heroin, Allgemeine Wiener medizinische Zeitung 54 (1909) Nr. 7

Hoffman, F., Über einige Derivate des Dihydroanthracens und Dekahydrochinolins, Dissertation, München (1893)

Hoffmann, F., Die Pharmazeutische Verkaufsabteilung. „Boettinger-Schrift", BAYER-Archiv 1/6.1 (1918)

Hofmann, F., Wie unsere Heilmittel entstehen, Zeitschrift für angewandte Chemie 33 (1920) S. 274-277

Holtkamp, A., Weitere Mittheilungen über therapeutische Versuche mit Heroin, DMW 25 (1899) Nr. 14 (Therapeutische Beilage, S. 25)

Hubbard, S., Is Heroin a Necessary Drug?, New York State Journal of Medicine. 24 (1924) S. 61

Hughes, J.R., Clinical Importance of Caffeine Withdrawal, NEJM 327 (1992) S. 1160-1161

Hunt, L.G. u. Chambers, C.D., The Heroin Epidemics: A Study of Heroin Use in the United States, 1965-1975, New York (1976)

Hüssy, P., Eine neue ungefährliche Form des Dämmerschlafs unter der Geburt, Zentralblatt für Gynäkologie 40 (1916) S. 409-412

Hyams, B., Therapeutic Studies of Heroin Hydrochloride, New York Medical Journal 12 (1900), o.Seitenangabe

Impens, E., Über die Wirkung des Morphins und einige seiner Abkömmlinge auf die Athmung, Archiv für die gesamte Physiologie 78 (1900) S. 1-70

Inciardi, J.A., The Drug Legalization Debate, London (1991)

Inturrisi, Ch.E. et al., Evidence from Opiate Binding Studies that Heroin Act through its Metabolites, Life Sciences (Suppl.) 33 (1983) S. 773-777

Inturrisi, Ch.E. et al., The Pharmacocinetics of Heroin in Patients with Chronic Pain, NEJM 310 (1984) S. 1213-1217

Issekutz, B., Die Geschichte der Arzneimittelforschung, Budapest (1971)

Issekutz von, B., Über die Wirkung des Morphins Codeins, Dionins und Heroins auf die Atmung, Archiv für die gesamte Physiologie 142 (1911) S. 255-267

Jackson, H., The Effect of Analgesic Drugs on the Sensation of Terminal Pain in Man, British Journal of Pharmacology 7 (1952) S. 204-214

Jacob, J., Über die Wirkung des Heroins, Wiener Medizinische Wochenschrift 51 (1901) Nr. 40 u. 43

Jacob, W., Zur Statistik des Morphinismus in der Vor- und Nachkriegszeit, Archiv für Psychiatrie und Nervenkrankheiten 76 (1926) S. 212-232

Jastrowitz, M., Über Morphinismus, Die Deutsche Klinik, Bd. VI., 2. Abt., S. 412-466

Javert, C.T. u. Hardy, J.D., Influence of Pain Intensity during Labour, Anesthesiology 12 (1951) S. 189-214

Jick, H., Addiction Rare in Patients Treated with Narcotics, NEJM 302 (1980) S. 123

Joel, E., Die Behandlung der Giftsuchten, Leipzig (1928)

Judson, H.F., Heroin Addiction in Britain. What can Americans Learn from the British Experience?, New York (1974)

Kaiko, R.F., Analgesic and Mood Effects of Heroine and Morphine in Cancer Patients with Postoperative Pain, NEJM 304 (1981) S. 1501-1505

Kandel, M.G., Un cas de demorphinisation par l'héroine, Nouveaux Remèdes 16 (1900) S. 294

Kaplan, J., A Primer on Heroin, Stanford Law Review 27 (9175) S. 801-826

Kapp, W.J., (ohne Titel), in: Medical Record 86 (1914) Nr. 20

Karewski, W.J., Ein Vergleich der Wirkung des Morphins und seiner Derivate auf die Athmungstätigkeit, Russky Wratsch (1902) Nr. 9

Kengla, L.A., Codeine in the Treatment of the Morphine Habit, Occidental Medical Times 9 (1899) S. 541-545

Klink, W., Grosse Heroindosen ohne Intoxikationserscheinungen, MMW 46 (1899) S. 1376-1377

Kobert, R., Lehrbuch der Intoxikationen, Stuttgart (1902)

Kobert, R., Zum Nachweis des Morphins und seiner Derivate, Apothekerzeitung 14 (1899) S. 259-260

Kobert, R., Die Narkotika, Deutsche Ärztezeitung 1 (1899) S. 78-81

Kobert, R., Pharmakologisches Coreferat über Erteilung von ärztlichen Gutachten über neu erfundene Arzneimittel, Verhandlungen der Gesellschaft Deutscher Naturforscher und Ärzte, 72. Versammlung zu Aachen v. 16.-22.9.1900 (Abt. für Innere Medizin u. Pharmakologie S. 38-45)

Koch, S., Psychology: The Study of a Science. Vol. III: Formulations of the Person and the Social Context, New York (1959)

Kohberg, L. u. Beck, G., Ein Fall tödlich verlaufender Heroinvergiftung, Deutsche Zeitschrift für die gesamte gerichtliche Medizin 12 (1928) S. 112-120

Kohfahl, A., Über Heroinmißbrauch. Deutsche Zeitschrift für die gesamte gerichtliche Medizin 8 (1924) S. 81-90

Kolb, K., Klinische Erfahrungen mit neuen Ersatzpräparaten des Morphins: Dihydromorphin und Diacetyldihydromorphin (Paralaudin), DMW 41 (1915) S. 846-848

Kraft, E., Mit und ohne Cocain, Pharmazeutische Zeitung 31 (1886) S. 443-444

Kramer, J.C., Heroin in the Treatment of Morphine Addiction, Journal of Psychedelic Drugs 9 (1977) S. 193-197

Krause, P. u. Garré, C., Lehrbuch der Therapie Innerer Krankheiten, Jena (1911)

Krebs, G., IV. Bericht des Vereins für Volksheilstätten für die Jahre 1898/99, München (1900)

Kropil, Über die Unschädlichkeit des Heroins, Allgemeine medicinische Centralzeitung 69 (1900) S. 461-462

Kuhlen, F.J., Zur Geschichte der Schmerz-, Schlaf- und Beruhigungsmittel im Mittelalter und früher Neuzeit, Stuttgart (1983)

Ladyzenskij, A.A., Heroin und Codein und seine pharmakologische Wirkung im Vergleich, Dissertation, Dorpat (1901)

Laehr, Über Mißbrauch mit Morphium-Injectionen, Allgemeine Zeitschrift für Psychiatrie, 28 (1872) S. 349-353

Lambert, H., Heroin hydrochloride and Opium, JAMA 53 (1909) S. 2118

Landmann, H., Das Hustenproblem und seine Behandlung in der Klinik mit Heroin als zeitbedingtem Austauschmittel, Therapie der Gegenwart (1950) S. 304-307

Lang, J., Heroin, Medical Times and Register 37 (1899) S. 79

Langer, H., Über Heroinausscheidung und Gewöhnung, Biochemische Zeitschrift 45 (1912) S. 221-238

Lasagna, L., The Clinical Evaluation of Morphine and its Substitutes as Analgesics, Pharmacological Review 16 (1964) S. 47-84

Lasagna, L. et al., Drug-induced Mood Changes in Man, JAMA 157 (1955) S. 1006-1020

Lasagna, L., Heroin, a Medical „Me Too", NEJM 304 (1981) S. 1539-1540

207

Lazarus, B., A Contribution to the Therapeutic Use of Heroin, Boston Medical and Surgery Journal 143 (1900) S. 600

Lebedeff, M., Etude pharmacodynamique sur l'héroine, Thèse, Genf (1899)

Le Marchand, J., Contribution a l'étude physiologique et experimentale de l'héroine, Thèse. Paris (1903)

Leo, H., Über den therapeutischen Wert des Heroins, DMW 25 (1899) S. 185-187

Levine, M.N., Heroin vs. Morphine in Cancer Pain?, Archives of Internal Medicine 146 (1986) S. 353-356

Levinstein, E., Die Morphiumsucht, BKW 12 (1975) S. 646-649

Levinstein, E., Die Morphiumsucht, Berlin (1880)

Levy, L., Die Anwendung des Heroins bei Herzkranken, Heilkunde 5 (1901) S. 198

Lewandowsky, M., Versuche zur Kenntnis des Diacetylmorphin (Heroin), Archiv für Anatomie und Physiologie, Physiolog. Abt. (1899) S. 560-565

Lewin, L., Über Morphiumintoxicationen, Deutsche Zeitschrift für praktische Medizin (1874) 2S. 40-241

Lewin, L., Die Nebenwirkungen der Arzneimittel, Berlin (1899)

Lewis, J.R., Should Heroin be Available to Treat Severe Pain?, JAMA 240 (1978) S. 1601-1602

Leynia de la Jarrige, J., Héroine, Héroinomanie, Thèse, Paris (1902)

Light, R.W. et al., Effects of Oral Morphine on Breathlessness and Exercise Tolerance in Patients with Chronic Obstructive Pulmonary Disease, American Review of Respiratory Diseases 139 (1989) S. 26-133

Ligowski, Über einige neuere Arzneimittel in der Rhinolaryngologie, Heilkunde 5 (1901) S. 233

Lockridge, O. et al., Hydrolysis of Diacetylmorphine (Heroin) by a Human Serum Cholinesterase, Journal of Pharmacology and Experimental Therapeutics 215 (1980) S. 1-7

Loewenthal, M., Clinical Studies of a New Analgesic, Canadian Journal of Medicine and Surgery (1901) Nr. 5

Loewenthal, M., Heroin in the Treatment of Phthisical Cough and Whopping Cough, Philadelphia Medical Journal 6 (1900) S. 460

Lomnitz, E., Heinrich Dreser, Therapeutische Berichte der Farbenfabriken, (1925) S. 78-81

Lorot, Du chlorhydrate d'héroine associe au bromoforme, La Médicine Orientale (1900)

Lowinson, J.H., et al., Substance Abuse. A Comprehensive Textbook, Baltimore (1992)

Lukas, A., Ein Beitrag zur Heroinsucht anhand eines Falles, Dissertation, Kiel (1925)

Lund, C.J. u. Harris, J.W., The Use of Heroin in Labour, American Journal of Obstetrics and Gynecology 45 (1943) S. 980-991

Maier, H.W., Der Kokainismus, Leipzig (1926)

Manges, M., The Treatment of Cough with Heroin, New York Medical Journal 68 (1898) S. 768-770

Manges, M., A Second Report on the Therapeutics of Heroin, New York Medical Journal 71 (1900) S. 51-55

Manquat, De l émploi de l'héroine, Bulletin Medical 13 (1899) S. 768

Manquat et al., Héroinisme chez un asthmatique, Bulletin Medical 17 (1903) S. 671

Mares, R.G., The Doping of Race Horses, British Veterinary Journal 114 (1958) S. 288-294

Marks, R.M. u. Sachar, E.J., Undertreatment of Medical Inpatients with Narcotic Analgesics, Annales of Internal Medicine 78 (1973) S. 173-181

Marler, E.E., Pharmacological and Chemical Synonyms, Amsterdam/Oxford (1976)

Marshall, C.R., The Action of Heroin and Dionin on Respiration, BMJ (1902) S. 1219-1222

Martin, W.R., Pharmacology of Opioids, Pharmacological Reviews 35 (1984) S. 283-323

Martin, W.R. u. Fraser, H.F., A Comparison of the Addiction Liability of Intravenously Administered Heroin and Morphin in Man, The Pharmacologist 2 (1960) S. 97

Martindale, The Extra Pharmacopoeia, London (1989)

Martinson, I.J., Some Experiences with Heroin, The Medical Times, (1901) Nr. 1

Maurino, G., L'Eroina in Ginecologia, (1904), BAYER-Archiv 166/8

Mayor, A., Experimentelle Beiträge zur Kenntnis einiger Morphinderivate, Therapeutische Monatshefte 17 (1903) S. 223-230 u. S. 288-294

McGee, J.S., Heroin in Coughs, Cleveland Journal of Medicine (1900) Nr. 6

McGivney, W.T. u. Crooks, G.M., The Care of Patients with Severe Chronic Pain in Terminal Illness, JAMA 251 (1989) S. 1182-1187

McNally, W., A Report of Two Cases of Fatal Heroin Poisoning, Journal of Laboratory and Clinical Medicine 2 (1917) S. 570

Merck, J.H., Entwicklung und Stand der pharmazeutischen Großindustrie Deutschlands, Berlin (1923)

Mering von, J., Physiologische und therapeutische Untersuchungen über die Wirksamkeit einiger Morphinderivate, in: E. Merck, Bericht über das Jahr 1898, S. 4-12

Merskey, H., Diamorphine (Heroin) and Cancer Pain, Canadian Medical Association Journal 129 (1983) S. 931-932

Meyer, E., Heinrich Dreser, Schmiedebergs Archiv (1925), zit. n.: BAYER-Archiv 271/2

Meyer, J., Das große Conversationslexikon, Hildburghausen (1850)

Miller, W.R. u. Rollnick, S., Motivational Interviewing, New York (1991)

Mirtl, C., Mittheilungen über therapeutische Versuche mit Heroin, Wiener klinische Rundschau, 13 (1899) S. 406-407

Mitchell, G.W., Some Remarks on the Use of Heroin in Phthisis, Bronchtis, Asthma and Whopping Cough, Virginia Medical Semi-Monthly (1900), 23th November

Moir, Therapeutics of Heroin hydrochloride, its Advantages over Morphine, The Therapist (1902) Nr. 3

Moll, A., Ärztliche Ethik, Stuttgart (1902)

Mondzac, A., In Defense of the Reintroduction of Heroin into American Medical Practice and H.R. 5290 - The Compassionate Pain Relief Act, NEJM 311 (1984) S. 532-535

Montagnini, T., Un caso di eroinomania, Riforma medica 20 (1904) S. 965-966

Montgomery, B.J., Will Heroin Eventually See the Light of Day for Treating Chronic Pain? JAMA 240 (1978) S. 1567-1575

Moody, H.A., Notes on some of the Newer Remedies. Alabama Medical Journal (1900) Nr. 7

Morell-LaVallee, A., La morphine reemplacée par l'héroïne, Revue de medicine 20 (1900) S. 872

Mosso, A., Der Mensch auf den Hochalpen, Leipzig (1899)

Musto, D.F., The American Disease, New Haven/London (1973)

Musto, D.F., Early History of Heroin in the United States, in: Bourne, P.G., Addiction, New York (1974) S.175-185

Mutch, N., Proprietary Remedies, with Special Reference to Hypnotics, BMJ (1934) S. 319

Myers, G.N., Substitutes for Morphine and Heroine, BMJ (1933) S. 980-981

Nario, A., Die Behandlung der tuberkulösen Hämoptyse durch Heroin, Der praktische Arzt 11 (1926) Nr. 12

Nau, F.S., Über Dilaudid im Vergleich zu Morphin und Heroin. Dissertation. Marburg (1930)

Negwer, M., Organisch-chemische Arzneimittel und ihre Synonyma, Berlin (1978)

Neumann, J., Über die entzündlichen Veränderungen der inneren weiblichen Organe, Zentralblatt für die gesamte Therapie (1904) Nr. 6

Newman, R.G., The Need to Redifine ‚Addiction‘, NEJM 308 (1983) S. 1096-1098

Neusser, (ohne Titelangabe), in: Allgemeine Wiener medizinische Zeitung 54 (1909) Nr. 7

Nied, L., Erfahrungen mit einem Ersatzmittel des Morphins, DMW 26 (1900) S. 434-435

Nusch, A., Weitere Mittheilungen über den therapeutischen Wert von Aspirin und Heroin, MMW 48 (1901) S. 457-460

Olander, E., Heroin, Heroin Hydrochloride, JAMA 47 (1906) S. 1303

Oldenburg, L., Über Hydromorphin, Berichte der Deutschen Chemischen Gesellschaft 44 (1911) S. 1829-1831

Oldendorf, W.H. et al., Blood Brain-Barrier: Penetration of Morphine, Codeine, Heroine and Methadone after Carotic Injection, Science 178 (1972) S. 984-986

Ortner, N., Vorlesungen über spezielle Therapie Innerer Krankheiten, Wien/Leipzig (1902)

Ossovetsky, Y., Les nouveaux derives de la morphine: héroine, péronine, dionine. Thèse. Paris (1900)

Oxford Textbook of Medicine, Oxford (1987)

Palmer, E., Some remarks on Nervous Cough, The Vermount Medical Monthly (1902) Oct.

Pastena, A., L'idroclorato di eroina nelle malati mentali, L'arte medica (1900) Nr. 31 u. 32

Paulesco, Action de l'héroine sur la respiration, Journal de medicine interne 3 (1899) S. 567

Paulesco et Geraudel, Recherches expérimentales sur l'ether diacétique de la morphine, Journal de médicine interne 3 (1899) Nr. 3

Pawinski, J. u. Adelt, Z., Über die Anwendung des Heroins bei Zirkulationsstörungen, Heilkunde 5 (1901) S. 9-12

Pecori, G., L'eroina e il su uso, Policlinica 6 (1900) S. 1421-1456

Pfeiffer, C.C. et al., (ohne Titelangabe), in: Annales New York Acadamy of Science 51 (1948) S. 585-595

Pierce, F.M., On the Physiological Action of the above Morphine and Codeine Derivatives, Journal Chemical Society 27 (1874) S. 1043

Pierer, H.A., Universallexikon, Altenburg (1835)

Pohlisch, K., Die Verbreitung des chronischen Opiatmißbrauchs in Deutschland, Monatsschrift für Psychiatrie und Neurologie 79 (1931) S. 1-32

Pollak, J., Einige neue Medikamente in der Phthiseotherapie, Wiener Klinische Wochenschrift 13 (1900) S. 61

Poulsson, E., Lehrbuch der Pharmakologie, Leipzig (1912), (1922), (1928), (1937)

Powell, D.H., A Pilot Study of Occasional Heroin Use, Archives of General Psychiatry 28 (1973) S. 586-594

Pozzili, P., Osservazioni cliniche sull'uso della morfina dell'eroina sinergizzate, Archivo di farmacologia sperimentale 45 (1928) S. 200

Ramdohr, G., Über Morphium-Consumption, Archiv der Pharmazie 133 (1855) S. 243

Rayport, M., Experience in the Management of Patients Medically Addicted to Narcotics, JAMA 156 (1954) S. 684-691

Real-Enzyklopädie der gesamten Pharmazie, Berlin / Wien (1905)

Redlich, F., Rauschgifte und Suchten, Bonn (1929)

Regenbogen, O., Compendium der Arzneimittellehre für Tierärzte, Berlin (1906)

Reichle, C.W. u. Beecher, H.K., Comparative Analgesic Potency of Heroin and Morphine in Postoperative Patients, Journal of Pharmacology and Experimental Therapeutics 136 (1962) S. 43-46

Rice, K.L., Treatment of Dyspnoe with Psychotropic Agents, Chest 90 (1986) S. 789

Robins, L.N. et al., Narcotic Use in Southeast Asia and Afterward, Archives of General Psychiatry 32 (1975) S. 955-961

Rosenbach, O., Energotherapeutische Betrachtungen über Morphium als Mittel der Kraftbildung, Deutsche Klinik, Bd. I., Berlin (1903)

Rosenberg, A., Die locale Application des Heroinum hydrochloricum, Heilkunde 5 (1901) S. 569-571

Rosenthaler, L., Neue Arzneimittel organischer Natur, Berlin (1906)

Rosin, H., Erfahrungen mit Heroin, Therapie der Gegenwart 40 (1899) S. 248-249

Ross, J., Heroin in Labour, BMJ (1944) S. 9

Runkel, J., Über die Verwertung des Heroins in der Kinderpraxis. Dissertation. Bonn (1900)

Saint Martin, T., Etude expérimentale de la pharmacodynamie sur l'ether diacétique de la morphine (héroine). Thèse. Lyon (1900)

Santesson, C.G., Einige Versuche über die Athmungswirkung des Heroin, MMW 46 (1899) S. 1375-1376

Santesson, C.G., Noch einmal die Athmungswirkung des Heroin, MMW 46 (1899) S. 1767

Santesson, C.G., Einiges über die Registrierung der Heroinathmung, Archiv für die gesamte Physiologie 81 (1900) S. 349-359

Santillana, L'intoxication par l'héroine est elle une cause de mongolisme chez les descendants?, Tunisie Medicale 30 (1936) S. 197

Saper, A., The Making of Policy through Myth, Fantasy and Historical Accident: The making of America's Narcotics Law, British Journal of Addiction 69 (1974) S. 183-193

Sawynok, J., The Therapeutic Use of Heroin, Canadian Journal of Physiology and Pharmacology 64 (1986) S. 1-6

Scheerer, S., Die Genese der Betäubungsmittelgesetze in der Bundesrepublik Deutschland und den Niederlanden, Göttingen (1982)

Scheerer, S. u. Vogt, I., Drogen und Drogenpolitik. Ein Handbuch, Frankfurt/New York (1989)

Schelenz, H., Die Hundertjahrfeier des Morphiums und sein Entdecker Sertürner, Berichte der Pharmazeutischen Gesellschaft 28 (1918) S. 275-300

Schick, Das Dopen der Pferde, Zeitschrift für Veterinärkunde 45 (1933) S. 241-250

Schjerning von, O., Handbuch er ärztlichen Erfahrungen im Weltkriege 1914-1918, Leipzig (1922)

Schmitz, R., Friedrich Wilhelm A. Sertürner und die Morphinentdeckung, Pharmazeutische Zeitung 128 (1983) S. 1350-1359

Schneider, W., Geschichte der pharmazeutischen Chemie, Weinheim (1972)

Schreiber, E., Arzneiverordnungen für den Gebrauch des praktischen Arztes, Frankfurt (1902)

Schröder von, W., Untersuchungen über die pharmakologische Gruppe des Morphins, Archiv für experimentelle Pathologie und Pharmakologie 17 (1883) S. 96-114

Schrötter von, H., Zur Kenntnis der Bergkrankheit, Wien 1899

Schüle, Erfahrungen über einige neue Heilmittel und therapeutische Methoden, Deutsche Praxis (1901) Nr. 7

Schwarz, A., Über ein Ersatzmittel des Morphiums als Hustenmittel, Allgemeine Wiener Medizinische Zeitung 52 (1907) Nr. 6 u. 7

Scott, M.E., u. Orr, R., Effects of Diamorphine, Methadone, Morphine and Pentazocine in Patients with Suspected Myocardial Infarction, Lancet (1969) S. 1065-1067

Seefelder, M., Opium. Eine Kulturgeschichte, Frankfurt/Main (1987)

Seevers, M.H. u. Pfeiffer, C.C., A Study of the Analgesia, Subjective Depression and Euphoria Produced by Morphine, Heroine, Dialudid and Codeine in the Normal Human Subject, Journal of Pharmacology and Experimental Therapeutics 56 (1936) S. 166-187

Segin, A., Zur Kenntnis der Heroinwirkung, Therapeutische Berichte (1907) Nr. 2

Sellew, P.K., Heroinism, Journal of the Maine Medical Association 4 (1914) S. 1670

Sergi, Eroinismo e eroinomania, Archivo di farmacologia sperimentale 5 (1906) S. 684

Shapiro, E.L., The Right of Privacy and Heroin Use for Painkilling Purposes by the Terminally Ill Cancer Patient, Arizona Law Reviews 21 (1979) S. 41-59

Shen, T.M., (ohne Titelangabe), in: Journal Chinese Pharmacological Association 1 (1936) S. 124

Siegel, R.K., Intoxication, Life in Pursuit of Artificial Paradise, New York, 1989

Sihle, M., Zur Pathologie und Therapie des Asthma, Wiener Klinische Wochenschrift 16 (1903) S. 85-95

Singh, I. et al., Acute Mountain Sickness, NEJM 280 (1969) S. 175-184

Sioli, F., Der Stand des Morphinismus, Klinische Wochenschrift 5 (1926) S. 1797-1800

Siragusa Ch. u. U. Wiedrich, R., The Trail of the Poppy, New York (1966)

Smith, D.A. u. Cole, W.J., Identification of an Arylesterase as the Enzyme Hydrolizing Heroin in Human Plasma, Biochemistry Pharmacology 25 (1976) S. 367-370

Sollier, P., Héroine et héroinomanie, La Presse Médicale 13 (1905) S. 716-717

Sonnedecker, G., Die Opiumsucht. Wandlungen des Begriffs in historischer Sicht. Pharmazeutische Zeitung 108 (1963) S. 835-840 u. S. 899-903

Sorge, J. u. Zenz, M., Schmerzpatienten unterversorgt, Deutsches Ärzteblatt 86 (1989) S. 1583-1586

Sprengel, C., 350 Entziehungscuren von Morfium und anderen Opiumalkaloiden, Psychiatrisch-Neurologische Wochenschrift 33 (1931) S. 89-94

Stadelmann, E., Weitere Erfahrung bei Behandlung mit Heroin, Deutsche Ärztezeitung 2 (1900) S. 401-404

Stern, M.A., Einige Beobachtungen über die Wirksamkeit des Heroins, Wochenschrift für praktische Medizin (1900) Nr. 19

Stewart, W.B., Heroin, Medical Bulletin (Philadelphia) 23 (1901) S. 86

Stoeckel, W., Lehrbuch der Gynäkologie, Leipzig (1947)

Strauss, A., Das Heroinum hydrochloricum als Anaphrodisiacum, MMW 49 (1902) S. 1494

Stringaris, M.G., Zur Frage des Heroinismus und seiner Verbreitung, Nervenarzt 7 (1934) S. 235-242

Strube, G., Mittheilungen über therapeutische Versuche mit Heroin, BKW 35 (1898) S. 992

Stursberg, H., Zur Therapie der croupösen Pneumonie, Therapie der Gegenwart 42 (1901) Nr. 11

Suchanow, S., Über Heroinomanie, Prakticzesky Wratsch (1913) Nr. 45

Sulloway, F.J., Freud. Biologe der Seele, Köln (1982)

Sustmann, Doping und seine Folgen, Deutsche Tierärztliche Wochenschrift (1914) S. 569-573 u. S. 577-579

Syers, H.W., Heroin in Chest Diseases, The Medical Times Hospital Gazette (1902), September

Szaboky, J.V., Über die therapeutische Verwendung von Heroin, Allgemeine Wiener medizinische Zeitung 49 (1904) Nr. 19

Tauszk, F., (ohne Titelangabe), in: Orvosi hetilap (1899) Nr. 5

Teuner, Zur Äthertopfnarkose, Wiener Klinische Wochenschrift 18 (1905) Nr. 7

Terry, Ch., u. Pellens, M., The Opium Problem, New York (1928)

Thayer, Some Remarks on the Treatment of Whooping Cough, Brooklyn Medical Journal (1902), May

Thoms, H., Handbuch der praktischen und wissenschaftlichen Pharmazie, Berlin 1927/29

Tobin, Th., Drugs and the Performance Horse, Springfield (1981)

Trawick, J.D., A Case of Heroin Poisoning, Kentucky Medical Journal, (1911) S. 187

Trebach, A.S., The Heroin Solution, New Haven/London (1982)

Trebach, A.S., Perspective on Heroin in Cancer Treatment, American Journal of Hospice Care (1984) S. 12-13

Turnauer, B., Über Heroinwirkung, Wiener medizinische Presse 40 (1899) S. 457-461

Twycross, R.G., The Equipotent Dose Ratio of Diamorphine and Morphine Administered by Mouth, British Journal of Pharmacology 46 (1972) S. 554-555

Twycross, R.G., Stumbling Blocks in the Study of Diamorphine, Postgraduate Medical Journal 49 (1973) S. 309-313

Twycross, R.G., Choice of a Strong Analgesic in Terminal Cancer: Diamorphine or Morphine, Pain 3 (1977) S. 93-104

Übele, G., Handlexikon der tierärztlichen Praxis, Stuttgart (1954)

Ullmann, (ohne Titelangabe), in: Centralblatt für Therapie (1901) Nr. 5

Umans, J.G., et al., Determination of Heroin and its Metabolites by High Performance Liquid Chromatography, Journal Chromatography 223 (1982) S. 213-225

Vaille, C., The Use of Diamorphine (Heroin) in Therapeutics, Bull. Narc. 15 (1963) S. 1-5

Veiga da, (ohne Titelangabe), in: Tribuna Medica (1900) Nr. 20

Venters, M., Heroin and Pethidine During Labour, BMJ (1944) S. 585-595

Verde, J., L'interdiction de l'emploi de l'héroine en thérapeutique, Moniteur des Pharmacies et des Laboratoires 24 (1970) S. 1043-1050

Verg, E., Meilensteine. 125 BAYER., Leverkusen (1988)

Völger, G. u. Welck, K., Rausch und Realität, Hamburg (1982)

Volta, P., Chloroformnarkose mit Heroin, Gazetta degli Ospitali delle Cliniche (1907) Nr. 33

Waincier, L., (ohne Titelangabe), in: Wratsch (1899) Nr. 25

Waldorf, D. u. Biernacki, P., Natural Recovery from Heroin Addiction: A Review of the Literature, J. Drug Issues 9 (1979) S. 281-189

Walker, K., Canadian Doctors – Lions or Lambs, Canadian Medical Association Journal 127 (1982) S. 516-517

Way, E.L. et al., The Pharmacologic Effects of Heroin in its Relationship to its Rate of Biotransformation, Journal of Pharmacology and Experimental Therapeutics 129 (1960) S. 144-145

Way, E.L. et al., Metabolism of Heroin and its Pharmacological Implications, Bull. Narc. 17 (1965) S. 984-986

Weiß, J., Heroin, ein neues Substituens des Morphins, Heilkunde 2 (1898) S. 12-15

Weiß, J., Bemerkungen zu dem Aufsatz Prof. Harnack's über die Giftigkeit des Heroins, Heilkunde 3 (1899) Nr. 10, S. 1-2

Wesenberg, G., Zur chemischen Kenntnis des Heroins, Pharmazeutische Zeitung (1898) Nr. 96

Wesson, D.R., Revival of Medical Maintenance in the Treatment of Heroin Dependence, JAMA 258 (1988) S. 3314-3315

Whitesboro, S.I., Types of Illustrating the Action of Heroin Hydrochloride, International Medical Magazine 1900, December

Wierzbicki, S., Klinische Beobachtungen über den therapeutischen Wert des Heroins, Klinisch-therapeutische Wochenschrift 6 (1899) S. 862-865

Wiesner, J., Mittheilungen über Heroin, Deutsche Ärztezeitung 2 (1900) S. 49-51

Wille, R., Ten-year Follow-up of a Representative Sample of London Heroin Addicts, British J. Addiction 76 (1981) S. 259

Winick, Ch., Maturing Out of Narcotic Addiction, Bull. Narc. 14 (1962) S. 1-7

Winternitz, H., Über die Wirkung einiger Morphinderivate auf die Athmung des Menschen, Therapeutische Monatshefte 13 (1899) S. 469-475

Winternitz, H., Entgegnung auf die Mittheilung des Herrn Dr. med. et phil. E. Impens „Über die Wirkung des Morphins und einiger seiner Abkömmlinge auf die Athmung", Archiv für die gesamte Physiologie 80 (1900) S. 344-350

Willoughby, W.W., Opium as an International Problem, Baltimore (1925)

Wissler, A., Die Opiumfrage, Jena (1931)

Witthauer, H., (ohne Titelangabe), in: MMW 48 (1901) S. 955

Witthauer, K., Erfahrungen mit Heroinum muriaticum, Heilkunde 4 (1900) Nr. 5

Wolff, P., Zur Behandlung und Bekämpfung der Alkaloidsuchten, DMW 54 (1928) S. 7-10, 51-53, 134-136, 224-226, 266-268, 349-351, 387-389

Wolff, P., Über die Bewertung von Diacetylmorphin (Heroin) bei der Genfer Konventions-Konferenz und über die Sucht in Ägypten, DMW 57 (1931) S. 1590-1592 u. 1635-1637

Wright, Ch.I u. Barbour, F., The Respiratory Effects of Morphine, Codeine and Related Substances, IV., Journal of Pharmacology and Experimental Therapeutics 54 (1935) S. 25-33

Wright, Ch.I.,: The Deacetylation of Organic Acids and their Anhydrides by Mammalian Tissues, Journal of Pharmacology and Experimental Therapeutics 75 (1942) S. 328-337

Wright, C.I., The Deacetylation of Heroin, Journal of Pharmacology and Experimental Therapeutics 75 (1942) S. 328-337

Wright, C.R.A., On the Action of Organic Acids and their Anhydrides on the natural Alcaloids, Journal of the Chemical Society 27 (1874) S. 1031-1043

Yeh, S.Y. et al., Urinary Excretion of Heroin and its Metabolites in Man, Journal of Pharmacology and Experimental Therapeutics 196 (1976) S. 249-256

Zavaldi, Azzione dell'heroina sulla pressione arteriosa, Gazetta degli Ospedali delle Cliniche (1902) Nr. 51

Zinberg, N.E., Drug, Set and Setting, London (1984)

Zinberg, N.E., Non-Addictive Opiate Use, in: Dupont, R.L., Handbook on Drug Abuse, Rockville (1979)

Zinberg, N.E. u. Lewis, D.C., Narcotic Usage, NEJM 270 (1964) S. 989-993

Zuntz, N., Höhenklima und Bergwanderungen, Berlin (1905)

Archivquellen

BAYER-Archiv (Leverkusen)

Pharmaz.-wissenschaftl. Laborberichte (103/17 E 2a)
Pharmakolog. Laborberichte (103/12.01)
Direktionskonferenzen (169/9.4)
Pharmaz. Konferenzen (169/3)
Finanzen / Umsätze Pharmazeutika (15D 5.4 u. 5)
Pharmaz. Produkte, Verkaufsübersicht nach Ländern (167/2)
Abgabe Pharmaz. Produkte (167/14)
Preislisten (167/12)
Personalakten (271/2)
Personalia (271.2)
Diverse Berichte über das pharmazeutische Geschäft 1907-1957 (165/15)
Geschichte und Entwicklung der Farbenfabriken vorm. Friedr. Bayer & Co.
    in den ersten 50 Jahren, sogenannte „Boettingerschrift" (1/6.1)
Aspirin (166/8)
Heroin (166/8)

C.H. Boehringer Sohn (Ingelheim)

Protokollbeschlüsse der Direktion 1917-1924
Heusner, A., Die Alkaloide. III. Die Opiumalkaloide (Untersuchungen zur
    Firmengeschichte Boehringer)
Die Geschichte des Opiatbetriebes (anonym)
Dethloff, W., Historische Betrachtungen über Opium und Opiate
Preisliste November 1924

E. Merck (Darmstadt)

Wissenschaftliches Labor, Jahresbericht 1898/99 u. 1905/06
Diacetylmorphin. Fabr.-Abt. XIV, Jahresbericht 1923
Tätigkeitsbericht des Alkaloidbetriebes für 1933
E. Merck, Bericht über Neuerungen auf den Gebieten der Pharmacotherapie (1902)
E. Merck, Berichte über das Jahr 1899 u. 1900
Preislisten 1911, 1923, 1931, 1934, 1940, 1942, 1943 (inkl. Anlagen)
Scriba, C., Nachträge zur Opiumverarbeitung und zur Darstellung der Opiumalkaloide.
    Heft 7, S. 31-36

Sandoz AG (Basel)

Auszüge aus den Produktionsstatistiken 1887-1918
Auszug aus dem Protokoll der Direktionssitzung vom 17.1.1924
Bericht über die laufenden Fabrikationen (o. Jahresangabe)
Kalkulationen des Diacetylmorphin hydrochl. 1929

Bundesopiumstelle (Berlin)

Berichte der Regierung der BRD über den Verkehr mit Opium u.a. Betäubunsgmitteln
    an die Vereinten Nationen (1952-1957)
Verzeichnis der Betäubungsmittelhersteller vom 15.12.1953
Berichte der Bundesländer über hergestellte Betäubungsmittel (1953)
Berichte zur Betäubungsmittelbestandsaufnahme in den Apotheken (1955-1959)

Deutsches Patentamt (Berlin)

Warenzeichenblatt (Klasse 2), 5 (1898). Warenzeichen HEROIN, Nr. 31650 F. 2456
Warenzeichenbeschreibung, Bd. 16
Auszug aus der vom Deutschen Patentamt weitergeführten Zeichenrolle
    des Reichspatentamtes. Darstellung des Zeichens: HEROIN
Patentschrift Nr. 622231, ausgegeben am 23.11.1935. Verfahren zur Herstellung von
    Diacetylmorphin, Dr. Hermann Fischer (Basel)

Kulturwissenschaften

Thomas Hengartner, Christoph Maria Merki (Hg.)
Genussmittel
Ein kulturgeschichtliches Handbuch
1999. 292 Seiten
ISBN 3-593-36337-2

Kaffee, Tabak, Zucker, Kakao – dieses Buch bietet erstmalig einen Überblick über die Geschichte der wichtigsten Genussmittel unseres Kulturkreises. Diese klassischen »Kolonialwaren«, aber auch alkoholische Getränke wie Bier oder Wein, haben die Geschichte unserer Kultur in mancherlei Hinsicht mitgeschrieben: Sie sind Luxusgüter und Massenkonsumartikel, Nahrung für Körper und Geist und Mittel zur sozialen Unterscheidung. Sie prägten die Landwirtschaft und machten als Welthandelsgüter bereits vor der industriellen Revolution internationale Politik. Das Handbuch bereitet das bisher verstreute Wissen systematisch auf und macht mit den vielfältigen Bedeutungen der alltäglichen Genüsse vertraut.

Gerne schicken wir Ihnen unsere aktuellen Prospekte:
Campus Verlag · Heerstr. 149 · 60488 Frankfurt/M.
Hotline: 069/97 65 16 - 12 · Fax - 78 · www.campus.de

campus
Frankfurt / New York

Wissenschaft / Philosophie

Rainer Forst (Hg.)
Toleranz
Philosophische Grundlagen und gesellschaft-
liche Praxis einer umstrittenen Tugend
Theorie und Gesellschaft, Band 48
2000. 285 Seiten
ISBN 3-593-36405-0

Toleranz ist bei näherer Betrachtung keineswegs eine unumstrittene politische und soziale Tugend. Den einen erscheint sie als Haltung des wechselseitigen Respekts, den anderen als herablassende Einstellung gegenüber Minderheiten. Sie gilt als Symptom einer permissiven Selbstaufgabe, wird aber auch als Ausdruck von Selbstvertrauen gewertet. Der Band enthält Basistexte zur Theorie und Praxis einer ambivalenten Tugend, u. a. von Wendy Brown, Rüdiger Bubner, Otfried Höffe, Martha M. Nussbaum, Paul Ricœur, Avishai Margalith und Michael Walzer.

Gerne schicken wir Ihnen unsere aktuellen Prospekte:
Campus Verlag · Heerstr. 149 · 60488 Frankfurt/M.
Hotline: 069/97 65 16-12 · Fax - 78 · www.campus.de

campus
Frankfurt / New York